松山大学研究叢書第91巻

生活保護の社会学

自立・世帯・扶養

牧園清子

法律文化社

　　　　　　は し が き

　本書は、現代日本の生活保護制度における変動を描き出すことを課題としている。
　1990年代半ばに底をついた生活保護受給者数は、以後一変し、急激な増加をしている。この受給者の急増を背景に、生活保護制度では改革が進行している。制度改革の主要なものとしては、2005年からの自立支援の導入と2013年の生活保護法の改正があげられる。本書は主に自立支援を取り上げる。
　生活保護制度は、最低限度の生活の保障を目的とする制度であるとともに、「自立の助長」も目的とする制度である。
　そして、生活保護制度は、「補足性」という基本的性格をもつ。現代社会は、「自己責任の原則」を基本原則としており、生活保護制度では、生活に困窮する者に「自分の力で社会生活をいとなむこと」つまり自助を求める。さらに、扶養義務者による扶養の優先を求め、なお足りない部分を補足するというのが生活保護制度の役割である。しかも、保護の要否は「世帯」を単位に判断する。したがって、生活保護制度では、個人および世帯単位での自助と、扶養義務者の扶養の優先が求められる。そこで、生活保護受給者および世帯の自助と扶養に着目し、生活保護制度の変動を検討する。
　自立支援は、2005年から生活保護に導入され、生活保護制度に大きな転換をもたらした。まず、自立支援は生活保護に新しい自立概念を提示した。そして、自立支援の展開過程では、地域生活支援や民間委託という新しい動きが生まれている。本書では、そうした生活保護受給者に対する自立支援の導入から展開の過程についての検討に加え、自助の単位となる世帯の認定と扶養義務者の扶養における変化にも分析を加える。
　以下本書では、序章、終章の間に7章をおいている。序章では、本書の意図と方法を記し、貧困・社会保障・社会保険と生活保護の関係について整理・確認する。ついで、第1章では、生活保護政策の展開と生活保護受給の変化に着

目し生活保護の動態を検討する。

　第Ⅰ部・第Ⅱ部は、それぞれに2つの章をおき、自立支援の導入から現在に至るまでの展開の過程を取り上げ、そこに生起する生活保護の変化を指摘する。第Ⅰ部では、生活保護制度における自立概念、自立支援および自立支援プログラムの理念や方法について検討する。第Ⅱ部では、自立支援政策が展開される中、生活保護において新たに試みられている「生活保護受給者の地域生活支援」と「民間委託」の動向を考察する。

　第Ⅲ部の2つの章では、生活保護における受給の単位である世帯と世帯認定および扶養義務の取扱いを検討する。最後に、終章では、近年の生活保護制度における変化をまとめ、生活保護制度における課題を指摘する。

目　　次

はしがき

序　章　現代日本における生活保護制度 …………………………… 1
 1　意図と方法　1
 2　貧困と生活保護制度　4
 3　社会保障制度の中の生活保護　9
 4　社会保険と生活保護受給者　14

第1章　生活保護の動態──2000年以降の生活保護政策と生活保護受給 …… 26
 はじめに　26
 1　生活保護政策　31
 2　生活保護受給　37
 おわりに　48

I　生活保護における自立と自立支援の展開

第2章　生活保護政策における自立と自立支援 …………………… 55
 はじめに　55
 1　福祉政策における「自立」概念の検討　56
 2　生活保護法における自立と自立助長　60
 3　自立支援の導入　67
 おわりに　73

第3章　自立支援の展開と生活保護 ………………………………… 78
 はじめに　78
 1　自立支援プログラムの策定・実施状況　79

2　自立支援と地方自治体——2つの福祉事務所の自立支援プログラム　91
　　おわりに　105

Ⅱ　生活保護における新たな展開

第4章　生活保護受給者の地域生活支援 …………………… 111
　　はじめに　111
　　1　地域生活支援の動向　112
　　2　地域生活支援の事例　121
　　おわりに　135

第5章　生活保護と民間委託 …………………………………… 139
　　はじめに　139
　　1　生活保護の民間委託をめぐる制度的環境　140
　　2　生活保護論争と民間委託　145
　　3　生活保護担当職員調査　148
　　4　福祉事務所における民間委託　152
　　おわりに　161

Ⅲ　生活保護制度における世帯認定と扶養義務
　　　——保護の実施要領を中心に——

第6章　生活保護における世帯と世帯認定 ………………… 167
　　はじめに　167
　　1　生活保護受給世帯の動向　169
　　2　実施要領における世帯の認定　172
　　3　世帯認定の改正　176
　　4　戦後の世帯認定の動向　182

おわりに　186

第7章　生活保護における扶養義務 …………………………… 192
　　　はじめに　192
　　1　生活保護法における扶養義務　194
　　2　実施要領における扶養義務の取扱い　198
　　3　戦後の扶養義務取扱いの動向　208
　　　おわりに　209

終　章　生活保護制度における変化と基本構造の維持 ………… 217
　　1　生活保護制度における変化　217
　　2　生活保護制度における基本構造の維持　221

　文　献
　あとがき
　索　引

序　章

現代日本における生活保護制度

1　意図と方法

　本書の意図は、2000年から今日までのおよそ15年間における生活保護制度の変動の過程を描き出すことである。その際に主として取り上げるのは、自立支援をめぐる動向である。

　1995年、生活保護を受給していたのは88万人で、人員保護率は7.0パーミルであった。この年度の生活保護受給者数および人員保護率は、ともに生活保護受給者調査が始まって以来の最低の数値であった。

　当時、星野信也は、「(1995年の) 人口ベースの受給率が0.7％までに矮小化されたプログラムは、そのことだけできわめて受けにくい制度に陥っていることがうかがわれる。それでは、もはや最後のよりどころとしての存在意義を喪失しているといえる。」と述べ、当時の保護を「機能喪失した生活保護」と論評した。[1)]

　ところが、2000年以降状況は一変した。生活保護受給者は急激な増加に転じ、現在は戦後最多であった1951年の204.7万人を超えるに至っている。

　一方、社会福祉の基礎構造改革は2000年前後に実施され、福祉サービスのあり方は措置制度から利用契約制度へと大きく変化した。しかし生活保護制度についてはごく部分的な手直しに終わり、基本的な見直しはされなかった。

　最後の福祉改革といわれた生活保護制度の改革は、2003年に社会保障審議会「生活保護制度の在り方に関する専門委員会」が設置され、ようやく動き出した。この専門委員会の『報告書』を受けて2005年に自立支援が開始され、そし

て、2013年には生活保護法の改正が行われ、生活困窮者自立支援法が創設された。

このように生活保護受給者の急増を受けて、生活保護ではさまざまな政策が展開されているが、2000年以降の生活保護制度において「大きく動いた」[2]とされるのが、自立支援である。本書ではこの自立支援に着目し、近年の生活保護制度の変動を記述することにしたい。

生活保護制度は、憲法第25条の規定する生存権の保障を目的とし、貧困におちいった人びとに援助を提供する制度である。生活保護制度は、こうした最低生活の保障とともに、生活保護法第1条の目的に「自立の助長」を掲げており、自立の助長を目的とする制度でもある。「自立の助長」とは、「公私の扶助を受けず自分の力で社会生活に適応した生活をいとなむことのできるように助け育てていくこと」とされている[3]。

そして、生活保護制度は、生活保護法第4条に「保護の補足性」が明記されているように、「補足性」という性格をもつ。第4条では、生活保護は自らの力で最低生活を維持することができない場合に行われ、他の制度との関係では最後の社会保障であることが規定されている。

つまり、この法律が対象とする「生活に困窮する者」は単に収入が保護基準を下回る人ではない。生活困窮者が保護を受けるためには、まず、その最低限度の生活の維持のために、「利用し得る資産、能力その他あらゆるもの」を活用しなければならない。そして、民法上の「扶養義務者の扶養及び他の法律に定める扶助」を保護に優先して受け、なおかつ最低限度の生活を維持することができない場合に、それを「補足」するのがこの法律の役割とされている。

このように、生活保護制度が補足的役割を担うのは、『改訂・増補 生活保護法の解釈と運用』が指摘するように、資本主義社会では「自己責任の原則」が基本原則の1つとされているからである[4]。現代社会では個人が自己の生活に責任をもつことは当然のこととされており、「自己責任の原則」に基づき、個人に自立することを求める。

したがって、生活保護制度で、保護の受給要件として、自助、つまり資産および能力のすべてを最低生活の維持のために活用することを要請するのは当然

のことともいえよう。

　加えて、「保護の補足性」の規定の中では、民法に定める扶養義務者の扶養は保護に優先することが定められている。

　これは保護の要件ではない。しかし、2008年に実施要領の中で、扶養は保護の要件ではないことが明記されるまで、扶養義務者による扶養は保護の受給要件として運用されることも多かった[5]。扶養は、「資産、能力その他あらゆるもの」と同様に「利用し得る」ものとして活用を求められてきたのである。

　また、生活保護法第10条で「世帯単位の原則」を定めており、保護の要否および程度の決定は世帯を単位に行われる。これは、各個人の経済生活は通常世帯を単位として営まれており、生活困窮という事態は、生計を同一にする世帯全体にあらわれてくるからであるとされている[6]。したがって、生活保護における自助は本人だけではなく世帯全体に求められる。

　以上のように、生活保護制度では、保護の受給要件として、生活保護受給者および世帯に対して自助を求め、扶養義務者の扶養の優先を求める。生活保護受給者および世帯に求められる自助や扶養の程度・内容は、保護の対象範囲を明示するものであり、保護の要否を決定し、保護率の増減とも関連してくる重要な要素である[7]。したがって、「自己責任の原則」の強調は、かえって「自立の源をわざわざ枯渇」[8]させることにもなりかねない。

　それでは、現代日本の生活保護において、「自己責任の原則」のもと生活保護受給者および世帯にはどのような自助が求められ、扶養義務者にはどのような扶養が求められているのであろうか。

　2005年に生活保護制度に自立支援が導入された。自立支援では、新しい自立や支援という概念が提示されており、自立支援の導入と展開は、自助の新しい運用を求める契機ともなり得る。そこで、本書ではこの自立支援に焦点を当てて、自立支援の導入が生活保護にどのような変化をもたらしているのかを検討しよう。そして、こうした自立支援の導入から展開の過程についての分析に加えて、自助の単位となる世帯の認定と保護に優先される扶養義務者の扶養の取扱いにおける変化についても分析を進めていきたい。

　ここで、本書の構成を示しておこう。

第1章では、生活保護の動態を把握する。戦後の生活保護の動向を概観したのち、2000年以降に行われた生活保護政策を取り上げ、ついで生活保護受給の動向と新たに保護の対象に取り入れられたホームレスに着目して分析を進める。

　第Ⅰ部では、「第2章　生活保護政策における自立と自立支援」と「第3章　自立支援の展開と生活保護」の2つの章を置き、生活保護における自立概念の検討と2005年の自立支援の導入とその後の展開を検討する。

　つづく、第Ⅱ部の2つの章、4章・5章では、自立支援の導入が生活保護にもたらした変化に言及する。「第4章　生活保護受給者の地域生活支援」では新しい支援の具体例の1つとして地域生活支援を取り上げ、「第5章　生活保護と民間委託」では、自立支援プログラムの実施を通して生活保護業務の民間委託が導入されていることを指摘する。

　第Ⅲ部では、保護実施の際の単位となる世帯の認定と扶養義務者の扶養を取り上げる。「第6章　生活保護における世帯と世帯認定」と「第7章　生活保護における扶養義務」を置き、近年の世帯認定と扶養義務の取扱いの動向に言及したい。そして、終章では、現代日本の生活保護制度に生じた変化の内容を確認しつつ、生活保護制度の課題を考察する。

　なお、以下序章では、続く各章での分析に先立ち、生活保護制度が戦後日本の社会保障においてどのような位置にあり、実際にどのような役割を果たしているのかを検討しておきたい。

　まず、貧困と生活保護制度との関係を取り上げ、ついで、戦後日本の社会保障制度における生活保護の位置づけと役割を確認し、さらに、現在の社会保険と生活保護受給者の関係について整理しておくことにする。

2　貧困と生活保護制度

　1990年代以降、貧困・生活保護への社会的関心は高まっている。新聞記事や研究論文の件数を検索すると、貧困や生活保護について言及する記事・論文は、生活保護受給者の増加に歩調を合わせるかのように、2000年以降に急激な

増加を示している（図序-1）。

　新聞記事と研究論文を比較すると、研究論文では生活保護よりも貧困を主題とするものが多い。それは、研究論文では、今日の貧困を貧困一般の文脈の中で議論する機運が高まっていることを示すものである[9]。

　この節では、社会階層論、貧困量の測定および保護基準の検討を通して、貧困と生活保護制度の関係の整理を行う。

1　社会階層論

　戦後の日本では、貧困研究が隆盛であった。その1つに、1966年に貧困の社会階層論的研究を行った「都市における被保護層の研究[10]」がある。

　この調査では、「被保護層の形成」の意味をつぎのように記している。

　生活保護には保護基準があるが、「保護世帯になる」ということは、金銭的メジャーとしての保護基準にかかわらず、その地域、あるいは国民一般を通じる「貧困」あるいは「困窮」についての通念的概念があって、それに照して、全く自発的にか、周囲の勧奨があって、保護を申し出て、それに対して、他に方法がない限り、保護費を支給するという手続きをとるのである。したがって、「貧困」や「困窮」は、単なる金銭的メジャーとしての保護基準で測定し得ない総合的なものであるとしている。

　そして、「貧困」ないし「困窮」をつらぬく1つの本質的なものを、「不安定」という概念で捉え、「一定の社会的経済的状態のもとで、経済上、社会上の原因であれ、世帯内に生ずる世帯再生産上の原因であれ、ある原因が加わると、きわめて短期間に、いわば直線的に被保護世帯として保護金品を受けないと、自立的生活がいとなめなくなるような窮した状態におちいっていること」とした。

　つまり、被保護層となることとは、「不安的階層」に属する世帯が、何等かの原因（社会的なあるいは世帯再生産上の）によって、被保護世帯となることとされる。

　上記調査のメンバーであった江口英一のその後の低所得階層の研究では、「不安定階層」は「不安定就業階層」とされ、典型階層としては、「不規則・単

純労働者」層で、その階層の中心であり基底部分をなすのは「日雇労働者」層である「ワーキングプア」とされた。

そして、図序-2のような3層からなる日本社会の階層構造を示し、「一般階層」と「不安定就業階層」を区別する境界線は、「不安定就業階層」と「被保護層」とを区分する一線よりも、より明瞭であり、現実的には、むしろそれは容易にとびこえられない、厚い壁のような観があるとした。

そこでは、「貧困が貧困を生む」という循環が行われ、「不安定就業階層」を拡大固定化すると同時に長期的に自己を再生産し、解消しがたい「貧困」＝「不安定化」のいわば鉄のオケのようなワク組み＝機構が、現代の社会の中に形づ

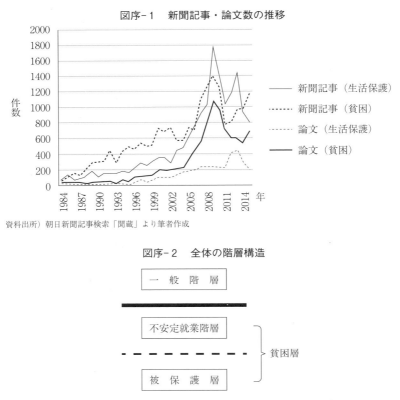

図序-1　新聞記事・論文数の推移

資料出所）朝日新聞記事検索「聞蔵」より筆者作成

図序-2　全体の階層構造

資料出所）江口英一『現代の「低所得層」上』未來社　1979年

くられているとした[11]。

2 貧困の分布と推計

貧困への社会的関心の高まりを背景に、実際にどれくらいの人びとが貧困状況にあるかを把握するための基礎的な統計が政府から明らかにされるようになった。

1つは、2009年の厚生労働省「相対的貧困率の公表について」である。これは、OECDと同様の方法で推計したもので、等価可処分所得（世帯の可処分所得を世帯人員の平方根で割って調整した所得）の中央値の半分に満たない世帯員の割合をいう。この比率は多くの先進国での公的な貧困基準として採用されているものである。2007年で相対的貧困率は15.7％とされた。また、子どもの相対的貧困率も14.2％と発表された[12]。

その後発表された相対的貧困率もわずかに上昇の傾向にあり、2012年には16.1％となった[13]。そして、日本の相対的貧困率は、OECD諸国の中でももっとも高いグループに属することが明らかとなった[14]。

もう1つは、2010年に内閣府・総務省・厚生労働省から発表された「生活保護基準未満の低所得世帯数の推計について」である。これは、生活保護基準未満の低所得世帯数を全国消費実態調査および国民生活基礎調査のデータを用い推計したものである。これまで研究者による推計は行われていたが、1960年代に厚生省から発表されて以降、政府からの公表はなかった[15]。

国民生活基礎調査を用いた2007年の推計では、所得のみの低所得世帯率は12.4％で、所得のみの低所得世帯数に対する被保護世帯数の割合は15.3％と発表された。

用いられた資料により推計にかなりの差が生じているが、2007年の結果でみれば、生活保護基準以下の生活をする世帯は1割であるが、そのうち生活保護を受給している世帯はわずか15％ということになる。この割合は一般的に保護の捕捉率といわれるが、極めて低い比率である。

「貧困状態にあること」と「保護受給者になること」はイコールではない。両者を交差させ整理したのが表序-1である。問題となるのは、①「基準以上

表序-1　貧困と政策対象の関係の4類型

指定	受給する	受給しない
最低生活基準以上	①濫給	③○
〃　　以下	②○	④漏給

資料出所）藤村正之「貧困・剥奪・不平等の論理構造」庄司洋子・杉村宏・藤村正之編『貧困・不平等と社会福祉』有斐閣　1997年

だが保護を受給している」場合と④「基準以下だが保護を受給しない」場合である。前者は「濫給」と呼ばれ、会計検査院の指摘やマスコミ報道でも不正受給として批判される。後者は「漏給」と呼ばれ、本来受給資格があるのに、保護を受けないという場合である。制度を知らないという問題や制度を利用した場合のスティグマを避けたいという意識などの問題がある。「漏給」については、潜在化していて、計量することができないとされていたが、捕捉率という数値として示される[16]。

先の2007年推計によると、捕捉率は15％であり、残りの85％が生活保護基準以下でありながら生活保護を受給しない世帯となり、「漏給」がかなり広範囲に及んでいることがわかる。

3　生活保護基準のもつ意味

P.タウンゼントは、貧困を相対的剥奪として捉え、その社会において慣習となっている生活資源・生活様式を欠く状態を貧困とした。相対的剥奪には客観的剥奪、規範的剥奪、主観的剥奪の3つの形態があり、規範的剥奪は社会における支配的なまたは大多数の価値を示すものであるとした。たとえば、公的扶助法における諸給付率は、現代の社会的貧困基準であり、社会で慣習として認められている貧困基準を反映しているとした[17]。つまり、日本であれば、公的扶助である生活保護における保護基準は日本社会の公認の貧困基準となる。

生活保護の保護基準は公認された貧困であり、公定貧困基準である。しかし、それは生活保護制度の中だけのものではない。

2007年度の最低賃金法改正で、最低賃金の決定の際に生活保護との整合性が重視されることになったこともその例といえよう。

最低賃金法は、国が法的強制力をもって賃金の最低限を定め、使用者に対してその額未満の賃金で労働者を雇用することを禁止する制度である。2007年の改正で、最低賃金法に「労働者の生計費の算定に当たって生活保護施策との整合性に配慮する。」(第9条第3項)が新設された。

　2005年の「最低賃金制度のあり方に関する研究会報告書」は、産業構造の変化や就業形態の多様化の進展などの環境変化のなかで最低賃金制度が安全網として一層適切に機能することを求め、最低賃金と生活保護との関係について、「生活保護が健康で文化的な最低限度を保障するものであるという趣旨から考えると、最低賃金の水準が生活保護より低い場合には、最低生活費の保障という観点から問題であるとともに、就労に対するインセンティブが働かずモラル・ハザードの観点からも問題である。」とした[18]。

　生活保護の基準が最低賃金決定の一要素となり、最低賃金による収入が生活保護の給付を下回る「最低賃金と生活保護の逆転現象」が確認された。この逆転現象は最低賃金の改定に影響を及ぼすだけでなく、現実には逆に保護基準の妥当性をめぐる議論も生じさせる結果となったが[19]、これも、生活保護がこれまでとは違った注目を集めている状況を示すものである。

　また、2011年から社会保障審議会に常設部会「生活保護基準部会」が設置され、生活保護基準について専門的かつ客観的検討が行われることになった。そして、2013年改訂では初めて保護基準の低下を決定し、その後も保護基準の検討が続けられている。生活保護基準は、生活保護世帯だけに適用されるものではなく、就学援助をはじめとする低所得者施策などの対象者の認定基準としても用いられている。生活保護基準の改訂は、さまざまな制度施策を通じて、生活保護受給世帯以外の世帯へ与える影響もきわめて大きい。

3　社会保障制度の中の生活保護

　現行の生活保護法は、1949年の社会保障制度審議会「生活保護制度の改善強化に関する件(勧告)」に基づき、1950年に制定された。戦後に設置された社会保障制度審議会は、日本の社会保障制度に関してこれまでに1950年、1962年

と1995年に勧告を行っている。これらの勧告を取り上げ、社会保障制度における生活保護の位置づけを確認することにしよう。

1　1950年勧告

　1950年、社会保障制度審議会は、「社会保障制度に関する勧告」（以下、1950年勧告と略記する。）において憲法第25条の理念に基づく社会保障制度の確立を勧告した。この勧告は、「社会保障制度とは、疾病、負傷、分娩、廃疾、死亡、老齢、失業、多子その他困窮の原因に対し、保険的方法又は直接公の負担において経済保障の途を講じ、生活困窮に陥った者に対しては、国家扶助によって最低限度の生活を保障するとともに、公衆衛生及び社会福祉の向上を図り、もってすべての国民が文化的社会の成員たるに値する生活を営むことができるようにすることをいう」とした。

　この勧告では、日本の社会保障の体系は、社会保険、公的扶助（国家扶助）、公衆衛生、社会福祉の分野からなるとされた。

　一般的に、社会保険は、傷病、死亡、老齢、失業、障害などの「貧困事故」に対して、所得保障を行うものである。その財源は、被保険者の保険料拠出を中心とし、国または地方公共団体の負担にもよる。他方、公的扶助は、公的責任と負担で行われる所得保障で、拠出を前提とせず、資産調査や収入調査などにより給付が必要であることを証明したうえで給付を行うものである。[20]

　勧告では、さらに、「社会保障の中心をなすものは自らをしてそれに必要な経費を醸出せしめるところの社会保険制度でなければならない。」とし、「保険制度のみをもってしては救済し得ない困窮者」に対しても、「国家は直接彼等を扶助しその最低限度の生活を保障しなければならない。いうまでもなく、これは国民の生活を保障する最後の施策であるから、社会保険制度の拡充に従ってこの扶助は補完的制度としての機能を持たしむべきである。」とした。

　このように1950年勧告は、社会保障の中心をなすものは社会保険とし、公的扶助を社会保険の補完とし、社会保険重視の方向性を打ち出したが、現実の社会保障制度はかならずしもそのようなものではなかった。木村孜が、『生活保護行政回顧』の中で、1950年当時を振り返り「曲りなりにも社会保障制度とし

て体を成していたのは、独り生活保護制度のみであったといっても過言ではなかった。」と述懐しているように、敗戦直後の日本においては国全体が貧しく生活保護制度のもつ意義は大きかった。

　社会保障制度における生活保護の位置を、国の一般会計における社会保障関係費（当初予算）で確認しておこう。社会保障における社会保険と公的扶助の比重をみると、1955年度の社会保障関係費予算額に占める生活保護費が32.1％で、社会保険費は11.9％であった。生活保護費の割合は相対的に大きかった（厚生省社会局保護課編『生活保護三十年史』社会福祉調査会　1981年）。

2　1962年勧告

　つぎに、社会保障制度審議会が行った勧告は、1962年の「社会保障制度の総合調整に関する基本方策についての答申および社会保障制度の推進に関する勧告」（以下、1962年勧告と略記する。）である。この勧告の前半部分は、諮問への答申で、後半部分が社会保障制度への勧告となる。1960年代の日本は高度経済成長期にあり、1958年の国民健康保険法と翌年の国民年金保険法の成立により国民皆保険・皆年金体制が確立した時期でもあった。

　1962年勧告では、「これまでの社会保障は、社会保険を中心として発展してきた。…皆保険、皆年金によって全国民をいずれかの制度に加入させるというだけではなく、それは全制度を通じて全国民に公平にその生活を十分に保障するものでなければならない。」とし、国民階層を、「貧困階層」「低所得階層」「一般所得階層」に分けそれぞれの階層に対応した施策を柱とする勧告を行った。社会保険は「一般所得階層」に対する所得保障を行う仕組みとし、公的扶助は「貧困階層」に対する方法として位置づけた。

　「貧困階層」に対する施策については、「社会保険や社会福祉などの防貧の制度がかりに十分に完備されたとしても貧困となる原因そのものはなお無限に残り、貧困が全くなくなるということはない、…これらに対して最低の生活を保障する生活保護等の公的扶助は、依然として、社会保障の最小限度の、そして最も基本的な要請であるといわねばならぬ。」とした。

　1962年勧告では、現行生活保護水準の引上げについても勧告を行っている。

「(1) 国民所得倍増計画が推進され、国民一般の生活水準が高くなった今日、従来の保護基準はそれにおくれている。このおくれをとりもどすことは本格的な最低賃金制度の確立とともに最も必要なことである。(2) 生活保護基準の引き上げは、当面、昭和45年に少なくとも昭和36年度当初の水準の実質3倍になるよう年次計画をたてる。」というものであった。

これは、保護基準の驚異的な引き上げの勧告であり、「この勧告が保護基準の引上げの大きな支えになった。」と木村は記している[22]。

また、木村が、国民皆保険・皆年金体制の成立について、「この時わが国の社会保障制度は曲りなりにも制度的には整ったといえるのであるが、しかし、これはどこまでも形式上のことであって、その保障水準は極めて低く実質的な意味での保障が確立したわけではなかった。」[23]と述べているように、戦後の一定期間、社会保険は社会保障制度のなかで中心的な位置を占めるには至っていなかった。

しかし、その後状況は一変する。社会保障関係費において社会保険費の比率が生活保護費のそれを初めて上回るのが1959年度であるが、1965年度の生活保護費は20.4％であるのに対して、社会保険費は40.4％と生活保護費の2倍になっていた。さらに、1970年度になると、社会保険費は51.5％となり社会保障関係費の半分を占めるようになったが、一方生活保護費は19.0％となり、福祉法などの制定によりさらに社会保障制度における生活保護の相対的な役割が低下した（厚生省社会局保護課編『生活保護三十年史』社会福祉調査会 1981年）。

3 1995年勧告

そして、1995年に「社会保障体制の再構築（勧告）―安心して暮らせる21世紀の社会をめざして」（以下、1995年勧告と略記する。）が出された。1995年勧告は、1950年勧告を、「社会保障の理念とともに制度の具体的なあり方を我が国で初めて包括的・体系的に示したもの」で、社会保障の方策として社会保険方式を採ることになったことは、当時としては「やむを得ざる選択であった」が、「結果的にはより良い途を選んだ」と評価した。

1995年勧告では、社会保障制度の理念として、「広く国民に健やかで安心で

きる生活を保障すること」を掲げ、社会保障を推進する際の原則として、普遍性、公平性、総合性、権利性、有効性をあげた。そのためには、国民が「自立と社会連帯の考えを強くもつこと」が必要であるとした。これは、「国家保護」の観点が強調されていた社会保障理念の最大の変化といえよう。[24]

そして、1995年勧告は、「今後増大する介護サービスのニーズに対し安定的に適切な介護サービスを供給していくためには、基盤整備は一般財源に依存するにしても、制度の運用に要する財源は主として保険料に依存する公的介護保険を基盤にすべきである。」とし、社会保険方式による公的介護保障制度の導入を提案した。

1995年勧告は、生活保護制度については、わずかにふれているだけである。所得保障制度には、一定の事故を原因として所得喪失状況が発生した場合に、給付を行うことによって困窮に陥る前に生活の安定を図ろうとする事前的な制度と、原因が何であれ困窮に陥った者の最低限度の生活を保障する事後的な制度とがあるとし、「社会保険制度を中心とした前者の事前的対策が主要な役割を果たすべきであるが、後者の事後的な対策すなわち生活保護制度が、困窮に陥った国民の最後のより所として、最低生活保障機能を十分果たすよう今後も運営されなければならない。」とした。

図序-3　制度別社会保障関係費の推移（当初予算）

資料出所）厚生省社会局保護課『生活保護三十年史』1981年および国立法人社会保障・人口問題研究所「社会保障統計年報データベース」2016年より筆者作成

1995年度の社会保障関係費はどうであったか。生活保護費の占める比率はわずか7.6％で、一方社会保険費は60.8％となり、費用の上からも社会保険費が圧倒的な位置を占める時代となっている。

　図序－3は、1955年度以降の社会保障関係費（当初予算）に占める生活保護費と社会保険費の比率の推移を示したものである。社会保障関係費に占める生活保護費の比率は、1999年度の7.2％を底に、やや上昇傾向にある。生活保護費は2008年度から2兆円を超え、2015年度は2.9兆円となっている。しかし、社会保障関係費は31.5兆円に拡充しており、生活保護費の比率は9.2％にとどまっている（国立法人社会保障・人口問題研究所「社会保障統計年報データベース」2016年）。

　以上の戦後日本の社会保障制度審議会の勧告の検討から明らかとなるのは、社会保障制度は社会保険を中心とし、生活保護は社会保険の補完的制度であり、貧困階層に対する事後的な施策という位置づけである。社会保障制度において生活保護が基幹的な制度であることに変わりはないが、生活保護の社会保障制度に占める役割は相対的に小さくなってきていると言わざるを得ないであろう。

4　社会保険と生活保護受給者

　生活保護では、生活扶助、教育扶助、住宅扶助、医療扶助、介護扶助、葬祭扶助の8種類の扶助により最低生活を保障している。このように生活保護は扶助の種類が多く、生活費の各分野の個別給付を含み、制度的には包括的なものとなっている。[25]したがって、生活保護受給者は必要に応じてこれらの扶助を受けることができる。2015年に生活保護受給者のうちそれぞれの扶助を受給する者の比率は、生活扶助91.5％、教育扶助14.6％、住宅扶助86.2％、医療扶助88.7％、介護扶助17.3％、などとなり、生活扶助、医療扶助、住宅扶助の順に受給者の比率が高い（厚生労働省「平成27年度　被保護者調査　年次調査（個別調査）」）。

　しかし、生活保護法の第4条では、「保護の補足性」が規定されており、保護の給付に先立って資産・能力・その他あらゆるもの活用と、親族扶養および他の法律による扶助の優先が求められている。社会保険による給付は、「そ

他あらゆるもの」に該当し、給付があればそれを活用しなければならない。したがって、生活保護受給者の社会保険の加入や給付はどのようになっているかを検討しておく必要があろう。

2014年の厚生労働省「社会保障生計調査」をみると、単身世帯（1級地-1）の実収入（＝就労収入＋生活保護給付金品＋他の社会保障給付金品＋その他）は13万3025円である。内訳は、「就労収入」7.1％、「生活保護給付金品」74.4％、「他の社会保障給付金品」15.5％、「その他」3.0％となる。

生活保護受給者の生活は7割を生活保護が支えており、「就労収入」に「他の社会保障給付金品」を加えた生活保護以外の収入は22.6％である。生活保護以外の収入を経済的自立の程度とみるならば、経済的自立の程度は2割ということになる。

生活保護受給者が収入として得ている「他の社会保障給付金品」は15.5％（2万673円）である。この社会保障給付金品の内訳はどのようなものか。

2015年の厚生労働省「被保護者調査 年次調査（個別調査）」は年金受給のみの結果であるので、少し古くなるが2011年の「被保護者全国一斉調査（基礎調査）」で年金等の受給件数（表序-2）をみよう。生活保護受給者に占める比率をみると、国民年金（新法）および厚生・共済年金がもっとも高く25.3％で、ついで児童手当6.1％、児童扶養手当5.7％、国民年金（旧法）3.9％、などとなっている。単純に合計すると、生活保護受給者の43.6％が年金等を受給していることになる。「他の社会保障給付金品」による収入の主なものは、これらの年金や手当であると考えられる。

生活保護受給者が年金保険や雇用保険などの社会保険から給付を受けていることはわかったが、生活保護受給者の社会保険への加入についてはどのような対応が取られているのであろうか。

以下では、年金保険、雇用保険、医療保険、介護保険を取り上げ、社会保険と生活保護受給者との関係を考察することにしたい。

1 年金保険

まず、年金保険からみていこう。

表序-2　年金等受給件数（2011年）

生活保護受給者数（人）	2,024,089		100.0%
受給延べ件数	881,894	100.0%	43.6%
国民年金（新法）及び厚生・共済年金（件数）	511,511	58.0%	25.3%
老齢年金	324,087	36.7%	16.0%
障害年金	97,904	11.1%	4.8%
遺族年金	33,873	3.8%	1.7%
その他の厚生・共済年金	55,647	6.3%	2.7%
国民年金（旧法）	79,783	9.0%	3.9%
老齢年金	63,888	7.2%	3.2%
障害年金	12,234	1.4%	0.6%
母子年金	9	0.0%	0.0%
遺児年金	112	0.0%	0.0%
老齢福祉年金	403	0.0%	0.0%
その他	3,137	0.4%	0.2%
恩給・援護	3,381	0.4%	0.2%
雇用保険	2,538	0.3%	0.1%
特別児童扶養手当	6,434	0.7%	0.3%
特別障害者手当	4,745	0.5%	0.2%
障害児福祉手当	2,818	0.3%	0.1%
児童手当	124,215	14.1%	6.1%
児童扶養手当	114,396	13.0%	5.7%
特定障害者給付金	903	0.1%	0.0%
その他	31,170	3.5%	1.5%

資料出所）厚生労働省「平成23年被保護者全国一斉調査（基礎）」2011年

　年金保険は、老齢、障害または死亡に関して必要な給付を行う社会保険である。

　被用者を対象とした厚生年金保険法が公布されたのは1941年であるが、国民年金保険法は1959年に制定され、日本は1961年からすべての国民が公的年金制度に加入する国民皆年金体制となった。

　2015年の生活保護受給者の30.3％（64万5466人）が年金を受給している。受給する年金でもっとも多いのが老齢・退職年金等で、ついで障害年金等、そして

遺族年金となる。年金受給者1人当たりの平均年金受給額は4万8893円となっている。

生活保護を受給している65歳以上の高齢者をみると、年金を受給しているのは49.0％で、皆年金体制成立から半世紀を経過するが、2015年においても依然として無年金者が半数を占めている（厚生労働省「平成27年度　被保護者調査　年次調査（個別調査）」）。

国民年金の第1号被保険者は、日本国内に住所を有する20歳以上60歳未満であって、被用者年金制度の被保険者とその被扶養配偶者でない者である。国民年金の給付には、老齢、障害、遺族の基礎年金がある。老齢基礎年金は、受給資格期間を満たした場合、65歳に達したときに支給される[26]。

国民年金の第1号被保険者の保険料は、2015年度は月額1万5590円である。第1号被保険者の保険料には、法定免除と申請免除の2つの免除制度が設けられている。国民年金法第89条は、保険料の「納付することを要しない」場合（法定免除）を規定している。第1項は障害基礎年金の受給権者で、第2項は「生活保護法による生活扶助その他の援助であって厚生労働省令で定めるものを受けるとき」とされている。つづく第90条では、所得がない者等保険料の納付が困難である場合には、申請により保険料が全額免除となることが規定されている[27]。

生活保護受給者の保険料免除の取扱いについて、厚生省年金局通達「保険料免除の取扱いについて」（1960年）は、以下のように説明をしている。

　「拠出制の国民年金においては、…保険料を負担することのできない低所得者については、これらの人々こそ年金制度による保障を最も必要とする人々であるとの趣旨から、これを本制度の適用から除外することなく適用対象に含め、これに対し保険料免除の措置を大幅にとることによって、できるかぎり多くの人びとに拠出制国民年金の支給が行なわれるよう配慮されている。」

保険料の免除を受けた場合は、免除期間も年金の受給資格期間に参入される。しかし、年金額は免除額に応じて期間算入が縮小される。

なお、被用者年金保険の被保険者となる場合は、社会保険料が勤労収入を得るための必要経費として認定される。また、国民年金の受給権を得るために国民年金に任意加入する場合も、任意加入保険料を収入認定の際に必要経費とし

て認められる。

2　雇用保険

　雇用保険法は、1947年に創設された失業保険法に代わり、1974年に制定された。雇用保険では、失業等給付の支給とともに、雇用安定事業および能力開発事業も実施している。雇用保険は、労働者を雇用するすべての事業に適用され、短期雇用者や日雇労働者も対象としている。

　失業者のうち雇用保険から給付を受けている受給者の比率をみると、2000年32.2％（102.9万人）、2014年19.8％（46.7万人）となり、比率が大きく低下してきている（厚生労働省「平成26年度雇用保険事業年報」）。1990年代後半から急増してきた非正規雇用者の多くが雇用保険に加入できていないため、雇用保険の対象とならない人が増加している。つまり、雇用保険の守備範囲が狭くなり、生活保護の役割が大きくなってきているのである。[28]

　表序-2でみたように、生活保護受給者の中には雇用保険から収入を得ているものが0.1％と少数ではあるがいる。生活保護受給者のうち就労しているのは12.7％（27万667人）で、不就労は87.3％であり、約1割しか働いていない。しかも就業者で雇用されているのは10.4％であるから、今日では生活保護受給者が雇用保険に加入する可能性は高くはない（厚生労働省「平成27年度　被保護者調査　年次調査（個別調査）」）。

　雇用保険は、生活保護受給者を適用除外とはしていないので、雇用されていれば雇用保険の適用を受けることができる。加入している場合は、保険料は勤労収入を得るための必要経費として認定されるが、雇用保険に加入する生活保護受給者は少ないと考えられる。

3　医療保険

　生活保護受給者の9割近くが医療扶助を受給しており、医療扶助費は1.7兆円で、2013年度の保護費総額3.6兆円のうちの47.0％となり、保護費の半分近くを占めている。医療扶助を受給する人員や保護費の規模からも、国民皆保険体制下にあってもなお医療費の負担が大きな脅威となっていることがわかる（国

立社会保障・人口問題研究所「『生活保護』に関する公的統計データ一覧」2016年)。

なお、精神保健福祉法や感染症法などによる医療費の給付は、生活保護法における「他法他施策の優先」により、医療扶助に優先して活用されるべきとされている。これらの給付を受け、不足がある場合には医療扶助の適用を受ける。[29]

医療保険は、被保険者の疾病、負傷、出産または死亡に関して必要な保険給付を行う社会保険である。日本の医療保険は、職域の雇用者を対象にした健康保険や自営業者などの地域の一般住民を対象にした国民健康保険などに分かれ、全国民にこれらのいずれかの制度への加入を義務づける国民皆保険体制となっている。

国民健康保険（市町村）の被保険者は、市町村および特別区に住所を有する者である。国民健康保険料（税）は市町村ごとに決められており、医療サービス（療養の給付）を受けた場合の被保険者（義務教育就学後から70歳未満）の一部負担は3割である。

市町村および特別区に住所がある者は国民健康保険（市町村）に強制加入することとなっているが、国民健康保険法の第6条は、「被保険者としない」者を規定している。対象となるのは、各種の被用者保険の被保険者とその者の被扶養者および生活保護受給世帯に属する者である。被保険者が生活保護を受給する場合は、その世帯が保護を受けなくなるまでは、保護を停止されている間を除き国民健康保険の被保険者となることができない。

また、75歳以上の高齢者に対しては、2008年4月から「高齢者の医療の確保に関する法律」が施行され、後期高齢者医療制度による医療給付が行われるようになった。しかし、生活保護受給者は後期高齢者医療制度の適用除外となっており、75歳以上の生活保護受給者は後期高齢者医療制度による医療給付を受けることができない。

なお、被用者の健康保険に任意で継続加入する場合の保険料は、収入認定の際に必要経費として控除される。また、子どもなどが加入する健康保険に被扶養者として加入することは可能である。

4　介護保険

　生活保護受給者は、介護が必要となった場合は、介護扶助で介護保険制度の給付の対象となる介護サービスと同等のサービスを受けることができる。すでに見たように、2015年度では17.3％が介護扶助を受けている（厚生労働省「平成27年度　被保護者調査　年次調査（個別調査）」）。

　介護保険は、被保険者の要介護状態又は要介護状態となるおそれがある状態に関し、必要な保険給付を行う社会保険で、年金、医療、雇用、労災につづく5つ目の社会保険制度として創設された（2000年4月施行）。介護保険制度は、社会連帯の理念に基づき、利用者の選択により保健・医療・福祉にわたる介護サービスを総合的に利用することを保障する保険制度であり、生活保護では「被保護者についても被保険者とし、介護扶助とあいまって、保険給付の対象となる介護サービスの利用を権利として保障するものである。」としている。

　介護保険の被保険者は、65歳以上の第1号被保険者（生活保護の被保護者を含む）と40歳以上65歳未満の医療保険に加入する第2号被保険者からなる。

　65歳以上の第1号被保険者の介護保険料は、年金等が年額18万円未満の者については、市町村（特別区）から徴収される（普通徴収）。年金等が18万円以上の被保険者については、年金からの天引きとなる（特別徴収）。介護給付費の1割（一定以上の所得を有する場合は2割）は自己負担となる。

　介護保険の第1号被保険者である65歳以上の生活保護受給者に対しては、つぎのような取扱いがなされている。普通徴収の方法によって保険料を納付する場合は、生活扶助費に介護保険料が加算される。老齢年金等から介護保険料が特別徴収される場合は、年金収入から介護保険料が控除される。介護保険給付の自己負担部分1割については、介護扶助費として給付される。

　一方、第2号被保険者については、介護保険料は健康保険の保険料と一体徴収され、16の特定疾病のために介護が必要となった場合に介護保険の給付対象となる。したがって、40歳以上65歳未満の者で医療保険に加入していない場合は、介護保険の第2号被保険者になることができない。

　生活保護受給者は国民健康保険の適用除外となっているので、40歳以上65歳未満の生活保護受給者の多くは介護保険の被保険者になることができない。介

護保険の被保険者ではない40歳以上65歳未満の生活保護受給者が特定疾病により要介護等の状態にある場合には、介護サービス給付の費用は介護扶助として10割が給付される。

なお、生活扶助として介護保険料加算が支給されている場合の介護保険料は代理納付が行われている。

5　社会保険との錯綜する関係

これまで、4つの社会保険を取り上げ、生活保護受給者の社会保険における位置を考察してきた。ここで、社会保険における生活保護受給者への対応をまとめておくことにしよう。

国民年金保険では、生活保護受給者は保険料を「納付することを要しない」とされ、全額免除となっている。生活保護受給者は国民年金の適用対象であり、免除期間も受給資格期間に参入されるが、年金額は減額となる。

雇用保険では、生活保護受給者であることを理由に適用除外されることはなく、可能性は高くはないが、適用事業所で働いていれば、生活保護受給者も保険の対象となり、保険料も必要経費として認定される。

国民健康保険では、生活保護受給者は「被保険者としない」と規定されており適用除外となっている。また、75歳以上の高齢者を対象とする後期高齢者医療制度においても、生活保護受給者は適用除外となっているので、被保険者になることができない生活保護受給者は後期高齢者医療制度による医療給付を受けることができない。

介護保険では、65歳以上の生活保護受給者は介護保険の第1号被保険者となり、自己負担分については介護扶助を受給する。40歳から65未満の第2号被保険者は医療保険加入が前提となっているので、医療保険に未加入の生活保護受給者は介護保険の被保険者となることができない。

以上のように、生活保護受給者は社会保険制度から完全に切り離されているわけではなく、生活保護受給者と社会保険制度との関係は錯綜している。これを社会保険制度への統合という観点からみると、生活保護受給者が社会保険制度にもっとも統合されているのは介護保険で、一般高齢者と同じ被保険者の位

置にある。一方、国民健康保険では、生活保護を受給すると自動的に加入することができない制度となっており、もっとも排除的といえる。

2000年の『月刊福祉』の座談会で、当時厚生省社会・援護局保護課長であった宇野裕は、国民健康保険が排除的な理由として成立時期の問題を指摘している。

> 「健康保険制度は古くからあったのですが、国民皆保険になったのは昭和36（1961）年ですね。生活保護制度のあとから国民健康保険制度ができていたのです。しかも生活保護制度においてすでにカバーされている部分については、特に結核医療関係費用の多くを生活保護の医療扶助が担っていたこともあり、新しくできた制度は当時それを引き取るだけの実力がなかったのです。いわば経過期間が50年間続いたとも言えます。[30]」

この発言は、先にあげた『生活保護行政回顧』における「社会保障の体を成していたのは生活保護のみであった。」とする木村の述懐とも符合する。

一方、介護保険はもっとも統合的である。生活保護は、介護保険の導入により新たな保護の種類として介護扶助を創設し、保険料を生活扶助の加算として支給する新たな仕組みを作った。高齢の生活保護受給者はなぜ介護保険の被保険者になることができたのであろうか。

厚生省社会・援護局保護課は、1998年の雑誌『生活と福祉』おける生活保護法の一部改正の趣旨についての解説の中で、その理由を以下のように説明している。

> 「①従来被保護者が老人福祉法による措置等によりこれらの介護サービスを受けてきたこと、…②これらの介護サービスは、一定年齢以上の者が介護保険の給付事由に該当する限り、受けられることが保障されるものであるので一般国民の介護需要の充足度合いとの均衡という観点から、介護保険で給付対象となる介護サービスを最低限度の生活に必要なものと位置づけ保護の対象とした。[31]」

後者の「一般国民との均衡」という理由は、物品などでは70％の普及が基準とされ、保護の実施要領改正時にしばしば根拠とされてきた理由である。高齢者すべてが対象となる介護保険の成立は、高齢の生活保護受給者もその対象として加えるべきと考えられたのであろう。

また、前者の理由である高齢生活保護受給者の介護は、1963年の老人福祉法

成立以降、「他法他施策の優先」により生活保護から切り離され老人福祉が担ってきた。したがって、介護保険が創設されるにあたり、医療扶助のように生活保護がその費用を直接給付するのではなく、社会保険に加入させるという新しい形の整理が可能となったのではないだろうか。

国民皆保険制度成立当時、生活保護による医療扶助の取扱いを見直し、生活保護受給者も国民健康保険の被保険者とするという提案もあったというが採用には至らず、40年後の介護保険成立時に、ようやく生活保護受給者の社会保険への統合が可能になった。これは、高度経済成長期以降の社会保険の拡大によるものであり、「福祉政策の成熟の一端」と捉えることもできよう[33]。

社会保険における生活保護受給者の位置づけは、適用除外となる国民健康保険、免除措置となる国民年金保険、通常の被保険者となる介護保険のように錯綜している。

今後の生活保護受給者と社会保険とのあり方としては、介護保険の例が有効となる。介護保険では、保険料の肩代わりが生活扶助の介護保険料加算の創設で可能となった。介護保険と同様に、国民健康保険の被保険者となるための保険料の支払いが生活扶助費として認められるならば、生活保護受給者は社会保険に一段と統合されることになる。

一般的な制度である社会保険に生活保護受給者を統合することは、国民皆保険・皆年金体制の理念からも重要な課題である。また、生活保護受給者も国民一般と同じ制度を利用できることは生活保護受給者に対するスティグマを緩和することになろう[34]。

表序-3　社会保険における生活保護受給者の位置づけ

社会保険の種類	取扱い	備考
国民年金保険	「納付することを要しない」 (法定免除)	受給権を得るために必要な国民年金任意加入可
雇用保険	適用対象	
国民健康保険	「被保険者としない」 (適用除外)	健康保険の任意継続可
介護保険	被保険者	40〜65歳未満除く

1）　星野信也「機能喪失した生活保護」『週刊社会保障』No.1845　1995年　pp.48-49
2）　岡田太造「生活保護制度改革と新たなセーフティネットの構築について」『生活と福祉』700号　2014年　p.5。局長として10年ぶりに生活保護を担当して思うことを述べた中での発言である。
3）　小山進次郎『改訂・増補　生活保護法の解釈と運用（復刻版）』全国社会福祉協議会　1975年　p.94
4）　同上、p.118
5）　篭山京『公的扶助論』光生館1978年　pp.65-67
6）　厚生省社会・援護局保護課監修『生活保護手帳（別冊問答集）』財団法人社会福祉振興・試験センター1993年　p.88
7）　清水浩一「公的扶助の課題―国民生活の変化と保護の補足性をめぐって」小野哲郎他監修『シリーズ・公的扶助実践講座①　現代の貧困と公的扶助行政』ミネルヴァ書房　1997年　pp.74-102
8）　小山、前掲書、p.119
9）　岩田正美「序論―より開かれた福祉と貧困の議論のために」岩田正美監修『リーディングス日本の社会福祉第2巻　貧困と社会福祉』日本図書センター　2010年　pp.3-20
10）　東京大学社会科学研究所「都市における被保護層の研究」東京大学社会科学研究所調査報告書第7集　1966年　pp.3-6
11）　江口英一『現代の「低所得層」上』未來社　1979年　pp.138-154
12）　この結果は、日本社会に大きな衝撃を与え、子どもの貧困への注目を呼ぶきっかけとなり、2013年の子どもの貧困対策推進法の創設につながった（阿部彩『子どもの貧困―日本の不公平を考える』岩波書店　2008年　p.ii）。
13）　内閣府・総務省・厚生労働省「相対的貧困率等に関する調査分析結果について」2015年
14）　OECDの2014年の国際比較資料によれば、34か国中29位である（内閣府「平成26年度版子ども・若者白書」）。
15）　星野信也『「選択的普遍主義」の可能性』海声社　2000年、中川清「生活保護の対象と貧困問題の変化」『社会福祉研究』83号　鉄道弘済会　2002年　pp.32-42、駒村康平「低所得世帯の推計と生活保護制度」慶應義塾大学『三田商学研究』46-3号　2003年　pp.107-128など。
16）　藤村正之「貧困・剥奪・不平等の論理構造」庄司洋子・杉村宏・藤村正之編『これからの社会福祉2　貧困・不平等と社会福祉』有斐閣　1997年　pp.24-26
17）　P. タウンゼント「相対的収奪としての貧困」D.ウェッダーバーン編著　高山武志訳『海外社会福祉選書④　イギリスにおける貧困の論理』光生館　1977年　pp.19-54
18）　厚生労働省「最低賃金制度のあり方に関する研究会報告書」2005年
19）　OECDの中で、公的扶助と最低賃金が最も接近し、老齢最低所得保障が公的扶助より低い（山田篤裕「国際的パースペクティヴから観た最低賃金・社会扶助の目標性」『社会政策』2巻2号　2010年　pp.33-47）。
20）　大沢真理「公共空間を支える社会政策―セイフティネットを張り替える」神野直彦・

金子勝編『「福祉政府」への提言―社会保障の新体系を構想する』岩波書店　1999年　pp.189-191
21) 木村孜『生活保護行政回顧』社会福祉調査会　1981年　pp.36-37
22) 同上、p.142
23) 同上、p.56
24) 京極髙宣『生活保護改革と地方分権化』ミネルヴァ書房　2008年　pp.5-7
25) 埋橋孝文「生活保護をどのように捉えるべきか」埋橋孝文編著『福祉＋α④　生活保護』ミネルヴァ書房　2013年　p.12
26) 2015年度の老齢基礎年金の給付額は、月額6万5008円である。これは、20歳から60歳までの40年間の保険料納付を条件に支給され、保険料の未納期間や免除期間があれば、その期間に応じて減額される。2014年3月末の平均基礎年金月額は5.7万円（繰上げ・繰下げ支給分を含む年金月額は5.5万円）である（厚生労働省『平成27年版　厚生労働白書』）。なお、年金機能強化法の一部施行による受給資格期間の短縮が行われることになっている。
27) 近年未加入・未納者問題が拡大しており、国民を年金制度に包摂し、皆年金の質を高めることが課題となってきている。2006年7月から保険料免除制度を拡大し、4分の3、4分の1の免除を設け、受給権の確保を図っている。
28) 厚生労働省「『非正規雇用』の現状と課題」（2015年）によると、「就業形態の多様化に関する総合実態調査」（2014年）では正社員は雇用保険が92.5％に適用されているが、正社員以外は67.7％となっており、正社員以外の雇用保険加入者は少ない。
29) 医療扶助の特徴として、医療扶助単給世帯の存在がある。医療費を支払うと収入が最低生活費を割り込む場合に、医療扶助単給の対象となる。医療扶助単給世帯は生活保護受給世帯全体の4.4％を占める（厚生労働省「平成26年度被保護者調査　年次調査（個別調査）」）。
30) 「これからの生活保護制度を展望する―生活保護施行50周年を迎えて」（八代尚宏・菊池馨実・宇野裕鼎談）『月刊福祉』2000年8月号　pp.20-31
31) 厚生省社会・援護局保護課「介護保険導入に伴う介護扶助の創設について」『生活と福祉』506号　1998年　p.5
32) 厚生省社会局保護課編『生活保護三十年史』社会福祉調査会　1981年　pp.226-227
33) 岩田正美「新しい貧困と『社会的排除』への施策」三浦文夫監修／宇山勝儀・小林良二編著『新しい社会福祉の焦点』光生館　2004年　pp.242-251
34) 八代尚宏『規制改革―「法と経済学」からの提言』有斐閣　2003年　pp.118-126、星野、前掲書、pp.194-195

第1章

生活保護の動態
——2000年以降の生活保護政策と生活保護受給

はじめに

　生活保護受給者は2011年度に206.7万人となり、戦後の混乱期でもっとも受給者の多かった1951年度の204.7万人を超え、その後も戦後最多を更新しつづけている。そして、「ワーキングプア」や「ネットカフェ難民」など貧困のさまざまな状態を可視化する報道が行われ、貧困をあらためて社会問題として考える契機が生まれている[1]。

　そこで、本章では、近年大幅な受給者の増加がみられる2000年以降の生活保護を取り上げ、その動態を検討したい。

　表1-1は戦後の生活保護の動向を示したものである。厚生労働省の「被保護者調査　月次調査」によれば、2014年度の生活保護受給者は216.6万人で、生活保護受給世帯は161.2万世帯である。

　生活保護受給者は、高度経済成長期以降全体としては減少傾向にあったものの、1985年以降は急激に減少し、1995年には生活保護制度開始以来最少の88.2万人となった。しかし、この年（1995年）を底に生活保護受給者数は増加傾向に転じ、図1-1のようにU字型の回復をみせた。さらにその後も増加を続け、生活保護史上最高であった生活保護受給者数を超えた。

　なお、千人当たりの保護率も受給者数と同じような変化をみせ、1995年の7.0パーミルを底に上昇し、2014年には17.0パーミルとなっている。しかし、現行制度の初年度調査である1952年度の保護率24.2パーミルを超えるまでには至っていない。

戦後の保護率の変化についてまとめると、法制定から1955年までの20パーミル台の高保護率期、1956年から1970までは15年間の減少期、ついで1971年から1984年までの15年間は12パーミル台の安定期、そして1985年以降戦後最少の受給者数となる1995年までの再減少期、そして1996年以降の上昇期の5つの時期に区分できる。近年の生活保護は戦後初めて長期の受給者増を経験している。本章が取り上げる2000年以降はまさにその時期である。
　一方、生活保護の受給者や世帯の増減は、その年の生活保護の開始と廃止の人員および世帯数の差し引きによって決まるが、生活保護の開始・廃止の動向は、その時点の生活保護受給者や生活保護受給世帯の変化をより強く反映する（表1-1）。
　保護開始人員（1か月平均）が戦後もっとも多いのは、1963年の5万2467人である。保護開始人員がもっとも少なかったのは、1991年の1万4202人であった。一方、保護廃止人員では、戦後もっとも多かったのは1963年で、4万8385人であった。そして、もっとも少なかったのは1997年の1万4520人であった。保護開始・廃止人員ともに1963年がもっとも多く、1990年代に最少となっている。
　ここで、保護開始人員および保護廃止人員の同年の生活保護受給者に占める比率をそれぞれ求めてみた。保護開始人員の生活保護受給者に占める比率は生活保護への参入率、保護廃止人員のそれは生活保護からの離脱率を示している。全体としては、1か月約3％であった参入率・離脱率がともに1％にまで低下しており、近年生活保護受給者の流動性が低く、生活保護受給者層の固定化がみられる。
　図1-2で1960年以降の生活保護の参入率および離脱率から生活保護の動態をみると、1960年から1973年までは保護の参入率と離脱率が約3％の高水準でほぼ拮抗する時期、1974年から1984年までの10年間は参入率が離脱率よりも高く保護への参入が進んだ時期であった。その後、1985年から1992までは前の時期とは逆に参入率よりも離脱率が高く生活保護からの離脱が進んだ時期、そして、1993年以降は大きく変動するが、再度参入率の高い時期を迎えている。離脱率は1960年以降一貫して低下の傾向にあるが、参入率は大きく変動してお

り、生活保護受給者数の変動は主に保護開始世帯の動きが重要であることがわかる。本章が焦点をあてる2000年以降は、この高参入率の時期に当たる。

　生活保護の動向は、「社会情勢や経済情勢など社会変動に対応して推移する」とされ、厚生労働省社会・援護局保護課は図1-1のように、経済状況との関連を指摘している。戦後は、「神武景気」や「東京オリンピック」などを契機とした好況などの影響を受け生活保護受給者は大幅に減少し、1980年代後半からの「平成景気」によってさらに減少したが、2008年の「世界金融危機」により生活保護受給者は上昇していると解説されている。

　こうした厚生労働省の見解に対して、1980年代から1990年代半ばまでの保護率の低下については、生活保護行政の「適正化」政策の影響が指摘されている。それは、1981年の「生活保護の適正実施について」(いわゆる「123号通知」)による「水際作戦」といわれるものである。[2]その結果、1990年代半ばの保護率は1％を切る低い保護率となったとされる。当時の低い保護率については、生活保護の「機能喪失」[3]や「自殺的選択」[4]などが指摘された。また、1991年には保護課長が「このように低い保護率になると、…生活保護行政の役割は減少しているといわれる。」[5]と危惧する発言をするに至っていた。

　しかし、すでに検討したようにその後の生活保護は急激な増加に転じ、今日ではまったく違った様相を示している。こうした増加の背景には何があるのだろうか。

　保護課が指摘しているように、生活保護の動向は、経済状況に大きな影響を受ける。しかし、それだけではなく高齢化や離婚率、受給に伴うスティグマ観などの社会状況にも影響を受ける。そして、生活保護行政の運用や監査についての方針や保護実施機関の制度運営や裁量によっても規定される。したがって、生活保護の動向はこれらのさまざまな影響を受けた結果としてみておく必要があろう。

　以下では、主として生活保護政策と生活保護受給の動向に着目して2000年以降の生活保護の動態を分析することにしたい。

第1章 生活保護の動態

表1-1 被保護世帯数、人員および保護率の年次推移

	被保護世帯数	被保護人員 A	保護率 (人口千対)	開始世帯数	廃止世帯数	開始人員 B	廃止人員 C	開始人員 B/A	廃止人員 C/A
昭和30年度	661 036	1 929 408	21.6						
35	611 456	1 627 509	17.4	19027	19033	44830	45310	2.75%	2.78%
36	612 666	1 643 445	17.4	19479	20115	47379	44327	2.88%	2.70%
37	624 012	1 674 001	17.6	21221	17425	52418	41044	3.13%	2.45%
38	649 073	1 744 639	18.1	21820	22199	52467	48385	3.01%	2.77%
39	641 869	1 674 661	17.2	19483	19519	44213	46310	2.64%	2.77%
40	643 905	1 598 821	16.3	19780	18807	43835	42777	2.74%	2.68%
41	657 193	1 570 054	15.9	19424	18265	42080	40332	2.68%	2.57%
42	661 647	1 520 733	15.2	18435	18478	38897	39757	2.56%	2.61%
43	659 096	1 449 970	14.3	18119	17975	36535	37653	2.52%	2.60%
44	660 509	1 398 725	13.6	17905	17771	35646	35821	2.55%	2.56%
45	658 277	1 344 306	13.0	18178	18059	35444	36125	2.64%	2.69%
46	669 354	1 325 218	12.6	18922	17199	37064	33404	2.80%	2.52%
47	692 378	1 349 000	12.7	19181	17896	37359	33834	2.77%	2.51%
48	696 540	1 345 549	12.4	16841	18265	32451	34383	2.41%	2.56%
49	688 736	1 312 339	11.9	17342	16145	34146	30231	2.60%	2.30%
50	707 514	1 349 230	12.1	16975	16120	34864	30261	2.58%	2.24%
51	709 613	1 358 316	12.0	16256	15590	33993	29922	2.50%	2.20%
52	723 587	1 393 128	12.2	17054	15525	36085	30082	2.59%	2.16%
53	739 244	1 428 261	12.4	16685	15600	34828	30559	2.44%	2.14%
54	744 841	1 430 488	12.3	15837	15768	32357	30668	2.26%	2.14%
55	746 997	1 426 984	12.2	16333	15861	33370	30555	2.34%	2.14%
56	756 726	1 439 226	12.2	17087	15934	34628	30481	2.41%	2.12%
57	770 388	1 457 383	12.3	17119	15998	33768	30326	2.32%	2.08%
58	782 265	1 468 245	12.3	17106	15901	33551	29894	2.29%	2.04%
59	789 602	1 469 457	12.2	16139	15926	30946	29762	2.11%	2.03%
60	780 507	1 431 117	11.8	14659	16027	26972	29411	1.88%	2.06%
61	746 355	1 348 163	11.1	13475	16913	23975	29622	1.78%	2.20%
62	713 825	1 266 126	10.4	12442	14781	21171	25818	1.67%	2.04%
63	681 018	1 176 258	9.6	11165	13435	18078	22871	1.54%	1.94%
平成元年度	654 915	1 099 520	8.9	10366	12505	16143	20453	1.47%	1.86%
2	623 755	1 014 842	8.2	9709	11778	14462	18867	1.43%	1.86%
3	600 697	946 374	7.6	9684	11204	14202	17280	1.50%	1.83%
4	585 972	898 499	7.2	10180	10760	14683	15762	1.63%	1.75%
5	586 106	883 112	7.1	11180	10572	15905	14715	1.80%	1.67%
6	595 407	884 912	7.1	11430	10837	16101	14795	1.82%	1.67%
7	601 925	882 229	7.0	11746	11132	16156	15013	1.83%	1.70%
8	613 106	887 450	7.1	12202	11006	16893	14669	1.90%	1.65%
9	631 488	905 589	7.2	12921	11111	17807	14520	1.97%	1.60%
10	663 060	946 994	7.5	15145	12057	20910	15421	2.21%	1.63%
11	704 055	1 004 472	7.9	15826	12233	21936	15575	2.18%	1.55%
12	751 303	1 072 241	8.4	16722	12528	23142	15985	2.16%	1.49%
13	805 169	1 148 088	9.0	17906	13050	24804	16551	2.16%	1.44%
14	870 931	1 242 723	9.8	19413	13789	26917	17361	2.17%	1.40%
15	941 270	1 344 327	10.5	20463	14872	28138	18741	2.09%	1.39%
16	998 887	1 423 388	11.1	19187	15164	26132	19222	1.84%	1.35%
17	1 041 508	1 475 838	11.6	18187	14874	24715	19011	1.67%	1.29%
18	1 075 820	1 513 892	11.8	16886	14273	22922	18241	1.51%	1.20%
19	1 105 275	1 543 321	12.1	16465	13982	22267	17826	1.44%	1.16%
20	1 148 766	1 592 620	12.5	19871	13888	27095	17621	1.70%	1.11%
21	1 274 231	1 763 572	13.8	28102	15657	38715	19517	2.20%	1.11%
22	1 410 049	1 952 063	15.2	25964	16479	35720	20644	1.83%	1.06%
23	1 498 375	2 067 244	16.2	23128	17333	31673	22032	1.53%	1.07%
24	1 558 510	2 135 708	16.7	21608	17460	29470	22300	1.38%	1.04%
25	1 591 846	2 161 612	17.0	19538	17559	26342	22570	1.22%	1.04%
26	1 612 340	2 165 895	17.0	18754	17067	25206	21945	1.16%	1.01%

資料出所）厚生労働省「平成26年度被保護者調査 月次調査」2014年より筆者作成

29

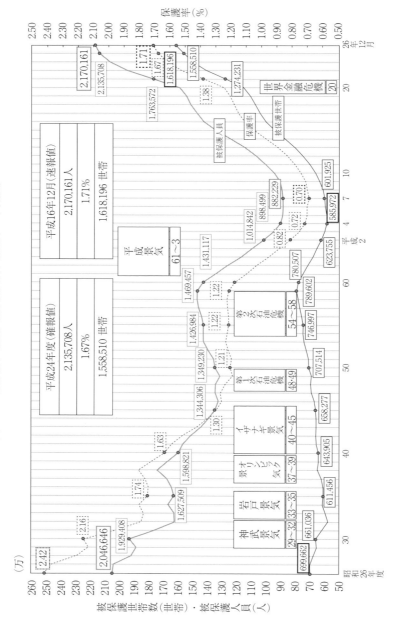

図1-1 被保護世帯数、被保護人員、保護率の年次推移

資料出所）厚生労働省社会・援護局保護課「社会・援護局関係主管課長会議資料」（2015年3月9日）

図1-2 参入率・離脱率の推移

資料出所）表1-1より筆者作成

1　生活保護政策

　戦後日本の社会福祉は、欧米諸国における新しい理念の展開を受けて、基本理念や原則を大きく変化させるとともに、1990年代後半からの社会福祉基礎構造改革により、福祉制度の抜本的な見直しが図られた。こうした中にあっても、生活保護法は基本的な枠組みを変えることはなかった。しかし、2013年に生活保護法は「60年ぶりに本格的な改正[6]」が行われた。この間の生活保護政策の動向をみよう。

1　2000年前後の改正

　まず、2000年前後に行われた各種の制度の改正や新設によって、生活保護制度に変更がもたらされた。それらをあげておこう。

　①1997年の介護保険法制定（2000年4月施行）により、生活保護の扶助に「介護扶助」が創設され、扶助は8種類となった。また、介護保険では、生活保護受給者も保険適用の対象となったため、生活保護受給者の介護保険料は、生活扶助で対応することになった。

②1999年の地方分権一括法制定（2000年4月施行）により、機関委任事務が廃止され、法定受託事務と自治事務に分けられることなった。これに伴い、福祉五法は自治事務となったが、生活保護法は、国の責任でナショナル・ミニマムを確保する必要があり、最低生活保障にかかわる部分が法定受託事務に分類され、相談援助（相談及び助言）にかかわる部分があらたに追加され自治事務となった。

　かつて、生活保護法の解釈と運用は、行政解釈を示した通知によって行われ、「通達行政」と言われてきた。地方分権一括法により、国と地方自治体の関係は上下関係でなく、並列の対等な関係となったが、生活保護に関しては、地方分権一括法施行後も、事務処理基準や技術的助言が示されており、実施機関はこれらの通達に拘束されている。

③2000年に社会福祉事業法が社会福祉法に改正された。社会福祉法では、「措置から利用へ」や地域福祉などの新しい考え方が示された。生活保護法の施設である保護施設で用いられていた「収容」という用語は他の社会福祉各法と同様に「入所」に統一された。

　また、福祉事務所についても変更がなされた。従来の福祉事務所の配置基準となる「福祉地区」という考え方は削除され、また、福祉事務所の人員配置も緩和され、必要な人員の定数配置は「標準数」に変更された[7]。

加えて、④2002年に「ホームレスの自立支援等に関する特別措置法」が制定された。特別措置法はホームレス問題の解決を国の責務とし、緊急の援助とともに生活保護法による保護の適正な実施をあげた。

これらの改正等は、生活保護制度に変更をもたらした。そして、社会福祉基礎構造改革関連法の2000年付帯決議等[8]での生活保護制度の在り方を根本的に検討すべきという指摘を受け、2003年8月に「生活保護制度の在り方に関する専門委員会」が設置され、ようやく生活保護の見直しが開始された。

2　生活保護制度の見直し

社会保障審議会福祉部会に設置された「生活保護制度の在り方に関する専門委員会」は、2004年に「生活保護制度の在り方に関する専門委員会報告書」（以

下、「専門委員会報告書」と略記する。）を提出した。

　「専門委員会報告書」では、「見直しの方向性」「生活保護基準の在り方」「生活保護の制度・運用の在り方と自立支援」「制度の実施体制」などの項目について提言を行った。その中では、生活保護見直しの基本視点を「利用しやすく自立しやすい制度へ」と転換する方向性を示した。

　この「専門委員会報告書」を受けて生活保護制度は大きく変わっていくことになった。

①生活保護基準については、5年に1度の定期的検証の必要性が指摘されるとともに、専門委員会の開催中から変更が行われた。

　　まず、老齢加算は、2004年度から3年計画で段階的に廃止が行われた。ついで、基準生活費については、多人数世帯の第1類費算定の際に逓減率を適用し、2005年から3年計画で実施することとした。また、母子加算は、委員会の指摘を受け2005年から5年かけて段階的に縮減され、2009年4月に廃止されたが、子どもの貧困を解消する観点から政権の交代により同年12月から復活された。

②「貧困の再生産」防止の観点から、生活保護制度における高等学校等への就学費用の検討が提起され、2005年度より生業扶助の技能修得費として、別途支給されることになった。

③「専門委員会報告書」の中で示された、就労自立支援、日常生活自立支援、社会生活自立支援という3つの自立支援についての考え方を踏まえ、2005年から「自立支援プログラム」が導入された。

　「自立支援プログラム」は、今日の生活保護受給世帯の抱える問題の複雑化と生活保護受給世帯数の増加に対応するもので、福祉事務所とハローワークの連携による「生活保護受給者等就労支援事業」と各自治体が策定する「個別自立支援プログラム」がある。保護課は、毎年度末に開催する「社会・援護局関係主管課長会議」などにおいて、自立支援および「自立支援プログラム」の実施に関する方針を示し、各自治体の積極的な取組みを求めた。[9]

3　生活保護法改正の検討

　2008年のリーマンショックに端を発した経済状況の悪化による厳しい雇用・失業情勢は多くの失業者・生活困窮者を生み、年末には支援団体による「年越し派遣村」が開設された。派遣村では、炊き出しや職業相談とともに、生活保護申請の支援が行われた。[10]

　その後、新たなセーフティネットとして求職者支援制度や住宅手当制度などが導入されたが、生活保護受給者の増加は続き、生活保護制度の大幅な見直しが要請されるようになった。

　生活保護受給者の急増への対応に追われる地方自治体から生活保護制度の抜本的改革に向けた早急な対応を求める要請等が提出された。これらを踏まえ、2011年5月に、「生活保護制度に関する国と地方の協議」が開催され、同年12月に中間とりまとめが出された。

　そして、2012年2月に閣議決定された「社会保障・税一体改革大綱」では重層的セーフティネット構築が課題としてあげられた。これらを踏まえ、同年4月には、社会保障審議会に「生活困窮者の生活支援の在り方に関する特別部会」が設置され、生活困窮者対策および生活保護制度の大幅な見直しが始まった。

　2012年8月に社会保障制度改革推進法が成立し、同法の附則において、生活保護制度について、「不正な手段により保護を受けた者等への厳格な対処、生活扶助、医療扶助等の給付水準の適正化、保護受けている世帯に属する者の就労の促進その他の必要な見直しを早急に行うこと。」とされた。

　2013年1月に「生活困窮者の生活支援の在り方に関する特別部会」の報告書が取りまとめられた。その中で、第1のセーフティネットである社会保険制度や労働保険制度などの従来の社会保障制度のみでは支えきれない場合に、第2のセーフティネットとして新たな生活困窮者支援制度の導入と、第3のセーフティネットである生活保護制度の改革による重層的なセーフティネットの構築が求められた。

　生活保護制度については、①切れ目のない就労・自立支援とインセンティブの強化、②健康・生活面等に着目した支援、③不正・不適正受給対策の強化等、④医療扶助の適正化、⑤地方自治体が適切な支援を行えるようにするための体

制整備等について見直すよう提言された[11]。

　この部会報告を踏まえて、生活保護制度の一部改正法案および生活困窮者自立支援法案が国会に提出され、一度は廃案となったが、12月に成立し、公布された（生活困窮者支援法は、2015年4月施行）。

　厚生労働省社会・援護局保護課は、『生活と福祉』の中で、法改正の背景を以下のように、解説している[12]。

　生活保護法は、「これまで、生活に困窮する者のいわゆる『最後のセーフティネット』として、極めて大きな役割を果たしてきた。

　この間、昭和25年の現行法の制定以来60年以上を経て、生活保護制度をめぐる環境は大きく変化した。生活保護受給者は…平成23年に過去最高を更新して以降増加傾向が続いており、特に、稼働年齢層を含む世帯の占める割合は、10年前と比較して約3倍と増加している。こうした中で、就労等を通じて積極的に社会に参加し、個々人の状態に応じた自立のための支援を行っていくことが求められている。

　また、生活保護受給者の増加に伴って、生活保護費負担金も一貫して増加しており、平成26年度予算では、約3兆8000億円（事業費ベース）であり、このうちの約半分は医療扶助が占めている。一部の医療機関において、生活保護受給者に対して不必要な診療行為を行い、不正に診療報酬を請求する事案等があり、医療扶助の適正化が課題となっている。

　さらに、生活保護の不正受給については、平成24年度で把握されているケース（稼働収入の無申告、各種年金の無申告など）が約4万2000件、金額にして約190億円であり、毎年増加している。生活保護費負担金の総額に占める割合としては0.5％であるが、全額公費によりその財源が賄われていることを踏まえれば、金額の多寡にかかわらず、不正受給に対し、厳正な対応を行わないことは生活保護制度全体への国民の信頼を損なうことにもつながりかねない。」

　保護課はこうした課題を踏まえ、生活保護法については、支援を必要とする人に確実に保護を行うという生活保護制度の基本的な考え方は維持しつつ、「国民の信頼に足る持続可能な制度を確立していくこと」を目的として、制度の見直しを行ったとしている。

4　2013年法改正の内容

2013年の生活保護法改正は多岐にわたるが、その主な改正内容は以下のようにまとめられている[13]。

①就労による自立の促進（就労自立給付金の創設）、②健康・生活面等に着目した支援、③不正・不適正受給対策の強化等（福祉事務所の調査権限の拡大、罰則の引上げおよび不正受給にかかわる返還金の上乗せ、扶養義務者に対する報告の求めなど）、④医療扶助の適正化、である。

一部は2014年1月1日より施行され、その他については同7月1日よりそれぞれ施行されている。

中でも注目されるのは、就労自立給付金制度（法第55条の4）である。この制度は、就労による自立の促進のために創設された制度で、「自立の助長」のための金銭給付である。

局長通知「生活保護法による就労自立給付金の支給について」はその趣旨を、「生活保護から脱却すると、税・社会保険料等の負担が生じるため、こうした点を踏まえ、生活保護を脱却するためのインセンティブを強化するとともに、脱却直後の不安定な生活を支え、再度保護に至ることを防止することが重要である。そのため、被保護者の就労による自立の促進を目的に、安定した職業に就いたこと等により保護を必要としなくなった者に対して就労自立給付金を支給する制度を創設する」としており、生活保護を脱却するための「インセンティブを強化する」という新しい考え方を示している。

この制度は、生活保護受給中の就労収入のうち、収入認定された金額の範囲内で別途一定額を仮想的に積み立て、安定就労の機会を得て保護脱却に至った際に、その積み立てた額を支給するものである[14]。

就労自立に関しては、この他に、被保護者就労支援事業（法第55条の6）が新設されたことも大きな見直しである。

被保護者就労支援事業は、これまで予算事業として行われてきた就労支援員を活用した事業を、その重要性を考慮し、法律に明確に位置づけ、生活困窮者自立支援法に基づく自立相談支援事業の就労支援に相当する支援が行えるよう制度化したもので、自治事務である。

事業内容は、就労支援、稼働能力判定会議の開催、就労支援連携体制の構築の3つから構成される。[15]

2013年の法改正は多岐にわたる。申請手続き、扶養義務などの改正については、「従来の運用を変えるものではない」と解説するが、法改正がもたらす生活保護における変化については今後慎重に検証する必要がある。

2 生活保護受給

1990年代半ば、保護率が低下した時期の生活保護受給世帯について、世帯の3大グループ化(高齢者、傷病障害者、母子)、非稼働世帯化、世帯規模の縮小化など対象者の選別・限定が行われ、「被救恤階層に局限しようとしているかに見える。」という指摘がなされていた。[16] その後、生活保護受給者および世帯にはどのような変化がみられるのだろうか。

この節では、2000年から2014年までのおよそ15年間の生活保護受給および世帯の動向と新しく生活保護の適用の対象となったホームレスを中心に、生活保護受給の変化を検討していく。

1 増加する生活保護受給

(1) 生活保護受給者および世帯の動向

生活保護受給者および世帯の動向を主に「被保護者調査　月次調査」[17]を資料にみよう。

表1-1によると、2000年の生活保護受給者は107.2万人で、人口千人あたりの保護率は8.4パーミルであった。2014年の受給者は、216.6万人で、保護率は17.0パーミルとなっている。およそ15年の間に人員、保護率ともに2倍になっている。

生活保護受給者の変化を地域別、性別、年齢別にみよう。

まず、地域を市郡別にみると、保護受給者の比率は2000年では市部86.4％、郡部13.6％で、2014年では市部94.4％、郡部5.6％となる。生活保護受給者は市部の比率がさらに増加し、近年の生活保護受給者の9割は市部居住者である。

1960年代半ばまでは郡部の被保護者が4割近くを占めていたが現在は1割を切っており、市部における保護受給者の増減がそのまま全国の増減の推移を形づくるようになってきている。また、近年の生活保護受給者の増加は市部の中でも大都市部において生じており、「生活保護の都市化」も指摘されている[18]。こうした地域間の保護率の差は、地域経済力や産業構造の違いだけでなく、生活保護受給に対する住民の考え方や実施機関の生活保護制度運用の在り方なども影響を与えているであろう。

つぎに、性別にみると、2000年では男性45.1％、女性54.9％で、女性が多い。2014年でも男性49.5％、女性50.5％と、女性の比率がわずかに高いが、ここ15年では男性生活保護受給者比率の増加がみられる（「被保護者調査 年次調査（個別調査）」）。

生活保護受給者の年齢階級別構成割合を『国民の福祉と介護の動向』でみよう。2000年は14歳未満12.5％、15〜59歳40.0％、60歳以上47.6％であった。2014年は14歳未満9.5％、15〜59歳36.2％、60歳以上54.3％となっている。1960年代までの生活保護受給者は、19歳以下が約半数を占める状況であったが、その後は少子・高齢化の人口構造の変化もあって、60歳以上の高齢者割合が急速に増加し、2014年では半数を超えた。

さらに、年齢階級別保護率をみると、2000年では、14歳未満6.96パーミル、15〜59歳5.23パーミル、60歳以上16.57パーミルであった。2014年では、14歳未満12.42パーミル、15〜59歳11.18パーミル、60歳以上27.54パーミルであった。もっとも年齢階級別保護率が高いのは60歳以上で、高齢者の保護受給率は他の年齢層に比べてかなり高率である。また、2000年以降はどの年齢層の保護率も増加傾向にあるが、とくに伸びが顕著であるのは2.1倍となった15〜59歳層である。

生活保護は世帯単位で考えられているので、世帯の動向もみておく必要がある。

表1-1によると、生活保護受給世帯は2000年では75.1万世帯で、千世帯当たりの世帯保護率は16.5パーミルとなる。2014年では161.2万世帯で、世帯保護率は32.0パーミルとなり、世帯でみても、世帯数2.15倍、世帯保護率1.93倍と

なり、ほぼ2倍近い増加となっている。

世帯類型別にみると、2000年では、高齢者世帯45.5％、母子世帯8.4％、障害者世帯10.2％、傷病者世帯28.5％、その他の世帯7.4％である。高齢者世帯がもっとも多く、ついで多いのは傷病者世帯となる。

2014年では高齢者世帯47.5％、母子世帯6.8％、障害者世帯11.6％、傷病者世帯16.7％、その他の世帯17.5％となる。高齢者世帯はもっとも多くさらに比率は増加しているが、ついで多いのはその他の世帯となる。比率の増加が著しいその他の世帯について、実数をみると、2000年5.5万世帯であったものが、2014年には28.1万世帯で、5.1倍になっている。

働いている者のいる稼働世帯は1960年代半ばには半数を占めていたが、年々減少し、2000年では12.0％となり、一方、働いている者のいない非稼働世帯は88.0％までになっていた。2014年には、稼働世帯は15.8％、非稼働世帯は84.2％となっており、8割は非稼働世帯であるが、稼働世帯はわずかな増加がみられる。

なお、その他の世帯の2014年における世帯人員の平均年齢は46.9歳で、生活保護受給者全体の55.3歳に比べて若く、稼働世帯の比率も39.0％と、全体の15.8％に比べて高い傾向にある。保護課では「稼働年齢層と考えられるその他の世帯」とし、その割合が大きく増加していることに注目している（「平成26年度被保護者調査　年次調査（個別調査）」）。

(2) **保護の開始・廃止とその理由**

保護の開始・廃止の世帯や人員の動きはその時々の保護の動向を把握する上でもっとも重要である。「被保護者調査　月次調査」で、保護の開始・廃止の時点の生活保護受給者および世帯の特徴をみておこう。

表1-1によると、保護開始数は、2000年では1万6722世帯、人員2万3142人、2014年では1万8754世帯、2万5206人であった。保護開始世帯、保護開始人員はともに2003年と2009年に山があり、2009年はピークを示す。2009年の保護開始世帯数は2万8102世帯、開始人員は3万8715人であった。

そこで、2000年と2014年だけでなく2009年についても年齢階級別の保護開始人員をみよう（図1-3）。2000年と2009年は50代をピークとした山型の分布を

示す。2000年では24.3％が50代である。2014年は比較的なだらかな年齢分布となり、70歳以上でもっとも比率が高くなり、2000年とは異なる年齢層の保護開始人員であることがわかる。保護開始人員のもっとも多かった2009年は30代の比較的若い年齢層が多いのが特徴といえる。

　また、保護開始世帯の世帯類型の変化をみると、高齢者世帯・母子世帯・障害者世帯では大きな変化をみせていないが、2000年でもっとも比率が高かった傷病者世帯は49.1％から2014年には21.0％にまで減少し、一方、2000年には13.5％であったその他の世帯が33.1％にまで増加し、傷病者世帯を超え開始世帯でもっとも多い世帯類型となっている。保護開始世帯ではその他世帯の増加が顕著である。

　保護の開始理由をみよう。

　開始世帯全体をみると、2000年では、「傷病による」（43.2％）がもっとも多く、ついで「急迫保護」（18.1％）、「働きによる収入の減少・喪失」（13.9％）、「貯金等の減少・喪失」（10.2％）などとなる。2014年でもっとも多いのは「貯金等の減少・喪失」（32.2％）で、ついで「傷病による」（25.9％）、「働きによる収入の減少・喪失」（18.7％）、となる。2000年に多かった「急迫保護」は3.2％にすぎなくなった。2014年では開始理由の1位が「貯金等の減少・喪失」となり、収入や預貯金の減少・喪失といった経済的理由が増加している。

　開始世帯の中で増加が顕著なその他の世帯の開始理由をみると、2000年では「働きによる収入の減少・喪失」（29.4％）がもっとも多く、ついで「急迫保護」（19.6％）、「傷病による」（17.8％）、「貯金等の減少・喪失」（16.4％）などであった。収入や預貯金の減少・喪失はあわせて45.8％となり、開始理由の半分近くを経済的理由が占める。また、2014年の開始理由でもっとも多いのは「貯金等の減少・喪失」（36.2％）である。ついで「働きによる収入の減少・喪失」（29.3％）が多く、「傷病による」（15.6％）などがつづく。収入の減少などの経済的理由は約7割を占めており、その他の世帯が経済的理由で保護を開始していることがわかる。

　保護開始世帯の保護歴をみると、かつて生活保護を受給したことがある「保護歴あり」の世帯の比率は、2000年から5年おきにみると、27.3％、19.5％、

16.2％と年々低下していたが、2014年は21.2％となった。2000年ではかつては保護を受給したことのある世帯が3割近くを占めていた。近年は年々減少の傾向にあったが、再び保護歴のある世帯が増加している。

ついで、保護廃止の世帯数・人員や理由などについてもみておこう。

表1-1によると、保護廃止世帯数は、2000年では1万2528世帯、廃止人員は1万5985人となっている。2005年以降2008年まで世帯数・人員ともに低下するが、2009年以降はともに年々増加傾向にあり、2014年の廃止世帯数は1万7067世帯、廃止人員は2万1945人である。

廃止世帯の世帯主の年齢階級をみると、2000年では50代が30.4％でもっとも多いが、2014年では70歳以上が32.9％を占めている。また、世帯類型をみると、2000年は傷病世帯が51.3％を占めているが、2014年では高齢者世帯が40.8％ともっとも多くなっている。これらの世帯主の年齢階層や世帯類型の変化はつぎの廃止理由にも色濃く反映されている。

保護廃止理由をみると、2000年でもっとも多いのは「死亡」の18.9％で、ついで多いのは、「傷病治癒」(11.2％)、「失そう」(11.1％)や「働きによる収入の増加」(10.0％)など、理由は分散している。2014年でもっとも多いのは「死亡」で35.2％にまで増加している。ついで「働きによる収入の増加」(18.1％)、「失

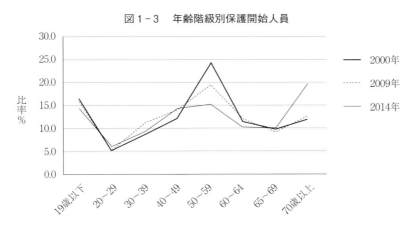

図1-3　年齢階級別保護開始人員

資料出所）厚生労働省「被保護者調査　月次調査」および「福祉行政報告例」各年より筆者作成

そう」(8.3%)となる。「傷病治癒」はわずか0.9%に過ぎない。病気が治癒することなく亡くなるまで生活保護を受けている層が多く、これは生活保護受給世帯の高齢化と関連している。

また、保護廃止の主な理由は「死亡」ではあるが、第2の理由が、「傷病治癒」から「働きによる収入の増加」に移っていることに注目したい。

とくに、2014年のその他の世帯をみると、保護廃止の理由でもっとも多いのは「働きによる収入の増加」(40.7%)で、ついで「失そう」(15.6%)、「死亡」(5.7%)などとなる。その他の世帯における「働きによる収入の増加」や「失そう」といった理由は生活保護受給世帯全体の約2倍の比率となっており、他の世帯類型とは異なる理由で保護廃止となっている。

2　ホームレスへの生活保護の適用

日本において、大都市部を中心に野宿者の存在が急増・可視化し、「ホームレス問題」が社会的関心を集めたのは1990年代以降のことである。「ホームレス」という言葉は、日本では野宿者を意味する用語として、90年代半ば以降に行政機関やマスコミ報道を通して世間に広まった。[19]

従来ホームレスに対しては、1899年に制定された行旅病人及行旅死亡人取扱法に基づく施策や生活保護法では医療扶助のみが適用されていた。これまでは、居住地がないという理由で生活保護の受給が認められていなかったが、新たにホームレスを生活保護適用の対象とすることになった。

(1) ホームレス問題

国のホームレス問題への本格的な関与は、1999年に各省庁および地方自治体で構成する「ホームレス問題連絡会議」を設置したことに始まる。会議の結果、「ホームレス問題に対する当面の対応策」が取りまとめられた。これを受けて、旧厚生省に研究会が組織され、2000年3月に報告書「ホームレスの自立支援方策について」が発表された。この報告書を受け、2000年4月からホームレス自立支援事業が予算化された。

2002年には「ホームレスの自立支援等に関する特別措置法」が制定され、ホームレスの自立支援事業が開始され、全国調査が実施されることになった（表

1-2）。

　法制定後の2003年3月、厚生労働省は「ホームレスの実態に関する全国調査」を行い、ホームレスの数を2万5296人と発表した。調査の対象は、法第2条に規定する「都市公園、河川、道路、駅舎その他の施設を故なく起居の場所として日常生活を営んでいる者」で、調査は目視によるものである[20]。

　全国調査は2007年以降毎年行われ、2007年の1万8546人から年々減少し、2015年では6541人となった。ホームレス数の減少について、厚生労働省は「生活保護が適切に受けられていることが減少している背景の一つではないか」と述べている[21]。

　2015年でもっとも多いのは大阪府1592人で、ついで東京都1457人、神奈川県1152人、愛知県270人、福岡県269人であった。これらは「ホームレス」の5大都府県ということになる。

　法制定後のホームレス対策はホームレス自立支援事業、ホームレス緊急一時宿泊事業（シェルター事業）、ホームレス能力活用推進モデル事業のほか、2003年4月より新たにホームレス総合相談事業を創設し、事業のさらなる展開を図った。

　2005年に、ホームレスに限らず生活保護受給者や低所得者などの要援護者への支援が「セーフティネット支援対策等事業」として統合・再編され、ホームレス対策事業の具体的内容は実施要領において定められた。さらに、2010年には「ホームレス等貧困・困窮者の『絆』再生事業」の中に組み入れられた。

　また、2007年に厚生労働省（職業安定局）はネットカフェなどで暮らす「住居喪失不安定就労者の実態に関する調査」を実施した。これは、寄せ場の日雇労働者以外の「ホームレス予備群」または「ホームレス・ボーダー層」が大量に生み出されている（しかも若年層を含めて）現実が初めて公式に認められたことを示すものである[22]。

　そして、その後のリーマンショックによる「派遣切り」や若年ホームレス層の登場により、ホームレス問題に劇的な変化がおこり、ホームレス問題に「地殻変動が起きている」と言われた。それまでのホームレスは中高年の失業問題として理解されてきたが、ホームレス問題は20代・30代の若者を含む全年齢層

表1-2　全国ホームレス概数（人）

	男	女	不明	合計
2003年調査	20,661	749	3,886	25,296
2007年調査	16,828	616	1,120	18,546
2008年調査	14,707	531	780	16,018
2009年調査	14,554	465	710	15,759
2010年調査	12,253	384	487	13,124
2011年調査	10,209	315	366	10,890
2012年調査	8,933	304	339	9,576
2013年調査	7,671	254	340	8,265
2014年調査	6,929	266	313	7,508
2015年調査	6,040	206	295	6,541

資料出所）厚生労働省「ホームレスの実態に関する全国調査（概数調査）」各年

へと広がり、しかも日雇い労働者などの旧来の不安定就労者だけでなく、日雇い派遣労働者などの新しい不安定就労者をも巻き込み広がっていき、ホームレス問題に多様化をもたらした。[23]

　ホームレス自立支援法の成立に伴い、厚生労働省社会・援護局保護課長は2002年に「ホームレスに対する生活保護の適用について」を通知した。「住居がないことや稼働能力があることのみ」を理由に、保護の拒否をしてはならないという内容で、これは2003年通知でも確認されている。[24]

　さらに、ホームレスの生活保護受給に関する重要な2つの保護課長通知が出されている。まず、2009年3月の「職や住まいを失った方々への支援の徹底について」である。これは、現在地保護の徹底を指示した通知である。ついで、同年12月の「失業等により生活に困窮する方々への支援の留意事項について」では、速やかな保護決定を指示した。これらの通知により、居住地のないホームレスも現在地保護により生活保護申請が可能となり、速やかな保護開始決定に至ることができるようになった。

(2)　ホームレスの生活保護受給過程

　ついで、ホームレスの生活保護申請と保護受給についてみよう。

　新宿区福祉事務所によれば、2010年度のホームレス等の来所者は、生活福祉

課1万2984人、拠点相談事業7674人で、合計2万658人が相談に訪れている。また、同年のホームレスの保護開始は2151人であった。同年度の保護開始は3545件であったから、開始件数の60.7％となり、ホームレスの保護開始が半数を超えている。新宿区はホームレスの多い地域でもあるが、新宿区福祉事務所はホームレスの保護申請も多い。

新宿区の保護担当者は、ホームレスの保護申請について、2009年の保護課長通知以降「生活保護の垣根が低くなった。」と感想を述べ、また、生活保護の申請の際に、民間団体等の支援者が同行する同行申請がみられるようになり、とくに日比谷年越し派遣村（2008-2009年）以降増加していると話した。

「広義のホームレスの可視化と支援策に関する調査」[25]は、2011年2月の1か月の間に全国の福祉事務所において、ホームレス状態の人々に生活保護の開始決定をしたケースを調査した貴重な報告である。以下では、この「福祉事務所調査」で、ホームレスの生活保護受給過程をみよう。

2月の開始決定数は1889ケースであった。「福祉行政報告例」によると2011年2月の保護開始世帯数は2万3020世帯であった。この月の保護開始世帯に占めるホームレスの比率を求めると8.2％となり、全国では1割弱ということになる。新宿区福祉事務所のホームレスの保護申請がいかに多いかがわかる。

まず、性別をみると、男性88.1％、女性11.9％である。9割近くは男性である。この調査では、ホームレス支援団体の支援を受けホームレスを脱した人々を対象とする「居宅・施設移行者等調査」と、ホームレス支援団体名義による中間施設の入居者を対象とする「入居者調査」の2つの調査も同時に行われており、これら2つ調査に比べて、女性の比率が相対的に高いとされている。しかし、前節でみたように、生活保護受給者の半数は女性であるから、ホームレス状態で生活保護を開始する女性は少ないということがわかる。女性は、「隠れたホームレス」となり、他のルートで生活保護に流入している[26]。

学歴は中卒56.8％、高卒30.8％で、中卒が6割近くを占めている。先の2つの調査に比べて学歴が一層低いことが指摘されている。

平均年齢は53.3歳で、2010年度の生活保護受給者の平均年齢53.6歳に近い。また、10歳刻みでみると、55歳から65歳未満がもっとも多く31.6％を占める。

ホームレスで生活保護を受給した世帯の世帯類型は、高齢者世帯16.9％、母子世帯2.2％、傷病者世帯24.9％、障害者世帯2.9％、その他の世帯53.2％となる。その他の世帯の割合が半数を占めている。2010年の保護開始世帯におけるその他の世帯の比率は35.5％であったから、ホームレスで生活保護を開始した世帯ではその他の世帯の比率は極めて高い。[27]

　保護申請をした場所に来た理由や目的をみると、3年以上在住がもっとも多く24.7％、ついで、生活保護受給目的18.3％、知人在住15.3％、就業13.4％、就職活動13.0％、出身地11.4％、親族在住10.7％などである。3年以上在住といった申請地の住民であった者や出身地であるなど地縁のある者は3分の1、仕事（就業・就職活動）縁を理由とするもの4分の1、親族や知人などの関係縁を理由とする者が4分の1となる。多くのホームレスは申請地と何らかの縁をもつが、単に生活保護受給目的の者も2割ある。

　生活保護制度を「ホームレス状態以前から知っていた」が26.6％でもっとも多いが、その他は「役所・福祉事務所の窓口」（25.3％）、支援団体（11.5％）、知人（7.7％）などから知ったとしている。

　ついで、ホームレスが生活保護を受給する際の居住状況の変化をみよう（表1-3）。

　保護申請時では、路上29.9％、短期居所26.9％　居宅15.6％、宿泊所等9.4％、医療施設6.6％、施設その他4.4％、刑務所等3.5％などとなる。

　保護開始決定時の居住状況では、路上での現在地保護は2.3％とごくわずかとなり、居宅が34.2％でもっとも多くなる。地域のアパートなどの居宅に移行した者である。簡易宿泊所や間借りなどの不安定な居住である短期居所は9.0％に減少し、医療施設利用の入院は約2倍となり12.6％を占めている。

　また、生活保護施設等の第1種の社会福祉施設は9.3％、ホームレス自立支援関連施設やいわゆる法外施設は8.0％となっている。一方、宿泊所やそれに類する宿泊施設は21.2％となっており、第1種の社会福祉施設よりも宿泊所等の施設の方が大きな受け皿となっていることがわかる。

　過去の生活保護受給歴は、生活保護の受給歴「有り」が34.5％となっている。また、四大都市の生活保護の受給歴「有り」は44.5％にも及ぶ。2010年度の保

第1章　生活保護の動態

表1-3　居住状況

	保護申請時	保護開始決定時
路上（～1月）	13.8	1.2
路上（1月～1年）	8.5	0.5
路上（1年～その他）	7.6	0.6
居宅	15.6	34.2
短期居所	26.9	9.0
施設1種	2.0	9.3
施設その他	4.4	8.0
宿泊所等	9.4	21.2
医療施設	6.6	12.6
刑務所等	3.5	0.4
その他	1.6	2.9
合計	100.0%	100.0%

資料出所）特定非営利活動法人ホームレス支援全国ネットワーク・広義のホームレスの可視化と支援策に関する調査検討委員会『広義のホームレスの可視化と支援策に関する調査報告書』2011年3月

表1-4　生活保護申請時の同行者の有無

	実数（人）	％
なし	1,253	67.0
支援団体	276	14.8
弁護士	29	1.5
司法書士	11	0.6
親族	62	3.3
知人	89	4.8
不動産業者・大家	17	0.9
議員	42	2.2
その他	65	3.5
医療関係者	48	2.6
合計	1,892	101.1

資料出所）表1-3に同じ

護開始世帯の受給歴「有り」の比率（16.2％）に比べて、ホームレスの受給歴「有り」の比率は極めて高い。報告書はこれを生活保護利用の「往還の率」と呼び、ホームレスの生活保護利用「往還の率」の高さを指摘している。

　生活保護申請時の同行者の有無をみると、「なし」がもっとも多く67.0％である。7割近くが自分1人で生活保護を申請している。残りの3割は、同行者と申請にいったことになる。同行者としてもっとも多いのは、「支援団体」の14.8％、ついで、「知人」4.8％、「親族」3.3％などがある[28]（表1-4）。

おわりに

　戦後日本の生活保護では受給者数や保護率は大きく変動しており、近年は受給者数および保護率の急増と、受給者層の離脱率の低下がみられる。こうした長期動向の中、2000年以降の生活保護政策と生活保護受給の動向に焦点をあて検討してきた。これまでの分析の過程において指摘した変化の諸点を整理し、論点を示しておこう。

①2000年前後からの介護保険法や地方分権一括法などの各法の創設や見直しは、介護扶助の創設をはじめ生活保護制度にさまざまな変更をもたらした。

②生活保護制度の改革は60年ぶりに行われ、2013年に生活保護法が一部改正され、同時に生活困窮者自立支援法が成立した。

③2013年の生活保護法の改正内容は多岐にわたるが、就労自立給付金制度や就労支援事業の創設など、就労施策への集中が指摘できる。

④この15年間で、生活保護受給者数は約2倍に増え、戦後最高の記録を更新しつづけている。保護受給世帯では「稼働年齢層」とされる「その他の世帯」の増加が顕著である。

⑤保護開始人員の年齢層はその中心であった50代の比率が低下し、70代以上の増加といった変化がみられる。

⑥2000年以降新たに生活保護の対象に加えられたのはホームレスの保護受給者である。ホームレスへの生活保護適用は、ホームレス問題が新しい貧困

問題の1つと認められたことを示すものである。

近年の生活保護政策の中では、2004年の「専門委員会報告書」は重要である。生活保護政策はこの報告書の示した「利用しやすい制度」への転換に踏み切った。

生活保護では、居住地のない者や働く能力のある生活困窮者といったこれまでとは異なる生活保護受給者を多く受け入れることになった。しかし、こうした柔軟運用によってもたらされた生活保護受給者の増加は、あらたな自立支援の課題を生んだ。

第1に、「就労支援から日常生活・社会生活支援へ」である。

就労自立一辺倒であった自立支援は、多様な支援へと舵を取らざるを得なくなった。福祉事務所とハローワークの連携による就労支援は継続され、さらに強化もされるが、それだけでは生活保護受給者の就労自立は達成されない。

就労しながら生活保護も受給する「半就労・半福祉」や、就労に至る前段階である社会とのつながりをつくるための支援が目指されることになった。[29]

そして、もう1つは、相談援助のあり方である。多様な問題を抱えた相談者への対応が求められることになった。大量の生活保護受給者は多様な問題を抱え、相談に訪れる。しかし、担当者は彼らの抱えている問題に応じきれずにいる。そこで、福祉事務所においては、専門職の雇用や業務委託などの方法を用いて、大量で多様な問題を抱えた生活保護受給者への支援を試みることになった。

1) NHKスペシャル「ワーキングプア」取材班・編『ワーキングプア―日本を蝕む病』ポプラ社　2007年、水島宏明『ネットカフェ難民と貧困ニッポン』日本テレビ放送網　2007年
2) 津田光輝「生活保護―吹きすさぶ『適正化』旋風」『ジュリスト増刊　総合特集転換期の福祉問題』有斐閣　1986年　pp.177-181、大友信勝『公的扶助の展開―公的扶助研究運動と生活保護行政の歩み』旬報社　2000年
3) 星野信也「機能喪失した生活保護」『週刊社会保障』No.1844　1995年　pp.48-49
4) 副田義也『生活保護制度の社会史』東京大学出版会　1995年　p.296
5) 炭谷茂「被保護者の動向に応じた積極的な対応を」『生活と福祉』420号　1991年　pp.6-9

6）岡田太造「生活保護、生活困窮者支援の新たな展開」『生活と福祉』700号　2014年　p.18
7）　改正前の福祉事務所は、人口10万人を目安に「福祉地区」を設置し、所管するものとするなど、設置数が規制されていた。また、現業員の数はただちに福祉事務所の業務水準に影響を与えるため、都市部80ケース、郡部は65ケースに生活保護ケースワーカー1人を配置する「定数」が決められていた。
8）　2000年「社会福祉の増進のための社会福祉事業法等の一部を改正する等の法律案」に係る付帯決議、2003年「経済財政運営と構造改革に関する基本方針2003」など。
9）　新保美香「生活保護『自立支援プログラム』の検証―5年間の取り組みを振り返る」『社会福祉研究』109号　2010年　pp.2-9
10）　岩永理恵「生活保護しかなかった―貧困の社会問題化と生活保護をめぐる葛藤」副田義也編『シリーズ福祉社会学②　闘争性の福祉社会学―ドラマトゥルギーとして』東京大学出版会　2013年　pp.67-86
11）　厚生労働省社会・援護局保護課「第1回　改正生活保護法逐条解説」『生活と福祉』701号　2014年　p.23
12）　同上、pp.22-23
13）　厚生労働省社会・援護局保護課「社会・援護局関係主管課長会議資料」（平成26年3月3日）「生活保護法の一部を改正する法律について」
14）　厚生労働省社会・援護局保護課「改正生活保護法について」『生活と福祉』694号　2014年　p.9
15）　厚生労働省社会・援護局保護課「平成27年度の生活保護（1）」『生活と福祉』710号　2015年　p.3
16）　伊藤秀一「公的扶助の現代的機能」庄司洋子・杉村宏・藤村正之編『これからの社会福祉2　貧困・不平等と社会福祉』1997年　pp.154-158
17）　2011年以前の「福祉行政報告例」は、2012年以降は「被保護者調査　月次調査」に統合された。以下では、「被保護者調査　月次調査」と記す。
18）　木村陽子は大都市における保護率の高まりを「生活保護の都市化」と呼んでいる。大都市とは政令市をいい、2005年では生活保護受給者の54％が大都市、特別区、中核市に居住する（木村陽子「大都市財政は生活保護を担い切れるか」『都市問題研究』60巻3号　2008年　pp.28-55）。
19）　平川茂「『異質な他者』とのかかわり」井上俊・船津衛編『自己と他者の社会学』有斐閣　2005年　pp.227-243
20）　ホームレスの支援団体は、行政調査は昼間行われているため概数調査の2倍はいるのではないかという（岩田正美「『住居喪失』の多様な広がりとホームレス問題の構図―野宿者の類型を手がかりに」『季刊社会保障研究』45-2号　2009年　p.105）。
21）『朝日新聞』2012年4月14日
22）　2007年調査では、住居喪失者の年齢は20代と50代の2つの集中点をもつカーブを描き、住居喪失者は若年不安定就労者を多く含んでいるとともに、中高年期においてはホームレス自立支援法にいうホームレスと重なりあった存在であると指摘されている（岩田、前掲論文、pp.94-106）。

23) 沖野充彦「ホームレス自立支援法の10年とこれからの課題」『ホームレスと社会』5号 2012年 pp.53-62
24) 2001年3月2日に行われた全国自治体の生活保護担当者会議の社会・援護局保護課別添資料「ホームレスに対する基本的な生活保護の適用について」の中で、「ホームレスに対する生活保護の要件については、一般世帯に対する保護の要件と同様であり、単にホームレスであることをもって保護の対象になるものではなく、また、居住地がないことや稼働能力がないことのみをもって保護の要件に欠けるものではない。」との考え方が示されている。
25) 特定非営利活動法人ホームレス支援全国ネットワーク・広義のホームレスの可視化と支援策に関する調査検討委員会「広義のホームレスの可視化と支援策に関する調査報告書」2011年3月。2011年2月1日から28日に全国の福祉事務所において、ホームレス状態の人々に生活保護の開始決定をしたケースのほぼ全数を対象とした調査である。
26) 女性は野宿をするよりも「隠れたホームレス」になりやすいことを、丸山里美は性別役割分業や福祉による保護などの社会制度から検討している（丸山里美「ジェンダー化された排除の過程―女性ホームレスという問題」青木秀男編著『ホームレス・スタディーズ―排除と包摂のリアリティ』ミネルヴァ書房　2010年　pp.202-232）。
27) この他、この調査で生活保護の決定前に借金があったものの比率は31.2％で、3割の人が借金を抱えている。また、障害者手帳の所持についてみると、精神障害手帳あり1.7％、知的障害手帳あり1.2％、身体障害手帳あり2.1％で、障害のある者が多い（特定非営利活動法人ホームレス支援全国ネットワーク・広義のホームレスの可視化と支援策に関する調査検討委員会、前掲報告書、pp.25-30）
28) 特定非営利活動法人自立生活サポートセンター・もやい『もやい生活相談データ分析報告書』（2014年　pp.97-102）によれば、生活保護申請の同行ありは52.3％で、半数は同行支援である。同行支援が多いのはこの団体の支援の特徴であろう。
29) たとえば、東京都新宿区を拠点とする「スープの会」の活動では、生活保護受給者がボランティアとしてサロン活動の手伝いをしたり、グループホームの職員として就労する機会を提供するなど、多様な支援が試みられている（新部聖子「路上から見える地域―「スープの会」における小さなつながりづくりの実践から」『社会福祉研究』110号　鉄道弘済会　2011年　pp.140-144）。

I
生活保護における自立と自立支援の展開

第 2 章

生活保護政策における自立と自立支援

はじめに

　現代日本における福祉政策は、「自立」および「自立支援」を基本理念の1つとして再編されつつある。本章では、生活保護政策を取り上げ、再編の過程とその方向性を明らかにしたい。

　生活保護政策において自立が改めて強調される契機となったのは、2004年の「専門委員会報告書」である。

　「専門委員会報告書」は、生活保護制度の見直しにあたって「利用しやすく自立しやすい制度へ」という考え方をもとに検討を進め、生活保護制度の見直しの視点として、「国民の生活困窮の実態を受けとめ、その最低生活保障を行うだけでなく、生活困窮者の自立・就労を支援する観点から見直すこと」、つまり、「被保護世帯が安定した生活を再建し、地域社会への参加や労働市場への『再挑戦』を可能とするための『バネ』としての働きを持たせること」がとくに重要であるとした。

　また、ここでいう「自立支援」とは、社会福祉法の基本理念と同様に「利用者が心身共に健やかに育成され、又はその有する能力に応じ自立した日常生活を営むことができるように支援するもの」を意味し、就労による経済的自立のための支援（就労自立支援）のみならず、それぞれの被保護者の能力やその抱える問題等に応じ、身体や精神の健康を回復・維持し、自分で自分の健康・生活管理を行うなど日常生活において自立した生活を送るための支援（日常生活自立支援）や、社会的なつながりを回復・維持するなど社会生活における自立

I 生活保護における自立と自立支援の展開

の支援（社会生活自立支援）をも含む、とした。「専門委員会報告書」は、従来の経済的自立を中心とする自立観に大きな転換をもたらす提言を行った。

そして、効果的な自立・就労支援策を実施するためには、「被保護世帯と直接接している地方自治体が、被保護世帯の現状や地域の社会資源を踏まえ、自主性・独自性を生かして自立・就労支援のために活用すべき『自立支援プログラム』を策定し、これに基づいた支援を実施」すべきであるとした。

この「専門委員会報告書」を受けて、新しい自立概念が生活保護の行政や実践の体系に組み込まれ、2005年度から自立支援プログラムが策定・実施されることとなった。

近年、障害者による自立生活運動の中で、新しい「自立」の概念が提起され発展してきた。その成果である当事者主体の「自立」概念が、ようやく生活保護制度にも取り入れられようとしていると、生活保護政策の動向に大きな関心と期待が寄せられた[1]。とくに、「専門委員会報告書」の打ち出した自立観の転換は、生活保護の歴史の中で、自立論の系譜に新たな変化をつくり出す契機となり、利用者の自立と自己決定を重視する他の社会福祉法との間にあった「ダブルスタンダード克服への道が開けた」[2]とされた。

それでは、生活保護制度に新たに導入された自立支援は、これまでの現行生活保護法のもとで行われてきた「自立の助長」とどのような相違があり、両者はどのような関係にあるのだろうか。それらを明らかにするために、本章では生活保護法や実施要領・通知などを手がかりとしながら検討を進めていきたい。

本章では、まず福祉政策における「自立」概念の検討を行い、ついで、現行生活保護法における「自立」および「自立の助長」という用語の意味内容を確認し、さらに、自立支援プログラムにおける「自立支援」の内容を整理したい。

1　福祉政策における「自立」概念の検討

まず、福祉政策における「自立」の捉え方をみよう。

一般に、「自立」とは、「他の援助や支配を受けず自分の力で身を立てること」「ひとりだち」（『広辞苑』）とされている。

福祉の分野では、「自立」はどのように定義されているのであろうか。

まず、『福祉社会事典』における立岩真也の定義をみよう[3]。

立岩によれば、自立（independence）という言葉の意味するものは単一ではない。この言葉が複数の意味をもち、曖昧な語として使われることの意味を認識しておくことが重要であるが、大別すると3つの意味で使われているという。①「職業的自立」・「経済的自立」、②「身辺自立」・「日常生活動作」の自立（「ADL自立」）、③「自己決定権の行使としての自立（自己決定としての自立）」・「自己決定する自立」、である。

①の「職業的自立」（「経済的自立」）は、安定した職業に就くこと、経済的に他人に依存せずに暮らすこととして理解される。公的扶助や福祉サービスの目標は、この意味での自立が達成され、社会的支援自体が不要になることとされる。生活保護の目的は「自立助長」にあると言われるが、この語の意味は「自助（self-help）」と互換的である。この意味の自立は社会福祉の底流をなし、福祉政策において「自己責任」の原則を採用する際に語られる自立も、同じ意味で用いられている。

②「日常生活動作の自立（「ADL自立」）」は、日常語として理解され、日常において行われるリハビリテーションで目指される。これは職業的自立の前提とされるが、同時に、経済的自立は不可能だが日常生活動作において自立できる範囲があるとされる時もある。

③「自己決定する自立」は、これらのいずれでもない自立で、1970年代に始まる障害者の自立生活運動の中で主張された。そこでの自立は、「介助など種々の手助けが必要であればそれを利用しながら、自らの人生や生活のあり方を自らの責任において決定し、自らが望む生活目標や生活様式を選択して生きること」を指す。自律（autonomy）の語をあてることも可能である。親元や施設から離れ、ひとまず1人で暮らすことそれ自体を指していた。それを自己決定する生活への移行であると言えば言えるが、彼らは普通の状態を普通に実現することをあくまで要求し、普通が普通とされないことの意味を問うた。

現代日本においては、福祉政策の多くが「自立」を目的として掲げており、「自立」は福祉政策の主要な理念となっている。まず、福祉法における「自立」

Ⅰ　生活保護における自立と自立支援の展開

概念の導入の時期についてみよう。

　福祉法における「自立」という用語は、生活保護法（1950年）の中の「自立の助長」と言う表現の中で最初に用いられた[4]。1950年までは福祉法に「自立」の用語はなく、「自立」という考え方は明確に打ち出されてはいなかった。その後、各福祉法における「自立」概念の初出は、母子及び父子並びに寡婦福祉法は1964年、身体障害者福祉法は1990年、児童福祉法は1997年、知的障害者福祉法は2000年である。なお、老人福祉法には現在も「自立」の用語はない（表2－1）。

　1990年代に、身体障害者福祉法および児童福祉法で「自立」概念が導入されている。「自立」が国の審議会や社会保障制度の中で具体的に取り上げられるようになったのは1990年代に入ってからであり、とくに、1995年の社会保障制度審議会「社会保障体制の再構築（勧告）――安心して暮らせる21世紀の社会目指して」は、社会保障の理念が「保護・救済」から「自立支援」へと転換する契機の１つとなったとされている[5]。

　1990年代以降、「自立」という概念は福祉法に普及、定着した。福祉法における理念の大きな流れとしては、「更生」から「自立」への変化が指摘できる。なお、現在も福祉法には、「自立」だけでなく「更生」や「独立自活」の語が

表2－1　福祉法における自立概念等の導入時期

	1940年代	1950年代	1960年代	1970年代	1980年代	1990年代	2000年～
生活保護法		自立助長 更生					
身体障害者福祉法	更生				（自立） 更生	自立 更生	
児童福祉法	独立自活					自立 独立自活	
知的障害者福祉法				更生			自立 更生
老人福祉法							
母子・父子・寡婦福祉法			自立				

用いられている。とくに、障害児施設では、「自立」ではなく「独立自活」が目的とされ、職業的自立が可能か否かなど福祉対象者の自立レベルが段階に分けて考えられている[6]。

　現代日本においては、1981年の国際障害者年や1994年の「児童の権利に関する条約」の批准など福祉に関する国際的な動きは、人権を世界的な規模で考える機会となった。これらを契機に、障害者福祉では「自己決定する自立」、児童福祉では「意見表明権」の尊重などの考え方が導入され、現行の福祉政策における「自立」概念は、自己決定（自律）を含む多義的なものとなった。

　新しい「自立」概念が提起された障害者福祉をみよう。

　障害者福祉において「更生」は長い間障害者福祉の指導原理とされてきた。「更生」はリハビリテーションの訳語として、犯罪者予防更生法、身体障害者福祉法、生活保護法などの法文の中で用いられてきた。リハビリテーションとは、身体障害者などが権利や資格を回復すること、すなわち復権を意味する言葉であるが、日本では障害者や病人、犯罪者などを「社会の一員として復帰させる」という意味で使われてきた[7]。

　一方で、1970年代半ば以降、障害者自立生活運動の中から、自立を主体的生活者としての精神的独立としてとらえる新しい「自立」概念が提起されるようになった。とくに、「労働市場で受け入れられない障害者を包括できる自立概念」の構築が課題とされてきた。

　1982年に厚生省社会局に設けられた「脳性マヒ者等全身性障害者問題研究会」の報告書では、「自立」についてつぎのように述べられている。「自立という言葉は、従来『保護を受けないで済むようになる』とか『障害を克服して社会経済活動に参与すること』と解釈されてきた。…自立の概念は、これを含みながらも、同時に労働力としての社会復帰が期待できない重度障害者が社会の一員として意義ある自己実現と社会参加を果たそうとする努力を社会的に位置づけようとするものである。すなわち自らの判断と決定により主体的に生き、その行動について自ら責任を負うことである[8]。」

　ここでの自立は、従来の自立とはまったく発想を逆転した捉え方がされており、新しい「自立」概念として注目される。福祉政策における従来の伝統的な

自立観では、経済的職業的自活や身辺自立を重視する考え方が支配的であった。これに対して障害者の自立生活運動の理念は、「身辺自立や経済的自活にかかわりなく自立生活は成り立つ。」という新たな「自立」観を提起した。

この新しい「自立」観の鍵となったのが「自己決定権の行使」を自立と捉える考え方である。具体的には、「障害者がたとえ日常生活で介助者のケアを必要とするとしても、自らの人生や生活のあり方を自らの責任において決定し、また自らが望む生活目標や生活様式を選択して生きる行為を自立とする考え方」である[9]。

障害者福祉における新しい「自立」概念の提起とその理論化の試みは、障害者福祉のみならず社会福祉の基本概念となり大きな転換をもたらすこととなった。

一方で、「自立支援」は障害者分野でのワークフェアの推進を意図するものであり、これは再び「自立」の意味を経済的自立に押し込めようとする動きであるとの指摘が当初からなされていた[10]。2005年制定時に、法律の名称に初めて「自立支援」という用語を用いた障害者自立支援法が、早々に「自立」を外し障害者総合支援法に変更されたことに象徴されるように、複数の意味をもつ「自立」という用語の抱える問題がある。

現代社会は、「自己責任の原則」を基本とする社会であり、「自助」・「自立」が社会規範として確立している。したがって、その構成員である市民には自立した個人であることが求められる。しかし、「自立」はその意味が多義的であることから、強調点によっては、「自立」が事実上「自立の強制」となりうるし、また、われわれの社会生活が相互に依存し合い成り立っているという視点を見失わせ、「自立」を助け合いや連帯とのかかわりで捉えることを困難にさせる。したがって、「自立」を福祉政策を方向づける理念とするには、その意味内容が十分に検討された上で用いられる必要があろう[11]。

2　生活保護法における自立と自立助長

ついで、現行の生活保護法における「自立」と「自立の助長」という用語の

意味内容を確認しておこう。

現行法において「自立」の語が用いられているのは、第1条（この法律の目的）、第17条（生業扶助）、第27条の2（相談及び助言）、第38条第5項（種類）と、第55条の4（就労自立給付金の支給）のほか、「就労自立給付金」を含む複数の関連条文がある。これらのうち主なものを表2-2に示しておこう。

これらの「自立」という用語は、いずれも「自立を助長する」と言う文言の中で用いられている。なお、生活保護法の条文には「自立支援」という用語はない。

第1条、第17条と第38条第5項の3つの条文は1950年の現行法制定時に規定された。第27条の2は2000年の法改正で新設され、2013年法改正で現在の条文となった。第55条の4は2013年の法改正で創設された。第17条、第38条第5項と第55条の4では、扶助・給付や施設を規定する条文に用いられた用語であるので、以下では、第1条と第27条の2について検討を加えよう。

表2-2　生活保護法における「自立」を含む条文（2013年改正）

	条文
第1条 （この法律の目的）	この法律は、日本国憲法第25条に規定する理念に基き、国が生活に困窮するすべての国民に対し、その困窮の程度に応じ、必要な保護を行い、その最低限度の生活を保障するとともに、その自立を助長することを目的とする。
第17条 （生業扶助）	生業扶助は、困窮のため最低限度の生活を維持することのできない者又はそのおそれのある者に対して、左に掲げる事項の範囲内において行われる。但し、これによって、その者の収入を増加させ、又はその自立を助長することのできる見込みのある場合に限る。
第27条の2 （相談及び助言）	保護の実施機関は、第55条の6第1項に規定する被保護者就労支援事業を行うほか、要保護者から求めがあったときは、要保護者の自立を助長するために、要保護者からの相談に応じ、必要な助言をすることができる。
第38条 （種類） 第5項	授産施設は、身体上若しくは精神上の理由又は世帯の事情により就業能力の限られている要保護者に対して、就労又は技能の修得のために必要な機会及び便宜を与えて、その自立を助長することを目的とする施設とする。
第55条の4 （就労自立給付金の支給）	都道府県知事、市長及び福祉事務所を管理する町村長は、被保護者の自立の助長を図るため、その管理に属する福祉事務所の所管区域内に居住地を有する（略）被保護者であって、厚生労働省令で定める安定した職業に就いたことその他厚生労働省で定めるところにより、就労自立支援金を支給する。

I 生活保護における自立と自立支援の展開

1 「生活保護法の目的」（第1条）

　生活保護法は、第1条に、生活保護法の目的として最低生活の保障と自立の助長の2つを掲げている。

　現行法の解説書『改訂・増補　生活保護法の解釈と運用』の著者である小山進次郎によれば、法第1条の目的に「自立の助長」を掲げたのは、この制度を単に一面的な社会保障制度とみ、ただこれに伴いがちな惰民防止をこの言葉で意味づけようとしたのではなく、「最低生活の保障」と対応し社会福祉の究極の目的とする「自立の助長」を掲げることにより、この制度が社会保障の制度であると同時に社会福祉の制度である所以を明らかにしようとしたのである、としている[12]。

　さらに、小山はこの点を以下のように詳しく解説している。

　「最低生活の保障と共に、自立の助長ということを目的の中に含めたのは、『人をして人たるに値する存在』たらしめるには単にその最低生活を維持させるというだけでは十分でない。凡そ人はすべてその中に何等かの自主独立の意味において可能性を包蔵している。この内容的可能性を発見し、これを助長育成し、而して、その人をしてその能力に相応しい状態において社会生活に適応させることこそ、真実の意味において生存権を保障する所以である。社会保障の制度であると共に、社会福祉の制度である生活保護制度としては、当然此処迄を目的とすべきであるとする考えに出でるものである。従って、兎角誤解され易いように惰民防止ということは、この制度がその目的に従って最も効果的に運用された結果として起ることではあらうが、少くとも『自立の助長』という表現で第一義的に意図されている所ではない。自立の助長を目的に謳った趣旨は、そのような調子の低いものではないのである。」[13]

　小山は、自立の助長について、人は自主独立の可能性をもつものであり、惰民防止といった調子の低いものではないと格調高く謳いあげている。

　ところで、当時小山の上司であった厚生省社会局長木村忠二郎は、ほぼ同時期に、『改正　生活保護法の解説』を著している。その中で、「本法制定の目的が、単に困窮国民の最低生活の保障と維持にあるだけでなく、進んでその者の自力更生をはかることにあることは、国の道義的責務よりしても当然のことであるが、改正法においては第一条にその趣旨を明言してこの種の制度に伴い勝ちの惰民養成を排除せんとするものである。」と述べている[14]。

第2章　生活保護政策における自立と自立支援

　以上のように、自立の助長をめぐって、同じ厚生官僚という立場にある2人が異なる見解を示している。
　この点に関して、のちに小山は、「若干食い違いのあるような説明」や「表現の上の違い」があるのは、いわば古い考えが出てしまったからであると釈明している[15]。しかし、仲村優一は両者の解釈の相違の中に、公的扶助における2つの自立論の系譜を指摘する[16]。
　仲村によれば、日本の公的扶助をたどると、消極的自立論と積極的自立論の2つの系譜があるという。
　消極的自立論は、明治・大正以来受け継がれてきている「独立自活」論であり、惰民養成排除のための自立助長論で、公的救済への依存からの脱却をもって、それを第一義的に「自立」とみなす自立論である。その消極的性格は法体系の中に怠惰者を救済の対象としない欠格条項を設けるという形で表現されている。現行法では、欠格条項を設けることができなかった代わりとして「自立の助長」がおりこまれることになったとみられる。木村忠二郎は法第1条の自立助長について、「この種の制度に伴い勝ちの惰民養成を排除せんとするものである。」と述べており、この系列の自立論といえる。
　もう一方は、積極的自立論で、小山進次郎の法解釈論がこれにあたる。先に引用したように小山は、「凡そ人はすべてその中に何等かの自主独立の意味において可能性を包蔵している。」とし、その内容的可能性を発見し、助長育成することが本来の自立助長であり、それは惰民防止というような「調子の低いものではないのである」という。ここでは、自立助長は肯定的に位置づけられている[17]。
　公的扶助にはこれら2つの自立論の系譜があるが、仲村も指摘するように、政府の公式見解は「自立助長は惰民養成の弊を避けるための措置である。」とするものであった。生活保護行政においては、自立は主として「保護への依存からの脱却」すなわち「保護を受けないで済むようになること」というニュアンスをもって受けとめられることが多かった[18]。
　このように生活保護行政において、「自立」はもっぱら経済的自立を意味し、それはしばしば惰民養成排除の観念と一体化していた。そして、1980年代当

I 生活保護における自立と自立支援の展開

時、「今日でもこの観念は、かなり有力なものとして行政の現場を支配している。」と仲村は述べていた。[19]

2 「相談及び助言」（第27条の2）

　地方分権一括法の成立（1999年）により機関委任事務が廃止され、生活保護の事務は国からの「法定受託事務」と、地方自治体の「自治事務」に再構成された。

　この中で、保護の決定・実施に関する事務や都道府県が市町村に対して行う事務監査等大半の事務は法定受託事務とされたが、この時唯一自治事務とされたのが「要保護者の自立助長のための相談・助言等の援助事務」である。

　2000年の生活保護法の一部改正で、自治事務として第27条の2に「相談及び助言」が創設された。

　これについて、厚生労働省は、「従来から、ケースワークの一環として事実上行われてきた要保護者の自立助長のための相談及び助言に係る事務を、自治事務として法定化する。」とし、第27条の2の創設を通知した。[20]

　2000年改正で、生活保護法の相談援助に関する規定は、以下のようになった。

「（指導及び指示）
第27条　保護の実施機関は、被保護者に対して、生活の維持、向上その他保護の目的達成に必要な指導又は指示をすることができる。
2　前項の指導又は指示は、被保護者の自由を尊重し、必要の最小限度に止めなければならない。
3　第一項の規定は、被保護者の意に反して、指導又は指示を強制し得るものと解釈してはならない。
（相談及び助言）
第27条の2　保護の実施機関は、要保護者から求めがあったときは、要保護者の自立を助長するために、要保護者からの相談に応じ、必要な助言をすることができる。」
（2000年改正）

　2000年改正の趣旨について、保護課長の田中敏雄は、つぎのように説明している。この改正は、事務の区分を改めたというよりも、現に行われている事務

を整理し、明確にしたものといえる。生活保護の事務は基本的には、全国一律の考え方や指導に基づいて実施されるべきものであるが、保護の決定に直接関わらない助言が、実施機関やケースワーカーの自主的な判断により行われることも少なくない。たとえば、地域活動への参加や子どもの進路に関することなどへの情報提供や助言などである。このような実際に行われている事務をきちんと法文化した上で、その事務の性格、内容から自治事務としたものである[21]。

　生活保護では、これまで被保護者の自立指導は法律上では行政機関によって行われる事実行為として取り扱われてきた。今回、事実上行われていた相談・助言が新たに自治体の事務として法律に明示されたことは、法律が規定する相談援助活動の範囲は拡大し、生活保護制度における「社会福祉性」[22]があらためて確認されたことを意味する。

　なお、2000年の生活保護法の一部改正についての通知には、「相談及び助言」の事務の実施について以下の留意事項が示されている。

　法第27条の2に規定する要保護者の自立助長のための「相談及び助言」の事務については、要保護者の求めに応じて行うものであり、要保護者に対する強制力はない。これに対し、法第27条に規定する「指導及び指示」の事務は、保護の実施機関の発意によって行われ、被保護者がこれを遵守しない場合には、同法第62条の規定により保護の停止又は廃止の処分を行うことができるものである[23]。

　生活保護法は、2000年の改正以降第27条および第27条の2の2つの相談援助の規定をもつことになったわけであるが、森川美絵は、この2つの規定を援助関係と制裁的要素の2つの側面から、検討している[24]。

　援助関係の側面では、被保護者（利用者）の自立に向けた活動や援助内容について、援助者側が主たる決定を行うパターナリスティックなものか、被保護者（利用者）の主体性（自己決定）を尊重するかを検討する。この観点からみれば、第27条「指導及び指示」は用語自体にパターナリスティックな色彩が強く、第27条の2「相談及び助言」は両義的であるとしている。

　一方、制裁的要素の側面では、その有無を保護の停止・廃止という「経済的な制裁」を背景に行うかどうかという観点からみている。第27条「指導及び指

示」は、第3項で「被保護者の意に反して、指導又は指示を強制しうるものと解釈してはならない。」と規定しているものの、第62条「指示等に従う義務」は「第27条の規定により、被保護者に対し、必要な指導又は指示をしたときは、これに従わなければならない。」とし、同第3項で、「保護の実施機関は、被保護者が前2項の規定による義務に違反したときは、保護の変更、停止又は廃止することができる。」としている。指導・指示に従わない場合に、保護の停止・廃止の手続きがとられることが明記されていることから、制裁的要素が強いといえる。これに対して、第27条の2「相談及び助言」は、制裁的要素を含まない。

以上の森川の検討は、表2-3のように整理できるであろう。

生活保護法を「権利の体系」と「義務の体系」という二面性の視点から捉える笛木俊一は、公的扶助労働の目的である自立にも二面性があり、権利の体系のもとでの「権利としての自立」と義務の体系のもとでの「義務としての自立」との対抗関係の中で公的扶助労働は展開されるという。したがって、被保護者に対して「権利としての自立」を保障するものになっているか、それとも「義務としての自立」を強制するものになっているのかということが、公的扶助労働の基本的な問題であるとしている。[25]

制裁を背景に被保護者に義務として自立を促すのであれば「義務としての自立」となり、一方、義務的に自立をせまるのではなく、被保護者の主体性を保障しながら援助を展開するのであれば、「権利としての自立」の保障として位置づけられる。森川は先の整理を笛木の公的扶助労働の二面性の議論につなげ

表2-3 第27条「指導・指示」と第27条の2「相談・助言」

	第27条	第27条の2
内　容	「指導及び指示」	「相談及び助言」
成立時期	1950年	2000年
対　象	被保護者	要保護者
地方自治法	法定受託事務	自治事務
援助関係（パターナリスティック／自己決定）	パターナリスティック	両義的 パターナリスティック／自己決定
制裁的要素	強い	なし

て、新しく設けられた第27条の2の「相談及び助言」は、「義務としての自立」への働きかけではなく、「権利としての自立」を促すための働きかけとなる可能性を示唆している。

なお、第27条の2は、2000年に生活保護法に創設されたが、事業展開のないまま事実行為としての自立指導を追認しただけなので、「だまし条項」だといわれていたこともあったという。しかし、自立支援プログラムの策定によりようやく日の目をみることになった。[26]

そして、2013年の生活保護法改正で、第27条の2に「第55条の6第1項に規定する被保護者就労支援事業を行うほか」が加わり、「相談及び助言」の具体的内容が法文上明確になった。

3　自立支援の導入

厚生労働省は、2005年3月31日付けで、地方自治法の規定による技術的助言として、以下に示す自立支援プログラムについての3つの通知および事務連絡を行った。

- 「平成17年度における自立支援プログラムの基本方針について」(平成17年3月31日厚生労働省社会・援護局長通知)(以下「基本方針」と略記する。)
- 「自立支援プログラム導入のための手引き(案)について」(平成17年3月31日厚生労働省社会・援護局保護課長事務連絡)(以下「手引き(案)」と略記する。)
- 「生活保護受給者等就労支援事業」活用プログラム実施要綱について(平成17年3月31日厚生労働省雇用均等・児童家庭・社会・援護局長連名通知)(以下、「就労支援事業」活用プログラム実施要綱と略記する。)
- 「生活保護受給者等就労支援事業」活用プログラム実施要綱に係る留意事項について(平成17年3月31日厚生労働省社会・援護局保護課長通知)

以下では、2005年度の通知等を中心に、導入時の自立支援の考え方を検討しよう。

まず、「基本方針」をみよう。自立支援プログラム導入の趣旨について、「基本方針」では、今日の被保護世帯は多様な問題を抱え、また、保護受給期間が

Ⅰ　生活保護における自立と自立支援の展開

長期間にわたる場合も少なくないという状況を踏まえ、「経済的給付を中心とする現在の生活保護制度から、実施機関が組織的に被保護世帯の自立を支援する制度に転換することを目的として、自立支援プログラムの導入を推進していくことにした。」と述べている。生活保護を経済的給付に加えて被保護世帯の自立を支援する制度に転換することが導入の目的である。

　自立支援プログラムは、実施機関が管内の被保護世帯全体の状況を把握した上で、自立支援の具体的内容および実施手順等を定め、これに基づき個々の被保護者に必要な支援を組織的に実施するものである。

　自立支援プログラムの対象者となるのは、被保護者である。「専門委員会報告書」は、低所得者や保護廃止直後の人などに対しても活用が望ましいとしていたが、対象は被保護者に限定されている。

　また、「基本方針」では、自立支援プログラムは、就労による経済的自立（就労自立）のためのプログラムのみならず、身体や精神の健康を回復・維持し、自分で自分の健康・生活管理を行うなど日常生活において自立した生活を送ること（日常生活自立）、および社会的なつながりを回復・維持し、地域社会の一員として充実した生活を送ること（社会生活自立）を目指すプログラムを幅広く用意し、被保護者の抱える多様な課題に対応できるようにする必要があるとしており、「専門委員会報告書」で示された3つの自立が明示されている。

　自立支援プログラムは、「就労支援事業」活用プログラムと個別支援プログラムに大別される。「就労支援事業」活用プログラムは、2005年から活用可能な事業で、「まず本事業の実施に向け早急かつ優先的に取組むこと。」とされた。「就労支援事業」活用プログラムの内容から検討しよう。

1　「就労支援事業」活用プログラムによる支援

　「就労支援事業」活用プログラムは、公共職業安定所（以下、「安定所」と略記する。）において、被保護者及び児童扶養手当受給者（以下、「被保護者等」と略記する。）の自立を支援するため、都道府県、市（特別区を含む）若しくは福祉事務所を管理する町村又はそれらの管理に属する福祉事務所その他の行政機関（以下、「福祉事務所等」と略記する。）が実施する被保護者又は児童扶養手当受給

者の自立支援プログラムの一環として、福祉事務所等と連携して、就労支援を実施するものである。

安定所は、安定所の生活保護受給者等就労支援事業担当責任者（「事業担当責任者」）、生活保護受給者等就労支援コーディネーター（「安定所コーディネーター」）および福祉事務所等の就労支援コーディネーター（「福祉事務所担当コーディネーター」）等により構成される就労支援メニュー選定チーム（「就労支援チーム」）を設置する。

「就労支援チーム」は、福祉事務所長等から安定所長に就労支援の要請があった支援対象者に対し、個別の面接を行う等により、つぎの①から⑤の中から適切な就労支援メニューを選定する。

就労支援メニューは、①生活保護受給者等就職支援ナビゲーターによる支援、②トライアル雇用の活用、③公共職業訓練の受講あっせん、④生業扶助若しくは自立支援教育訓練給付の活用による民間の教育訓練講座の受講、⑤一般の職業相談・紹介の実施、の５つである。

支援対象者の範囲は、①稼働能力を有する者、②就労意欲がある者、③就職に当たって①および②以外の阻害要因がない者、④事業への参加に同意している者、のすべての条件を満たし、かつ安定所との連携による事業の活用が効果的な者として選定したものである。なお、④では、積極的な勧奨にもかかわらず事業への参加に同意しない者は対象としない[27]。

2　個別支援プログラム

「手引（案）」は、個別の自立支援プログラムの内容について、次のような例をあげている。

> 「就労自立は、日常生活自立及び社会生活自立の達成・維持を前提とする場合が多い。稼働年齢層で雇用情勢が良好な地域に居住している被保護者であっても、昼夜が逆転した生活を送るなど日常生活が乱れている場合には、直ちに就労活動を行い、実際に就労することは非常に困難であろう。このような場合にはまず日常生活自立を目指して規則正しい日常生活を実現し、さらに対人関係で様々な問題がある場合にはこれを改善して社会生活自立を実現した上で、就労自立を目指すことが適切であり、実

Ⅰ　生活保護における自立と自立支援の展開

施機関においてはそのそれぞれの段階に応じた支援を実施する必要がある。」

　このように、自立支援は、被保護者の個人の状況や能力に応じて、自立した生活の維持・発展を目指す観点から行うことが必要であり、「就労が可能か否か」という単純な認識に基づき支援を行うことは適当ではないとしている。

　したがって、自立支援にあたっては、被保護者の実状に応じたきめ細やかな支援の実施が不可欠となる。そのためには、被保護者の状況や自立阻害要因を的確に把握した上で、具体的な支援の方法を検討することが必要である。自立支援プログラムは、類型化した自立阻害要因に対する支援の実施方法をあらかじめ体系的に整理し、実効的かつ組織的な自立支援を実現しようとするものである。

　それでは、自立支援プログラムの意義はどのようなところにあると考えているのだろうか。

　まず、「手引（案）」では被保護者にとっての意義は、つぎのような点にあるとしている。被保護者は自立に向けて何らかの克服すべき課題を抱えている。自立支援プログラムは、こうした被保護者の抱える多様な課題に対応するものであり、全ての被保護者に対して健康で自立した生活に向けて１つ１つ課題を克服することを求めるとともに、それを実施機関が組織的に支援するものである。

　また、被保護者は、生活保護法上、稼働能力の活用要件を満たし、また、生活の維持向上等に関する努力義務を負っているが、実施機関の支援を受けつつ自立支援プログラムに取り組むことは、「これらの要件及び義務を明示的に満たすための手段となる。」としている。このように、「手引（案）」は、自立支援プログラムへの参加を被保護者が「義務を満たすための手段」と明記している。

　一方、実施機関にとっての意義は、自立支援プログラムを導入することにより、組織的・システム的な支援が可能となり、自立支援業務の効率的な実施に資すると考えている。

　「手引（案）」は、個別支援プログラム例として、以下の11例を示している。

それらは、「生活保護受給者等就労支援事業」活用プログラム、福祉事務所における就労支援プログラム、福祉事務所における若年者就労支援プログラム、精神障害者就労支援プログラム、社会参加活動プログラム、日常生活意欲向上プログラム、高齢者健康維持・向上プログラム、生活習慣病患者健康管理プログラム、「精神障害者退院促進支援事業」活用プログラム、元ホームレス等居宅生活支援プログラム、多重債務者等対策プログラム、である。

これらのうち、「生活保護受給者等就労支援事業」活用プログラムは、前項で検討したように、厚生労働省が都道府県等に実施要領を示しているので、福祉事務所において同プログラムを改めて策定する必要はない。[28]

「手引（案）」によれば、自立支援プログラムによる被保護者への支援の手順は、被保護者の実状の把握、個別支援プログラムの選定、被保護者への説明、支援状況の記録、定期的な評価等となる。

とくに、実施機関における支援方針の決定にあたっては、「自立支援プログラムへの参加について、被保護者の同意を得るため、実施機関において決定した支援方針を本人に説明すること」を留意すべき事項としてあげている。

また、自立目標の設定と個別支援プログラムの選定（「自立計画書」の作成）にあたっても、被保護者本人による自立目標の設定が必要で、まず「被保護者本人から、希望する将来の自己の在り方と自己の現状について聴取し、希望する将来像の実現を阻害している要因について自ら認識させることにより、被保護者の自立の必要性の自覚や自立意欲の喚起に努め」、そして、「自立計画書」を作成する場合には、「被保護者に自立計画書に記入させること。」としている。被保護者のプログラムへの参加や取組みへの主体性を保障するための手続きが具体的に示されている。

なお、支援の見直しおよび指導指示の手続きについては、定期的かつ必要な見直しを行い、口頭で指導指示を行ったにもかかわらず、取組み状況に改善がみられない場合等には、文書による指導指示を行うとしている。

文書による指導指示を受けたにもかかわらず、まったく取組みに改善がみられず、稼働能力の活用等、保護の要件を満たしていないと判断される場合については、保護の変更、停止又は廃止を検討するとしている。[29]

Ⅰ　生活保護における自立と自立支援の展開

　また、「自立支援プログラムは被保護者の自立の実現を目的とするものであり、保護費の減額や保護の停止又は廃止を目的とするものではないことについて十分留意すること。」という「なお書き」が付け加えられ、慎重に行うよう注意を促している。

　ここで2005年の通知等の検討を通して明らかとなった自立支援の特徴をまとめておこう。

①自立支援プログラムは、各自治体（福祉事務所）が地域の実情を踏まえて策定運用する。

②生活保護における自立は、これまで、「生活保護からの脱却」「経済的な自立」と考えられがちであった。しかし、「自立支援プログラム」においては、「専門委員会報告書」で示された就労自立、日常生活自立および社会生活自立の3つの自立や考え方が取り入れられており、自立の考え方が豊かになった。

　　3つの自立の関係について、「手引（案）」は、就労自立は、日常生活自立及び社会生活自立の達成・維持を前提とする場合が多いとしている。新保美香は、被保護者の自立支援は日常生活自立→社会生活自立→就労自立の順番で考えることが必要であるとし、生活保護の自立を三層で整理している[30]。これらを段階論とすると、並列論もある。岡部卓はそれぞれの自立は並列の関係にあるとし、池谷秀登も同じく、3つの自立はそれぞれ独立し、自己完結した関係であるべきとしている[31]。

③自立支援プログラムへの参加には、当事者の同意が必要である。これは、自立支援プログラムは、従来どおりの指導指示ではなく、利用者自身の選択と同意に基づいて利用するものという考え方が示されている。

④自立支援プログラムの取組み状況が保護の要件を満たしていないと判断される場合は、保護の変更可能性も示されている。しかし、自立支援プログラムにおける「支援」は生活保護の停・廃止と直接かかわる「指導」とは異なるという見解もある。

⑤自立支援プログラムは、国が用意した職業安定所連携型の就労支援プログラムを活用し、就労支援を優先するという形で導入された。そのため、

「自立＝就労」という従来の発想の転換にはつながらなかったとされる。[32]

おわりに

　生活保護制度においても、他の社会福祉制度と同様に、「自立」および「自立支援」を基本理念の１つとして再編が行われつつある。本章では、「自立」および「自立支援」について法令や通知を通して再編の過程とその方向性を検討してきた。これまでの検討を通して得られた発見や解釈を、ここにまとめて提示し、今後の課題などを確認しておきたい。
①福祉法における「自立」という概念は、生活保護法（1950年）の中の「自立の助長」と言う表現の中で最初に用いられた。その後、1990年代以降、「自立」という概念は福祉法に普及、定着した。
②1981年の国際障害者年や1994年の「児童の権利に関する条約」の批准などの福祉に関する国際的な運動は、人権を世界的な規模で考える機会となり、福祉政策における「自立」概念は、自己決定（自律）を含む多義的なものとなった。
③現代日本における福祉政策の多くが「自立」を目的として掲げており、「自立」は福祉政策の主要な理念となっている。しかし、「自立」はその意味が多義的であることから、強調点によっては、「自立の強制」となりうる一方、助け合いや連帯を困難にさせるなどの問題がある。福祉政策を方向づける理念となるには、その意味内容が十分に検討された上で用いられる必要がある。
④生活保護における自立は、「惰民防止」や「保護からの脱却」を意味する一方で、小山進次郎の「自主独立の内容的可能性を発見し、助長する」という積極的な自立論もある。このように、生活保護の自立には相対立する理念と解釈があるが、実務においては、自立は経済的自立つまり「保護の廃止」と捉えられてきた。
⑤2000年の法改正で、生活保護法に「相談及び助言」が自治事務として創設された。これは、「指導及び指示」とは異なる相談援助活動で、要保護者

を対象に申請時および廃止後にも行われる。

⑥自立支援プログラムにおける自立には、就労自立、日常生活自立、社会生活自立の3つの自立がある。これら3つの自立については、段階論的見解と並列論的見解があるが、その後の自立支援の展開を踏まえれば、就労自立を上位とする段階的なものと考えざるを得ない。

⑦自立支援プログラムは、被保護者の同意と選択に基づいて行われ、自立支援プログラムに取組むことは、被保護者の要件及び義務を明示的に満たす手段となる。自立支援プログラムへの取組みに改善がみられない場合は、保護の変更、停止または廃止を検討する。

森川らは、生活保護において「自立支援」という概念のもとで、制度展開を図ることの意味を問い、自立支援は被保護者の主体性の尊重、経済的な制裁を持ち込まないなど、権利としての自立を保障するものとして期待した[33]。

しかし、一方で社会保障法の目的として明記された「自立」は、一般的な自立概念とは異なり、規範性をもつとされる[34]。生活保護法は、「自立の助長」を目的に規定し、「稼働能力の活用」を保護の要件としており、被保護者は稼働能力がある以上、それを活用した取組みが求められる。

つまり、生活保護における自立は、「義務としての自立」、「就労自立」を意味するものと考えられている。したがって、「自立の助長」に即して行われる自立支援においても、「義務としての自立」、「就労自立」が求められるということになる。

自立支援という考え方が生活保護に導入されることになったとき、多くの期待が語られた。しかし、自立支援プログラムはまず就労支援から導入されたことや、生活保護における「稼働能力の活用」が2008年の次官通知に改めて明記されたことなどを考慮に入れると、「自立の助長」は生活保護制度の目的であり、生活保護においては自立を求める規範・義務というものが厳然としてあることを再確認させるものである。

ただし、自立支援が自治事務として行われることになり、各自治体が、地域の被保護世帯の実状や社会資源の状況を踏まえつつ、その自主性・独自性を生かして策定・運用するという動きを生んだ点の意義は大きい。

第 2 章　生活保護政策における自立と自立支援

1）　専門委員会委員であった大川昭博は「障害者による運動の成果である当事者主体の自立概念が、ようやく生活保護制度にも取り入れられようとしている。」と報告書の成果に期待を寄せていた（大川昭博「現場から見た、自立支援プログラムの課題─『入りやすく出やすい』制度へ向けて」『賃金と社会保障』No.1456　2007年　p.22）。
2）　大友信勝「生活保護と自立支援」『社会福祉学』47-1号　2006年　p.106
3）　立岩真也「自立」庄司洋子・木下康仁・武川正吾・藤村正之編『福祉社会事典』弘文堂　1999年　pp.520-521
4）　「社会保障制度に関する勧告（1950年10月）」においても、「自立」の用語がみられる。
5）　京極高宣「今、求められている自立支援」『月刊福祉』2006年7月号　p.14
6）　大谷強『現代福祉論批判』現代書館　1984年　p.117
7）　仲村優一他編『社会福祉辞典』誠信書房　1974年　p.93
8）　仲村優一「社会福祉行政における自立の意味」小沼正編『社会福祉の課題と展望』川島書店　1982年　pp.15-16
9）　定藤丈弘「障害者福祉の基本的思想としての自立生活概念」定藤丈弘他編『自立生活の思想と展望』ミネルヴァ書房　1993年　p.8
10）　岩崎晋也「『自立』支援─社会福祉に求められていること」『社会福祉学』48-3号　2007年　p.121
11）　秋元美世「社会保障法と自立─自立を論じることの意義」日本社会保障法学会『「自立」を問う社会保障の将来』社会保障法22号　法律文化社　2007　pp.7-14、定藤丈弘「障害者の自立と地域福祉の課題」岡田武世著『人間発達と障害者福祉』（社会福祉叢書1）熊本短期大学付属社会福祉研究所　1986年　pp.146-150。この点に関連して、立岩は自己決定する自立について「なにより、でないが、とても、大切なもの」として注意を喚起している（立岩真也「自己決定としての自立─なにより、でないが、とても、大切なもの」石川准・長瀬修編著『障害学への招待』明石書店　1999年　pp.79-107）。
12）　小山進次郎『改訂・増補　生活保護法の解釈と運用（復刻版）』全国社会福祉協議会　1975年　p.84。籠山京は、生活保護制度の目的が2つ規定されたので、その実施は社会保障制度として運用と社会福祉制度としての運用との間をゆれ動くことになり、その具体的な運営の過程で、解釈の幅が拡大されてきたとする（籠山京『公的扶助論』光生館　1978年　pp.26-28）。
13）　小山、同上、pp.92-93
14）　木村忠二郎『改正　生活保護法の解説』時事通信社　1950年　p.49
15）　無署名「新生活保護法の制定（その1）」厚生省社会局保護課編『生活保護三十年史』社会福祉調査会　1981年　p.120
16）　仲村優一「公的扶助における処遇論」『仲村優一著作集第5巻　公的扶助論』旬報社（1986年初出）2002年　pp.232-238
17）　小山、前掲書、p.95。しかし、生活保護法における「積極的自立論」の代表者とされる小山であるが、同上書の別の箇所（p.94）では、「公私の扶助を受けず自分の力で社会生活に適応した生活を営むことのできるように助け育てていくことである」と、半ば矛盾した定義を行っている。自立の解釈におけるタテマエとしての格調の高さとは裏腹

75

I　生活保護における自立と自立支援の展開

　　　に、保護の厳しさを示すホンネの部分が顔をのぞかせていると仲村はいう（仲村、前掲「社会福祉行政における自立の意味」p.13）。
18）　仲村、同上、pp.11-13。現在もその状況に変わりはない。森川美絵は、生活保護の現業員意識調査（2004年）から、生活保護の担当職員が、最低生活保障という生活保護受給者の権利を受給者の自立を阻害するものとして捉えられることも珍しくなく、自立助長の援助は「義務としての自立」に向けた働きかけという思いが顕在化しやすく、「自立助長」に「被保護者（利用者）に能力活用等の義務を履行させるための指導」という意味を付与させるものとなっていると指摘している（森川美絵『「義務としての自立の指導」と「権利としての自立の指導」の狭間で─生活保護におけるストリート官僚の裁量と構造的制約」三井さよ他編『ケアとサポートの社会学』法政大学出版　2007年　pp.273-277、p.283）。
19）　仲村、同上、p.4
20）　厚生労働省社会・援護局長通知「地方分権の推進を図るための関係法律の整備等に関する法律による生活保護法の一部改正等について」（社援第824号2000年3月31日）
21）　田中敏雄「生活保護行政の運営にあたって」『生活と福祉』521号　1999年　p.5
22）　小山は、被保護者に経済給付だけでなく自立指導のためのケースワークを行われているのは、生活保護制度が社会保障法であるとともに社会福祉法であることを示すもので、「生活保護制度の社会福祉性」を示すものとした（小山、前掲書、pp.95-96）。
23）　厚生労働省社会・援護局長通知「地方分権の推進を図るための関係法律の整備等に関する法律による生活保護法の一部改正等について」（社援第824号2000年3月31日）
24）　森川、前掲論文、pp.260-263。被保護者には、第60条生活上の義務、第61条届け出の義務、第62条指示等に従う義務、第63条費用返還義務がある。篭山京は、「これらが連動すれば、指導・指示が強制手段を背景として行なわれうる。したがって法27条と法60条を結びつけて指導・指示ということを考えることは、きわめて慎重に行わなければならない」と警告する（篭山、前掲書、p.117）。
25）　笛木俊一「公的扶助制度・公的扶助労働の二面的性格」小野哲郎・白沢久一・湯浅晃三監修『シリーズ・公的扶助実践講座①　現代の貧困と公的扶助行政』ミネルヴァ書房　1997年　pp.63-65
26）　大川、前掲論文、p.22
27）　「生活保護受給者等就労支援事業」は、その後名称を変更し、2011年から2012年は「福祉から就労」支援事業、2013年からは「生活保護受給者等自立促進事業」として実施されている。
28）　厚生労働省職業安定局長通知「生活保護受給者等就労支援事業について」（職発0329003号2005年3月29日）
29）　ただちには、停止・廃止はできないことを強調する見解もある（岡部卓「自立支援の考え方と意義」『生活と福祉』627号　2008年　p.25）。
30）　新保美香「生活保護制度と自立支援」『月刊福祉』2006年7月号　pp.26-29
31）　岡部、前掲論文、p.24、池谷秀登「日常生活自立、社会生活自立を重視した支援─板橋区赤塚福祉事務所の取り組み」布川日佐史編著『生活保護自立支援プログラムの活用

1 策定と援助』山吹書店　2006年　p.64

　なお、就労自立と経済的自立について、公的な制度から金銭的給付を受けながら経済的に独立して行為主体として生活を営んでいくという意味の「経済的自立」とは異なり、就労自立は、他者に依存しないことを自立とみる立場に適合的な「自立」の用語であるとの指摘がある（菊池馨実「自立支援と社会保障」菊池馨実編著『自立支援と社会保障―主体性を尊重する福祉、医療、所得保障を求めて』日本加除出版2008年　pp.361-362）。この「経済的自立」の定義を援用し、社会保障給付や就労収入を加えた収入の生活保護基準額に占める割合を生活保護における経済的自立率と考えることもできる。

32) 布川日佐史「生活保護改革論議と自立支援、ワークフェア」埋橋孝文編著『ワークフェア―排除から包摂へ』法律文化社　2007年　p.201
33) 森川、前掲論文、p.283
34) 品田充儀「社会保障法における『自立』の意義」菊池馨実編著『自立支援と社会保障』日本加除出版　2008年　p.29

第3章

自立支援の展開と生活保護

はじめに

　本章の課題は、生活保護における自立支援の展開を検討し、自立支援の導入によってもたらされた生活保護の変化を指摘することにある。

　2004年の「専門委員会報告書」を契機に、生活保護行政では自立支援が優先的に取り組まれてきた。

　「専門委員会報告書」は、自立支援を、就労による経済的自立のための支援（就労自立支援）のみならず、日常生活において自立した生活を送るための支援（日常生活自立支援）、社会的なつながりを回復・維持するなど社会生活における自立の支援（社会生活自立支援）を含むものとした。そして、自立支援の実施にあたっては、「自立支援プログラム」を策定し、これに基づいた支援を実施すべきとし、その推進体制の構築についても提言した。この提言を受け、2005年度より生活保護において自立支援プログラムが導入された。

　「専門委員会報告書」が打ち出した自立の視点の転換は、生活保護における自立論の系譜における新たな変化を作り出す契機となると期待された[1]。また、「基本方針」に示されているように、自立支援プログラムは、経済給付中心の生活保護制度から自立を支援する制度への転換を目的に導入されており、自立支援への取組みは、生活保護における相談援助を変化させていった。

　2005年度から行われている自立支援プログラム策定実施推進事業は、これまで国のセーフティネット支援対策等事業の1つとして実施されてきた。しかし、2013年の生活保護法改正および生活困窮者自立支援法成立により、自立支

援プログラム策定実施推進事業は2015年度から生活困窮者自立相談支援事業等の事業の1つとして実施されることになり、自立支援プログラムの内容も大きく変更されている[2]。

そこで、本章では、自立支援プログラム導入後から2014年度までの生活保護における自立支援の展開を検討することにしたい。まず、自立支援プログラムについての厚生労働省の方針と全国の策定・実施状況を検討し、ついで、厚生労働省の各自治体に対する方針と2つの自治体での自立支援プログラムの策定・実施状況を取り上げ検討することにしたい。

1 自立支援プログラムの策定・実施状況

厚生労働省社会・援護局保護課は「自立支援プログラム導入のための手引(案)について」(以下、「手引(案)」と略記する。)を通知し、その中で11の自立支援プログラムを示した。それらを、経済的自立、社会生活自立、日常生活自立の3つの自立の分野に分けて整理したものが表3-1である。経済的自立分野の「生活保護受給者等就労支援事業」活用プログラムは、厚生労働省職業安定局所管の「生活保護受給者等就労支援事業」を活用し就労を支援するプログラムである。

表3-1 厚生労働省が「手引(案)」で提示した自立支援プログラム例

分 野	プログラム例
経済的自立分野	○「生活保護受給者等就労支援事業」活用プログラム 福祉事務所における就労支援プログラム 福祉事務所における若年者就労支援プログラム 精神障害者就労支援プログラム
社会生活自立分野	社会参加活動プログラム
日常生活自立分野	日常生活意欲向上プログラム 高齢者健康維持・向上プログラム 生活習慣病患者健康管理プログラム 「精神障害者退院促進支援事業」活用プログラム 元ホームレス等居宅生活支援プログラム 多重債務者等対策プログラム

Ⅰ　生活保護における自立と自立支援の展開

　厚生労働省社会・援護局保護課は、「手引（案）」を示したのち、年度末に開催する「社会・援護局関係主管課長会議」（以下、「主管課長会議」と略記する。）で、自立支援および自立支援プログラムの推進に関する方針を示している。そこで、以下では、「主管課長会議」での方針などを資料に、厚生労働省の方針と全国での策定・実施状況を検討したい。まず、「生活保護受給者等就労支援事業」活用プログラムを中心とする就労支援プログラムを取り上げ、ついで自治体が個別に策定実施する自立支援プログラムを検討する。

1　「生活保護受給者等就労支援事業」活用等の就労支援プログラム

(1)　厚生労働省の方針

①「生活保護受給者等就労支援事業」活用プログラム

　「生活保護受給者等就労支援事業」活用プログラムは、公共職業安定所と実施機関との連携により就労支援を行うものである。2005年の「基本方針」の中で、保護課は本事業の優先的取組みを指示し、初年度の2005年から就労支援のための専任の職員として就労支援員の配置を決定した。

　事業開始から2006年12月までの支援開始者数に対する就職者数の割合は49.4％で、支援事業に一定の効果が期待できることから、2007年度においても本事業を活用し、生活保護受給者の就労支援に積極的に取り組むよう指示した。

　2008年度には、就労支援プランの実施および職業準備プログラムの新たな取組みが始まった。

　就労支援の強化を行うため、2008年度以降、安定所の就職支援ナビゲーターを増員してきたが、2012年には就職支援ナビゲーターを前年の700名から1000名に増員する目標が示された。

　なお、「生活保護受給者等就労支援事業」は、2011年度から2012年度までは「福祉から就労」支援事業として実施されていたが、2013年度からは公共職業安定所と地方公共団体が一体となったきめ細やかな就労支援を推進するために創設された「生活保護受給者等就労自立促進事業」として行われている。

②就労支援専門員を活用した就労支援プログラム

就労支援については、「生活保護受給者等就労支援事業」活用プログラムが優先して導入されたが、このプログラム以外の就労支援プログラムを作成するよう要請していた。

2010年度には、保護課は「就労支援員を活用した自立支援の推進」を課題としてあげた。9月に「就労支援員の増配置について」を通知し、これ以降、毎年度就労支援員の増配置を奨励している。

多くの実施機関では生活保護現業職員の十分な確保に苦慮しており、生活保護受給者の就労自立に向けたきめ細かな支援を行うことができる就労支援員は、必要不可欠な存在となってきているとし、2010年度中に、原則としてすべての自治体における就労支援員の配置と、現に就労支援員を配置している自治体における就労支援員のさらなる増配置を依頼している。

また、就労支援員の活動をもって、現業員の訪問調査に代えることも可能としている。申請件数の増加により現業員の負担が増し、十分な就労支援や訪問調査の時間を確保することが困難な状況にあるが、就労支援員の配置を通じて、より積極的な就労支援を行うことができるだけでなく、現業員の訪問調査による負担を軽減することも可能であることを理由に挙げている。

2011年度にも、保護課はハローワークへの同行や面接支援等特別なサポートを必要とする生活保護受給者の就労支援を行う就労支援員をさらに増配置し、効果的な就労支援事業に取り組むよう要請した。就労支援員は、生活保護受給者の自立に大きく効果があるとともに、厳しい雇用情勢下にあっても費用対効果（人件費に対する新規就労・増収による保護費の軽減効果）が3倍程度に達する等、保護費の適正化に大きな成果を上げているとしている[3]。

2012年度には、就労支援体制の強化として、保護課は就労支援員の配置数の強化（2012年度目標全国2200名）を挙げている。就労支援員が社会的自立、日常生活自立支援に関する業務ができるよう業務範囲を追加することや、複数の福祉事務所へ巡回する就労支援員の広域的配置を可能とするなどの考え方を提示し、就労支援員の増配置を求めた。

(2) 策定・実施状況

2005年6月から2009年12月までの生活保護受給者等就労支援事業の実施状況

をみると、表3-2のように、毎年およそ1万人に対し就労支援を行い、5割近い就職率となっており、この事業に対して厚生労働省は一定の効果があると評価している。

また、2011年3月の「主管課長会議」で初めて就労支援事業の成果として、費用対効果が示された（表3-3）。さかのぼって2007年度からの費用対効果も明らかにされた。2007年度以降をみると、交付実績は2倍近くに増大しているが、効果額はわずかな増加にとどまっており、費用対効果は2007年度の3.57倍から2010年度は2.12倍と年々低下している。自立支援プログラムによる成果指標として、これまでの就職率だけでなく費用対効果の視点が取り入れられており、生活保護の相談援助においても費用対効果などの可視化が求められていることを示している。

表3-2 生活保護受給者等就労支援事業の実施状況

	支援対象者（人）	就職件数（人）	就職率（％）
2005年6月～2006年3月	9,011	3,007	41.1
2006年度	10,586	5,535	52.3
2007年度	9,919	5,315	53.6
2008年度	10,160	5,209	51.3
2009年4月～12月	10,571	4,922	46.6

（厚生労働省職業安定局まとめ）
資料出所）厚生労働省社会・援護局保護課『社会・援護局関係主管課長会議資料』各年3月

表3-3 就労支援員等の配置数および就労支援員による就労支援の費用対効果

	2007年度	2008年度	2009年度	2010年度	2012年1月
就労支援員数（人）	529	557	666	1,308	1,742
実施自治体数（数）	298	305	374	523	607
支援対象者（人）	27,335	34,052	42,550	54,493	―
交付実績額（億円）	14.9	16.7	18.3	27.5	
効果額（億円）	53.3	45.9	49.4	58.2	
費用対効果	3.57倍	2.75倍	2.52倍	2.12倍	
（参考）有効求人倍率	1.02	0.77	0.45	0.56	

注：就労支援員等には就労支援に携わるその他の専門職員（就労意欲喚起等）を含む（2010年度以降）。東日本大震災の影響により、一部自治体の取り組みを反映していない。
資料出所）厚生労働省社会・援護局保護課『社会・援護局関係主管課長会議資料』2011年3月3日、2012年3月1日

第3章　自立支援の展開と生活保護

2　自立支援プログラム

(1)　厚生労働省の方針

①プログラム

　自立支援プログラムは、2005年3月31日の厚生労働省社会・援護局長通知「セーフティネット支援対策等事業の実施について」の中で「自立支援プログラム策定実施推進事業」として規定され、4月1日から適用されることとなった。

　2005年と2014年の「自立支援プログラム策定実施推進事業実施要領」の事業内容を対比させて示したのが、表3-4である。この間に、実施要領に大きな変化がみられる。まずは、2005年の事業内容を検討し、ついで、年度末に開催される「主管課長会議」の中で示された、自立支援プログラムの推進に関する方針を参照しながら、自立支援プログラムの展開をあとづけてみよう。

　まず、2005年の事業内容をみよう。実施体制整備事業と自立支援サービス整備事業にわけて規定されている[4]。

　実施体制整備事業には4つの事業がある。就労促進事業、健康管理支援事業および退院促進個別援助事業の3事業は、いずれもその領域の専門的知識を有する者を雇用し行う支援で、そして、その他の自立支援プログラム実施体制整

表3-4　自立支援プログラム策定実施推進事業実施要領の事業内容

2005年	2014年
（1）実施体制整備事業 　ア就労促進事業 　イ健康管理支援事業 　ウ退院促進個別援助事業 　エその他の自立支援プログラム実施体制整備事業 （2）自立支援サービス整備事業 　ア日常生活自立支援事業 　イ社会参加活動活用事業 　ウ職場適応訓練事業 　エ退院者等居宅生活支援事業 　オ救護施設居宅生活者ショートステイ事業 　カその他の自立支援サービス整備事業	（1）就労支援事業 （2）就労意欲喚起等支援事業 （3）精神障害者等退院促進事業 （4）健康管理支援事業 （5）健康診査及び保健指導活用推進事業 （6）稼働能力判定会議設置事業 （7）自立支援業務に関する研修事業 （8）社会的な居場所づくり支援事業 （9）居宅生活移行支援事業 （10）日常・社会生活及び就労自立総合自立支援事業 （11）居住の安定確保支援事業 （12）その他自立支援プログラム実施体制整備事業

備事業となっている。

　自立支援サービス整備事業には6つの事業が規定されている。日常生活自立支援事業は、アルコールやギャンブル依存等の日常生活上の問題を抱える者に対して、グループカウンセリング等の支援をする。社会参加活動活用事業は、地域貢献活動や公園清掃等の社会参加活動への参加により、地域社会との交流の維持、就労習慣の向上等を目指す。職場適応訓練事業は、職場適応訓練を実施し、段階的な常用雇用を支援する。退院者等居宅生活支援事業は、精神科病院退院者に対し、居宅生活継続を支援する。救護施設居宅生活者ショートステイ事業は、居宅で生活する生活保護受給者に対し、救護施設を短期間利用させることにより、精神状態を安定させ、居宅生活の継続を支援する。その他の自立支援サービス整備事業は、上記の事業以外で自立支援プログラムによる自立支援サービスの整備を行う事業である。

　その後、実施要領は毎年度改正され、2011年度に現在の構成となっている。新規事業に着目し、厚生労働省による自立支援の展開をみよう。

　2007年度は、「稼働能力判定会議設置事業」と「精神障害者等退院促進事業」を創設している。就労支援プログラムの策定・実施に伴い、地方自治体においては要保護者の稼働能力についてより客観的な判定が必要となる。「稼働能力判定会議」により、稼働能力の判定、適正職種の検討、就労プログラムの選定を行うことが有効であると考えられたため、「稼働能力判定会議」の設置・運営の費用を支援することとなった。また、「精神障害者等退院促進事業」では、退院可能な精神障害者のうち2割程度が生活保護を受給しているとされることから、精神障害者の退院促進を図るため、各福祉事務所に精神障害者退院推進員を配置するための費用等を補助することとなった。

　2008年度は、健康増進法に基づく「健康診査及び保健指導活用推進事業」を創設した。2008年度から、医療保険の対象とならない者に対する健康診査及び保健指導活用事業が、健康増進法に基づく市町村事業として実施されることになったため、生活保護制度においても、生活習慣病の予防対策を推進していくことは、生活保護受給者の健康増進や医療扶助の適正化に資するものであるとし、当該健診・保健指導の積極的な活用を図るよう指示した。

第3章　自立支援の展開と生活保護

　2009年度には「就労意欲喚起等支援事業」と「子どもの健全育成支援事業」（7月）を創設した。「就労意欲喚起等支援事業」は、就労意欲や生活能力・就労能力が低いなど、就労に向けた課題をより多く抱える生活保護受給者等に対する就労支援策を充実すべく設けられた事業である。また、「子どもの健全育成支援事業」は、子どものいる生活保護世帯の自立支援には、子どもの健全育成という観点から、日常生活支援、養育支援、教育支援など、福祉事務所が地域の社会資源と連携しつつ幅広い支援をきめ細かく展開することが必要であるため、創設した。

　つづいて、2010年度に新設されたのは「居宅生活移行支援事業」である。この事業は、無料低額宿泊施設等において、入所中の生活保護受給者に対して、自立・就労支援等を行う職員を配置する等、居宅生活等への移行を促進する事業である。

　さらに、2011年度は、「社会的な居場所づくり支援事業」を創設した。2010年7月の「生活保護受給者の社会的な居場所づくりと新しい公共に関する研究会」報告書の指摘を受け、社会から孤立しがちな生活保護受給者へ、さまざまな社会経験の機会を提供し、また、貧困の連鎖を防止するために生活保護世帯の子どもの学習支援を行うなど、生活保護受給者の社会的自立を支援する取組みの推進を図ることとした。

　2012年度は、「日常・社会生活及び就労自立総合支援事業」を創設した。就労意欲の低い者や就職をするための基本的な生活習慣に課題を有する者は、通常の就労支援のみでは就労に結びつきにくい状況にある。そのため、この事業では従来の就労支援に加え、日常・社会生活及び就労を総合的かつ段階的に支援し、従来就労に結びつきにくかった者に対しても就労先を提供できる機会を提供する。

　2013年度には「居住の安定確保支援事業」を創設した。賃貸住宅等への入居希望者や入居者を対象に、家賃の代理納付の活用等の入居に関する支援や見守り等の日常生活支援を実施する事業である。民間団体への委託等を通じて、無料低額宿泊所や簡易宿泊所に入居する者に対し、民間賃貸住宅等への入居支援、家賃滞納者に対する代理納付の促進、入居した生活保護受給者に対する見

Ⅰ　生活保護における自立と自立支援の展開

守りの実施等の一定の日常生活支援・相談を行う[5]。

　以上のように、厚生労働省はほぼ毎年度事業を創設し、2013年度には自立支援プログラムは12事業となった。

②自立支援プログラムの実施方法

　2004年の「専門委員会報告書」は、自立支援プログラムの実施方法についてつぎのように言及している。

　「地方自治体は、自立支援プログラムの策定・実施に当たり、個別の自立支援メニューを所管する他の部局との調整をし、ハローワーク、保健所、医療機関等の関係機関との連携を深めるとともに、(1)就労支援、カウンセリング、多重債務問題、日常生活支援等に関する経験や専門知識を有する人材の活用、(2)社会福祉法人、民間事業者等や、民生委員、社会福祉協議会等との協力強化及びアウトソーシングの推進、(3)救護施設等の社会福祉施設との連携等、地域の様々な社会資源を活用することにより、その独自性を生かした実施体制を構築することが必要である。

　なお、生活保護の決定・実施に責任を果たすべき実施機関においても、被保護者の抱える諸問題、稼働能力等の分析や、上記各機関の調整を適切に行い、自立支援プログラムの策定に責任を持つことのできる専門的な知識を持った生活保護担当職員等の確保・育成を行うことが不可欠である。」

　2005年の「基本方針」でも厚生労働省は同じ文言を示し、自立支援プログラム導入時から、就労支援員の配置など専門知識を有する人材の活用を図り、(1)(3)は自立支援プログラムの事業にも取り入れられていた。

　2011年度に、創設された自立支援プログラム「社会的な居場所づくり支援事業」の中で、「新しい公共」による支援という方向性を示した。これは「専門委員会報告書」の(2)にあたる自立支援プログラムの実施方法である。

　「新しい公共」による支援とは、行政と企業、NPO、社会福祉法人、住民等の協働による支援で、新たな福祉課題に対応し、多面的で効果的な自立支援を行うには、様々な主体の特質を生かしたきめ細かな支援を行う必要があることから、提起された。

　2011年以降、厚生労働省は自立支援プログラムの実施方法として、他機関と

第3章　自立支援の展開と生活保護

の連携や「新しい公共」による支援を推奨している[6]。

(2) 策定・実施状況

自立支援プログラムの全国における策定・実施状況をみよう（表3-5）。

自立支援プログラムの展開をみると、全国のプログラム数は、2010年度では3965である。初年度の2005年12月ではわずか585であったから、この6年間で6.8倍となっており、策定数は着実に増加してきている。

自立支援プログラムの策定数は3つの領域とも年々増加しているが、社会生活自立に関する支援は、プログラムとしては小規模である。初年度からの策定数をみると、経済的自立5.5倍、日常生活自立9.6倍、社会生活自立6.8倍となっており、日常生活自立支援プログラムの策定数の伸びが大きい。

なお、全国の福祉事務所おいて、2010年度に経済的自立の支援プログラムが策定されているのは856で、日常生活自立816、社会的自立211である。社会生活自立に関するプログラムを策定している自治体は少ない。

さらに、表3-6のリストで2014年度の自立支援プログラムの策定・実施状況を詳しくみてみよう。

2014年度の調査では、自立支援プログラムの関する分類は、「日常生活自立に関する自立支援プログラム」が13、「社会生活自立に関する自立支援プログラム」が5、「経済的自立に関する自立支援プログラム」が9で、計27となっ

表3-5　自立支援プログラムの策定数

	2005年12月	2006年12月	2007年12月	2008年12月	2009年度	2010年度
経済的自立に関するプログラム（生活保護受給者等就労支援事業分を除く）	311	675	1,183	1,484 (845)	1,549 (846)	1,614 (856)
日常生活自立に関する自立支援プログラム	214	808	1,165	1,448 (634)	2,008 (804)	2,048 (816)
社会生活自立に関するプログラム	60	155	244	289 (213)	307 (210)	303 (211)
合　計	585	1,638	2,592	3,221	3,864	3,965

注）2008年12月以降プログラムコードの一部組み換えがあった。（　）内は策定自治体数
資料出所）厚生労働省社会・援護局保護課『社会・援護局関係主管課長会議資料』各年

I　生活保護における自立と自立支援の展開

表3-6　2014年度の自立支援プログラムの策定・実施状況と参加者数

プログラム内容	プログラム策定状況 2015年3月末	プログラム参加者数	実施状況 達成者数	達成率（達成者数/参加者数）
(日常生活自立に関する自立支援プログラム)				
入院患者（精神障害者）の退院支援を行うもの	270	3,605	1,131	31.4%
入院患者（精神障害者以外）の退院支援を行うもの	101	1,052	168	16.0%
看護師や保健師の派遣など、傷病者の在宅療養を支援するもの	62	2,259	926	41.0%
ヘルパー派遣や介護・障害認定の再確認など、適切な介護サービス・障害者福祉サービスの提供を支援するもの	140	1,654	1,220	73.8%
健康管理など、在宅高齢者の日常生活を支援するもの	223	19,428	14,294	73.6%
健康管理など、在宅障害者の日常生活を支援するもの	196	5,670	2,395	42.2%
母子世帯の日常生活を支援するもの	112	1,676	623	37.2%
多重債務者の債務整理等の支援を行うもの	641	3,213	1,340	41.7%
金銭管理の支援を行うもの	121	1,549	1,438	92.8%
アルコール依存、ギャンブル依存等者の日常生活を支援するもの	64	110	70	63.6%
外国人・帰国者等の日常生活を支援するもの	14	872	485	55.6%
総合的に日常生活を支援するもの	153	68,197	64,027	93.9%
その他の日常生活自立に関する自立支援プログラム	111	6,000	3,585	59.8%
小計	2,208 (39.7%)	115,285 (26.7%)	91,702 (43.6%)	79.5%
(社会生活自立に関する自立支援プログラム)				
ボランティア活動（福祉、環境等に関する地域貢献活動、公園清掃など）に参加させるもの	126	2,427	1,106	45.6%
引きこもりの者や不登校児に対して支援を行うもの	161	1,292	792	61.3%
元ホームレスに対して支援を行うもの	77	3,657	2,204	60.3%
中学生の高等学校等への進学、高校生の在学継続など、児童・生徒等に対して支援を行うもの	303	17,151	11,352	66.2%
その他の社会生活自立に関する自立支援プログラム	83	19,726	4,262	21.6%
小計	750 (13.5%)	44,253 (10.2%)	19,716 (9.4%)	44.6%
(経済的自立に関する自立支援プログラム)				
「生活保護受給者等就労自立促進事業」を活用して就労支援を行うもの	878	52,673	26,776	50.8%
就労支援専門員等の専門職員を活用して就労支援を行うもの	846	86,285	38,843	45.0%
協力事業所において職場適応訓練を実施するもの	58	1,579	818	51.8%
就職セミナーの開催など、就労意欲を高めることに特化した支援を行うもの	89	9,648	3,633	37.7%
SV・CWのみで就労支援を行うもの	389	20,030	5,617	28.0%
就労の体験を行うもの	83	683	255	37.3%
資格取得に関して支援を行うもの	64	134	106	79.1%
年金裁定や年金受給権の再確認など、年金受給に関する支援を行うもの	112	84,482	19,264	22.8%
その他の経済的自立に関する自立支援プログラム	86	17,458	3,558	20.4%
小計	2,605 (46.8%)	272,972 (63.1%)	98,870 (47.0%)	36.2%
合計	5,563 (100.0%)	432,510 (100.0%)	210,288 (100.0%)	48.6%

※達成者数は、自治体が定めたそれぞれのプログラムの目標を達成した者の人数。自立支援プログラム等の取組状況調査（平成26年度）達成率は筆者算出
資料出所）厚生労働省社会・援護局保護課「生活保護関係全国係長会議資料」2016年3月4日

ている。

　2015年3月末に策定されていたプログラムは、5563であった。そのうち「経済的自立に関する自立支援プログラム」が2605（46.8％）、「日常生活自立に関する自立支援プログラム」が2208（39.7％）、「社会生活自立に関する自立支援プログラム」が750（13.5％）となっている。プログラム数では、経済的自立が約半数を占めている。

　3つの自立のそれぞれで策定数の多いプログラムをみよう。経済的自立では「『生活保護受給者等就労自立促進事業』活用プログラム」と「就労支援専門員等の専門職員を活用して就労支援を行うもの」、日常生活自立では「多重債務者の債務整理等の支援を行うもの」と「入院患者（精神障害者）の退院支援を行うもの」、社会生活自立では「中学生の高等学校等への進学、高校生の在学の継続など、児童・生徒等に対して支援を行うもの」と「引きこもりの者や不登校児に対して支援を行うもの」、となっている。

　つぎに実施状況をみよう。2014年度の自立支援プログラムの参加者は43万2510人であった。被保護者調査によれば、同年の生活保護受給者は216万5895人であるから、生活保護受給者のうちプログラムに参加した者の割合は20.0％となる。2009年度の自立支援プログラムへの参加者は18万8251人で、割合を同様に求めてみると10.7％であった。自立支援プログラムは生活保護受給者へ確実に浸透してきていることがわかる。[7]

　プログラムごとの参加状況をみると、2014年度の参加者がもっとも多いのは、経済的自立に関する支援プログラムの参加者で27万2972人となり、63.1％を占めている。ついで、日常生活自立に関するプログラムへの参加者は11万5285人（26.7％）、社会生活自立に関するプログラムへの参加は4万4253人（10.2％）となる。経済的自立のプログラムへの参加が6割を占める。

　領域ごとの参加者数は、経済的自立に関する支援では、「就労支援専門員等の専門職員を活用して就労支援を行うもの」への参加がもっとも多くなっているが、ついで「年金裁定や年金受給権の再確認など、年金に関する支援を行うもの」に関する支援が多い。日常生活自立に関する支援では、「総合的に日常生活を支援するもの」がもっとも多く、ついで、「健康管理など、在宅高齢者

の日常生活を支援するもの」である。社会生活自立に関する支援では、「中学生の高等学校等への進学、高校生の在学の継続など、児童・生徒等に対して支援を行うもの」がもっとも多くなっている。

達成者数をみると、目的を達成したのは21万288人で、参加者数の48.6％となる。約5割の達成率となる。3つの自立について、参加者に対する達成者の比率をみると、日常生活自立では79.5％、社会生活自立では44.6％、経済的自立では36.2％となっており、日常生活自立での達成率が高い。

それぞれの自立で達成率の高いプログラムをみると、日常生活自立では「総合的に日常生活を支援するもの」、ついで「金銭管理の支援を行うもの」の順となる。社会生活自立では、「中学生の高等学校等への進学、高校生の在学の継続など、児童・生徒等に対して支援を行うもの」がもっとも高く、ついで「引きこもりの者や不登校児に対して支援を行うもの」である。経済的自立では「資格取得に関して支援を行うもの」がもっとも高く、ついで「協力事業所において職場適応訓練を実施するもの」である。これらの支援のうちもっとも達成率の高いのは、「総合的に日常生活を支援するもの」（93.9％）である。

以上のように、自立支援プログラムは種類も策定数も増加し、参加者数も年々増加してきている。こうした自立支援プログラムの展開はどのように評価できるのであろうか。

第1に、自立支援プログラムは、初期段階では、一般就労に結びつける就労支援を中心として展開してきたが、「就労」に限らない経済的自立、日常生活自立、社会生活自立の3つの自立の考え方を考慮した自立支援に取り組む方向にある。

第2に、自立支援プログラムでは、就労支援から、日常生活支援、社会生活支援の充実へと取組みが拡がり、生活保護受給者の「社会的な居場所」づくりや基本的な生活習慣などの就労前支援が行われるようになっている。これらは、従来就労に結びつきにくかった者に対する支援であり、「就労支援の射程の拡大」ともいえるが、彼らを含めて生活保護受給者に「帰属する場」を保障する支援が必要であると考えられるようになったことを示すものである。

第3に、自立支援プログラムの参加者は生活保護受給者の2割である。した

がって、自立支援プログラムは、生活保護受給者への相談援助活動のすべてではなく、活用する資源の一部ということになろう。[11]

第4に、自立支援プログラムでは、それぞれの参加者数・達成者数などを示し、就労支援においては、さらに詳しく就職率、費用対効果などを示している。自立支援プログラムに対する客観的指標が求められるようになっている。

2 自立支援と地方自治体——2つの福祉事務所の自立支援プログラム

1 厚生労働省の方針

自立支援プログラムは、「平成17年度における自立支援プログラムの基本方針について」に示されているように、実施機関が管内の被保護世帯全体の状況を把握した上で、被保護者の状況や自立阻害要因について類型化を図り、それぞれの類型ごとに取り組むべき自立支援の具体的内容や実施手順などを定め、これに基づき個々の被保護者に必要な支援を実施するものである。

また、2005年に出された自立支援プログラムに関する各通知の中で、これらは地方自治法第245条の4第1項の規定による「技術的助言である」と明記している。したがって、自立支援プログラムの策定・実施は、地方自治体に任されており、実施する各自治体によって相違が生まれるのは当然のことといえよう。

しかし、保護課は、毎年3月に行われる「主管課長会議」で、地方自治体に向けて以下の要請を行っている。

まず、2005年度は、前節で検討したように、「生活保護受給者等就労支援事業」活用プログラムから実施するように要請した。ついで、2006年度は、自立支援プログラムの定着に向けて、すべての地方自治体において生活保護受給者等就労支援事業以外の自立支援プログラムの策定・実施を要請した。

2007年度も、すべての地方自治体において、生活保護受給者等就労支援事業以外の自立支援プログラムの策定・実施を奨励した。その際、表3-7のように、2006年12月末で策定予定のない20の自治体の具体名を公表し、生活保護運営状況ヒアリングにおいて個別状況を確認するとし、早急に策定するよう依頼

した。

　また、保護課は、2006年12月末にセーフティネット支援対策等事業を活用していない自治体が238あることから、これらの自治体には、その理由の個別ヒアリングを実施し状況を把握することにしており、理由なく支援要請を行っていない自治体には、早急に取組みを検討するよう指示した。

　2008年度は、すべての自治体で少なくとも1つの自立支援プログラムが制定されたことを報告し、今年度はすべての自治体で生活保護受給者等就労支援事業以外の就労支援プログラムを策定するよう要請した。このプログラムは、2007年12月末時点では84％の自治体で策定済みであるが、年度中に策定を予定していない自治体3市を名指し、策定を促している。これは、「『福祉から雇用へ』5か年計画」の重点戦略の1つとして、「19年度までに生活保護の就労支援プログラムを全自治体で策定すること」が目標として盛り込まれていることから、保護課は整備を要請している。

　また、2008年度は、年度内にすべての自治体での多重債務問題改善プログラムの早急な実施も指示した。指示通りの実施には至っていないが、その後策定自治体は増加している[12]。

　以上のように、「主管課長会議」では、自立支援プログラムの未策定自治体名をあげるなどしており、厚生労働省の方針の強制的側面が見て取れる。

2　自治体における自立支援

　毎年3月に行われている「主管課長会議」で厚生労働省は、自立支援プログラムの策定・実施を要請しており、各自治体では創意工夫に富むさまざまなプログラムの策定が進んでいるが、自治体によっては、プログラムを活用した自

表3-7　自立支援プログラム策定状況

	自治体数	自立支援プログラム策定済の自治体数	未策定自治体数
2005年12月	828	285	543
2006年12月	857	685	20

資料出所）厚生労働省社会・援護局保護課「社会援護局関係主管課長会議資料」2007年3月5日

立を支援する取組みがまったく進んでいない自治体があるなど、各自治体における取組み状況にばらつきがみられる。ここでは、地方都市A市と大都市B区の２つの福祉事務所を取り上げ、自立支援プログラムの策定・実施状況をみよう。

(1) **A市における自立支援プログラム**

A市は県庁所在地で、中核都市である。面積は429.05km²で、2010年10月１日現在、人口は51万7231人である。65歳以上の高齢者人口は11万2240人で、高齢化率は21.7％である。

A市の『福祉事務所の概要　平成24年版』によれば、A市の生活保護は1983年に生活保護受給者は8775人、保護率は21.3パーミルまで増加したものの、1996年には生活保護受給者は5731人、保護率12.4パーミルにまで低下した。しかしながら、1997年より増加に転じ、さらに2008年から保護率は急激に上昇し、2012年４月では生活保護受給者は１万2266人で、保護率23.7パーミルとなっている。

2012年４月の生活保護受給世帯数は9358世帯で、そのうち高齢者世帯3881世帯（41.5％）と傷病・障害者世帯3665世帯（39.2％）が全体の80.7％を占めるとともに、なんらかの稼働収入を得ている世帯が全世帯の9.4％と極めて少ないことなどから、自立指導が厳しい状況になっている。

A市福祉事務所の生活保護を担当する課は３課に分かれており、職員数（嘱託11名を含む）は159名である。

A市福祉事務所で行われている自立支援を生活保護受給者等就労支援事業活用プログラムと自立支援プログラムに分けて検討しよう。

(a)　生活保護受給者等就労支援事業活用プログラム

生活保護受給者等就労支援事業は2005年度から取り組まれている。支援者は2011年度が140名でもっとも多いが、支援達成者は2006年度の105名がもっとも多く、支援達成率でも2006年度がもっとも高く100％である。削減効果額は2010年度がもっとも高額で、1467万４千円である。2010年度は、就労支援の支援者数も支援達成者数も特別多くはないが、削減効果額がもっとも大きい結果となっている（表３-８）。

(b)　自立支援プログラム

Ⅰ　生活保護における自立と自立支援の展開

表3-8　生活保護受給者等就労支援事業

年度	支援者 （名）	支援 達成者 （名）	支援 達成率 （%）	削減 効果額 （千円）
17年度	131	32	24.4	8,630
18年度	105	105	100.0	10,578
19年度	72	21	29.2	5,874
20年度	45	15	33.3	3,341
21年度	103	33	32.0	5,313
22年度	73	46	63.0	14,674
23年度	140	29	20.7	9,719

資料出所）A市福祉事務所調べ（支援達成率は筆者算出）

　A市福祉事務所で現在実施されている自立支援プログラムは7プログラムである。まず、2006年度に就労支援、在宅要介護等高齢者支援、退院促進、ひきこもり者支援、母子世帯養育費請求等支援の5つのプログラムが創設されている。その後、2008年に多重債務者支援、2009年に年金受給支援の2つのプログラムが新設されている。

　2006年8月の『生活保護自立支援プログラム策定の手続き』によると、A市生活福祉課は、「様々な世帯類型の中で、能力の活用が十分になされていないケースや他法などの活用が見込まれるケースについて分類・検討し、保護実施の適正化を進めていくため以下のプログラムを選定する。」としている。

　それぞれの支援内容をみよう。

①就労支援プログラム

　A市では、保護開始要因では高齢者世帯の次に、世帯主の傷病による手持ち金等の減少が多いことから、「生活保護受給者等就労支援」の対象とされない保護受給者に、受給者自身が自覚と責任のもとで自らの将来を開拓していくことを目的にこのプログラムを実施した。

　2008年度までは、稼働年齢層の（15歳以上64歳以下のもので全日制に通っている者を除く。）のうち、就労意欲のある者を対象にしていたが、2009年度からは、よりきめ細かい支援を行うため、稼働年齢層のうち、就労可能な者全員を対象者として就労支援を行っている。

支援の方法は、就労阻害要因がなく就労意欲のある者については、毎月求職活動報告をさせて不採用が続く場合はその原因を究明し、早期就職に向け支援をしている。

就労阻害要因がある者、例えば子どもが保育園に入園できれば就労できる場合などは、入園手続きを支援したり、長年無職で就労意欲が少ない者については、生活習慣の改善などを指導し就労意欲をもたせるなど、早期就労に向けた支援を行っている。

②在宅要介護等高齢者支援プログラム

A市の生活保護受給世帯の4割は高齢者世帯で、年々その割合は増加しつつある。介護を必要とする高齢者の数も増加しているが、介護を必要とする高齢者のうち、介護を受けていないケースも約半数あるのが現状である。

そこで、このプログラムでは、介護を必要とする在宅高齢者で、必要に応じた介護サービスを受給していない世帯に対して、要介護認定の取得や要介護度の変更申請を支援し、自立した居宅生活の維持・継続を図ることを目的としている。

③退院促進支援プログラム

さまざまな要因によって長期入院となっているケース58名についてみると、A市では年間1億4220万円の扶助を行っている。医療扶助全体の占める割合からみれば1.9％とわずかであるが、1人あたりの入院治療費は月額約25万円となっている。

このことから、このプログラムでは、4か月以上の長期入院患者について、入院治療の必要性を検討し、病状的に居宅生活で治療可能でありながら生活環境や社会的要因により長期入院を余儀なくされている生活保護受給者について、その阻害要因を把握・分析し関係機関と連携を取りながら居宅生活へ向けて必要なサービス・施策を講じ社会復帰を勧めることによって医療扶助の削減を図ることを目的としている。

④ひきこもり者支援プログラム

A市においても、単身世帯やその他の世帯等を含む約50世帯がひきこもりの状態にある。ひきこもり状態にある者について、親や扶養義務者等の環境の改

善、単身世帯への社会参加のための支援を行うことにより、一日も早く社会適応能力を回復させることを目的としている。

⑤母子世帯養育費請求支援プログラム

近年の離婚件数の増加に伴い、保護世帯に占める母子世帯の割合は必然的に増加傾向となっている。そこで、このプログラムでは、母子世帯の内、特別な理由なく養育費を受給していない世帯に対し、養育費請求の支援、指導を行い、支援対象者の経済・社会的自立を促すことを目的としている。

⑥多重債務者等支援プログラム

多重債務等、金銭的な問題を抱える生活保護受給者に対し、金銭管理の徹底と債務の整理を促すことを目的としている。2008年からのプログラムである。

⑦年金受給支援プログラム

58歳以上の者の年金受給資格の調査、64歳以下で身体障害者手帳、精神福祉手帳等を所持しているが、障害年金を受給していない者の、障害年金受給可否の調査を行い、年金受給の漏れや、受給手続きの遅れをなくすことを目的としている。2009年からのプログラムである。

つぎに、自立支援プログラムの支援者数をみよう（表3-9）。

自立支援プログラムの支援者数は、もっとも多かったのは2009年の6436名である。2009年度で支援者数が多いのは、5529名の年金受給支援プログラムの支援があったからである。近年支援者のないプログラムもある。

2011年度で支援者および支援達成者をみると、もっとも多いのは年金受給支援プログラムであるが、支援達成率がもっとも高いのは退院促進プログラムである。また、退院促進プログラムは、削減効果額が4億2188万円でもっとも高額で、A市においては生活保護受給者等就労支援事業活用プログラムの削減効果額よりはるかに大きい額となっている[13]（表3-10）。

A市における自立支援プログラムは、世帯類型別の支援という特徴をもち、全体としては厚生労働省の手引（案）に示されたプログラムに類似している。A市では、生活保護受給者等就労支援事業だけでなく自立支援プログラムにおいても、削減効果額が示され、効果の可視化が行われている。

A市における自立支援プログラムへの取組みは、2006年度から始まり、現在

表3-9 自立支援プログラム支援者数（名）

	2006年	2007年	2008年	2009年	2010年	2011年
就労支援プログラム	0	57	91	383	520	568
退院促進プログラム	15	11	60	399	336	292
年金受給支援プログラム	-	-	-	5,529	1,082	1,144
在宅要介護高齢者支援プログラム	0	1	1	1	0	0
ひきこもり者支援プログラム	0	2	3	2	0	0
母子養育費請求等支援プログラム	0	6	6	28	0	0
多重債務者支援プログラム	-	-	1	94	1	0
合計	15	77	162	6,436	1,939	2,004

資料出所）A市福祉事務所調べ

表3-10 自立支援プログラムの支援状況と削減効果額

	2010年度				2011年度			
	支援者（名）	支援達成者（名）	支援達成率（％）	削減効果額（千円）	支援者（名）	支援達成者（名）	支援達成率（％）	削減効果額（千円）
就労支援プログラム	520	159	30.6	46,026	568	150	26.4	39,745
退院促進プログラム	336	93	27.7	314,663	292	91	31.2	421,888
年金受給支援プログラム	1,082	145	13.4	31,878	1,144	156	13.6	36,917
在宅要介護高齢者支援プログラム	0	0	-	0	0	0	-	0
ひきこもり者支援プログラム	0	0	-	0	0	0	-	0
母子養育費請求等支援プログラム	0	0	-	0	0	0	-	0
多重債務者支援プログラム	1	0	0.0	0	0	0	-	0
合計	1,939	397	20.5	392,567	2,004	397	19.8	498,947

資料出所）A市福祉事務所調べ（達成率は筆者算出）

は7プログラム実施されている。このうち2011年度に支援者のないプログラムも4つあり、現在の自立支援プログラムは、地域的課題に対応しているとは言い難い。

　A市の自立支援プログラムの特徴をみると、支援者がもっとも多いのは年金受給支援プログラムで、達成率が高いのは就労支援プログラムである。削減効果額の大きいのは退院促進プログラムで、策定当初から削減効果が明示されている。

(2) B区における自立支援プログラム

まず、B区の『生活保護の概況』をみよう。

B区の面積は18.23km²で、2011年1月1日現在の住民登録人口は28万3819人、外国人登録者は3万5805人で、人口総数は31万9624人である。65歳以上の高齢者数は5万8763人で、住民登録人口のうちの20.7％となっている。

B区は、大繁華街やオフィスビル街をもつ都市であるとともに、住宅地も6割を占め住宅都市としての機能も備えている。

しかし、失業等で住宅を失ったホームレスが公園や駅周辺の地下街に多く集まり、病気・高齢等の理由で福祉事務所に来所するケースが増加している。その結果、保護の相談・申請が増加し、B区の保護の動向に大きな影響を与えている。

福祉事務所は、B区の生活保護を担当し、担当部署は2課に分かれ、非常勤を含めて職員は173名である。

B区の「生活保護統計資料」によれば、2012年1月末の生活保護受給世帯数は8571世帯、生活保護受給者数は9892人で、保護率は30.4パーミルとなっている。全国（16.4パーミル）および東京都（21.2パーミル）の保護率をはるかに上回っている。2012年3月の世帯類型別では、高齢者世帯3973世帯（46.2％）、母子世帯285世帯（3.3％）、傷病障害世帯3015世帯（35.1％）、その他世帯1318世帯（15.4％）となっており、高齢者世帯が4割を超えている。

B区福祉事務所『平成23年度業務運営方針』によると、B区福祉事務所では2006年度より各種自立支援プログラムに取り組み、2011年度は、以下のプログラムの拡充および継続実施を行うとしている。就労支援プログラム、自立生活支援プログラム、年金等調査に関するプログラム、地域生活安定促進事業（訪問サポート）、宿泊所等入所者相談援助事業、拠点相談事業、ホームレスの自立支援ホーム事業である。ここでは、就労支援プログラムと、自立生活支援プログラムである被保護者自立促進事業を取り上げよう。

(a) 就労支援プログラム

稼働能力を有する生活保護受給者の経済的自立を図るため、ハローワークに支援要請を行い、連携を図りながら就労支援を行っている。2011年度は、ハ

ローワークが区役所内に「就職サポートナビ」（略称・サポナビ）を開設し、支援事業を一体的運営体制で実施する。ハローワークとの更なる連携強化を図るとともに、就労支援の拡充を行う。

　2011年度の就労支援プログラムの流れは以下のようである。

　まず、稼働年齢層ケースおよび新規開始ケースを、就労・増収指導を必要とするケースと現状維持・選定除外ケースに分ける。前者の就労・増収指導を必要とするケースを、さらに、A～Dの4つの類型に分けている。

　A「サポナビ支援」は、就労意欲が高く、サポナビでの就職活動が直ちに可能なケースで、サポナビでの支援期間は6か月間である。B「就職活動支援」は、就労意欲が高いが、サポナビでの就職活動に就労支援員による支援が必要と思われるケースまたはサポナビ支援をしたが未就労となり引き続き就労指導を行うケースである。C「支援員就労指導」は、就労意欲が低く、保護歴が短い（概ね1年未満）若年層（概ね40歳代まで）で、サポナビでの支援に向けて就労指導が必要と思われるケース（直ちにサポナビでの求職活動が難しいケース）である。D「ケースワーカーによる就労指導」は、就労意欲が低い場合である。

　2011年度の就労支援プログラムの重点支援対象者は、保護歴が短い者（概ね1年未満）、若年層（概ね40歳代まで）とその他の世帯となっている。ケースワーカーが支援要請をする。

　就労支援員による支援では、サポナビでの就職活動が可能な場合はケースとの事前面談（事業説明及び意思確認等）を行い、サポナビでの支援につなげていく。また、サポナビでの求職活動が直ちにできない場合は、就労指導（就労意欲喚起等）は3か月間を目途に行い、サポナビでの支援につなげていく。

　(b)　被保護者自立促進事業

　B区は、2005年に「生活保護受給者等就労支援事業」活用プログラムを策定し、ハローワークとの連携による支援を開始した。この対象は就労阻害要因のない者となっていることから、2006年4月からB区独自の「就労支援プログラム」を策定・実施した。しかし、できるだけ多くの生活保護受給者を対象とするためには、就労支援に重点を置いた自立支援プログラムではなく、その前段階（就労前）についても支援を行う必要があると考えた。そして、東京都の被

保護者自立促進事業を活用し、B区独自の支援策として「基本的生活習慣確立のための支援」を行うこととした。[14]

被保護者自立促進事業とは、東京都が2005年度に創設した事業で、生活保護受給世帯に対し、自立支援に要する経費の一部を支給することにより、その自立の促進を図ることと目的とし、これまでの「被保護者への見舞金事業」を廃止し、この事業に充てることとした。実施区分は、基本事業、選択事業、特別事業に分かれる。基本事業とは、原則として各区市が共通して実施する事業である。選択事業は各区市の判断により選択して実施する事業、特別事業は各区市からの協議申請に基づき、都が必要を判断（承認）して実施する事業である。

B区の2010年度被保護者自立促進事業は、東京都の被保護者自立促進事業を基本としたものである。表3-11のとおり、16の支援事業があり、支援の種類は、大きく就労支援、社会参加活動支援、地域生活移行支援、健康増進支援、次世代育成支援、就労前支援の6つに区分される。就労支援を除き、基本的に金銭的補助である。

B区独自の取組みとして行われているのが、就労前支援事業である。この事業では、B区の実情にあった事業として、基本的生活習慣確立に向けた2つのプログラムを行っている。表3-12に、両プログラムへの延べ参加者数を示しておく。

（c）就労前支援事業

ここでは、B区の独自の自立支援プログラムである就労前支援事業を取り上げ、内容や実施方法を詳しくみよう。[15]

（ⅰ）プログラムの目的と対象者

このプログラムは生活保護受給者が「自立して充実した地域生活を過ごす」ために設けられた。対象者は生活保護受給者でこのプログラムによる支援を希望する者である。

このプログラムは2つの支援メニューからなる。それぞれの支援の目的はつぎのとおりである。

①居宅生活者を対象とした支援

生活保護受給者の地域生活に必要とされる「基本的生活習慣の確立」を目的

表3-11　B区の2010年度被保護者自立促進事業

	支援の種類	該当するもの	区分
就労支援	就職活動用の被服費等	就職のための面接時に必要なスーツ等購入費用	基本
	技能修得費補助	補助教材等購入費用	基本
	就職活動用の携帯電話購入費	就職のための面接時に必要なプリペイド式携帯電話の購入費用	選択
	緊急一時保育料	病気等で子を一時的に施設等に預ける場合の費用	基本
	無認可保育園入園料・保育料	無認可保育園待機中に認証保育所等を利用する場合の入園料及び保育料	選択
社会参加活動支援	ボランティア講座受講料	高齢者でボランティア講座を受講する場合の受講料	基本
	ボランティア保険料	高齢者でボランティア活動に参加する場合の傷害保険料	基本
	シルバー人材センター年会費	高齢者でシルバー人材センターに入会する場合の年会費	基本
地域生活移行支援	入居要件となっている鍵交換費等	新たに住居を確保する場合の入居要件となっている鍵交換費等	選択
	居宅清掃費用	高齢者等で居宅清掃が必要な場合の費用	基本
	居宅環境整理サポート費用	高齢者等で居宅清掃のヘルパーが必要な場合の派遣費用	基本
	生活支援サービス年会費及びヘルパー等派遣費用	病状等で生活支援サービスが必要な場合の年会費及びヘルパー派遣費用	選択
	債務整理支援費	裁判所に自己破産を申請する際の予納金	基本
健康増進支援	介護予防教室参加費	介護予防を目的とする教室の参加費用	基本
次世代育成支援	学習環境整備支援費	中学生の高校進学及び基礎学力向上のための通塾費用	選択
就労前支援	らいふさぽーとプラン等	らいふさぽーとセンターが実施する各種講座等	特別

資料出所）B区福祉部生活福祉課・保護担当課

表3-12　B区の就労前支援事業の参加者数（利用者数延べ）

2006年	2007年	2008年	2009年	2010年
2127	2629	3436	3060	3468（12月まで）

資料出所）厚生労働省『生活保護自立支援プログラム事例集～自立支援のためのヒント～』2011年

とし、それぞれの生活状況に応じた講座の受講や活動を通じて、生活保護受給者の「生活する力」を育み、「地域社会への適応」、「受給しながらの就労（半就労・半福祉）」や「就労自立」を目指す。

②小中学生とその保護者を対象とした支援

生活保護受給世帯の子どもたちの生活に必要な「規則正しい生活」や「学習意欲の形成」を目的とし、それぞれの子どもの生活状況に応じた個別の支援を通じて、子どもが家庭や学校での生活を健全に過ごすことを目指す。この支援は、次世代育成の観点からいわゆる「貧困の再生産」を防ぐことを大きな目的としている。規則正しい生活習慣等を身につけることで、高校へ進学するとともに着実に3年間通学し、高校卒業後の自立につなげていくことを視野に入れた支援と考えている。

（ⅱ）プログラムの内容と実施方法

本事業は、特定非営利活動法人へ事業を委託して各種講座や活動を実施している。事業委託の範囲には、利用者の受付から、スタッフの雇用、実施会場及び事務室の借上げまで事業運営のほとんどが含まれている。実施会場は、この法人が借り上げる一般マンションの部屋を使用している。

2つのプログラムのそれぞれの内容と実施方法をみよう。

①居宅生活者を対象とした支援

2010年度の主要な支援メニューは、表3-13に示すとおりである。

支援実施の流れはつぎのようである。表3-13に示した内容の事業案内（チラシ）を年2回送付・配布し、利用者が直接、電話でセンターに申し込みを行う。利用希望者は、初めにスタッフとの面接を受ける。その際、本事業や利用方法の説明を行うとともに生活状況や健康状態などの聞き取りを行い、利用希望に合った講座の受講を勧めるとともに必要に応じて生活面に関する相談も行っている。この面接は30分から1時間程度かけて行っている。

そして、原則、月5回まで予約が可能である。もっとも人気のある講座は習字である。月に2～3回の開講であるが、今後回数を増やす予定であるという。1回の講座に10名が参加する。

②小中学生とその保護者を対象とした支援

実施体制は、スタッフが4名である。うち1名はアドバイザーとしてスタッフへの助言や保護者への対応を担当している。スタッフは、教員免許や保育士等の資格を有する者、アドバイザーについては、教員の勤務経験のある者を配置している。

　主要な支援は、学習環境の場の提供による支援（学校の宿題、復習、工作、お菓子づくり等）、家庭訪問による支援、支援を受けている小中学生全員を対象にした異年齢との交流を通した支援である。

　支援実施の流れは以下のようになる。個別指導であり支援できる対象者の人数が限られているため、ケースワーカーが担当する世帯の生活状況等を考慮し、支援候補世帯を選出する。その後、福祉事務所と事業を運営する特定非営利活動法人スタッフが会議を開き、支援対象世帯を決定する。支援対象世帯へはケースワーカーから事業内容を説明し、同意を得た上で支援を開始する。

　支援計画は、事業を運営する特定非営利活動法人が各利用者について立案し、支援の効果についても、福祉事務所へ定期的に報告する。日常生活や学習支援だけでなく学校での生活も視野に入れた支援を実施している。

　主に平日の夕方3時間程度の支援を実施しており、1日3名程度を受け入れる。毎年担任を決定し、子どもたちは週1回個別に支援を受ける。小学生は自宅までの送り迎えをする。迎えに行くと家庭の様子がわかる。また、送り迎えの途中の子どもとの会話も重要である。担当する子どもの卒業式や参観日、個別懇談などの学校行事に指導員は参加するなど、学校との連絡を密にしている。

表3-13　2010年度就労前支援事業の各種講座

1　知って得する社会資源活用講座	3　らいふさぽーと広場（将棋、習字、料理づくり、散歩、映画鑑賞や工作など）
2　生活応援講座	4　防災教室
（1）創って語ろうかい	5　パソコン教室
（2）暮らしとお金のセミナー	6　パソコン広場
（3）食のセミナー	7　東京散歩
（4）食事つくりまshow	8　おしごと体験講座
（5）自己表現教室	

資料出所）生活さぽーとセンター「らいふさぽーとプラン」2010年

支援対象者は、2010年では18名であったが、訪問時の2011年は21名であった。来年度も支援対象者を増加する予定である。人数的には小規模ではあるが、手厚い支援が行われている。

　B区の就労前支援事業は、基本的な生活習慣の確立に重点が置かれているプログラムであった。その実施方法の特徴を指摘しておこう。

　第1に、この事業は、外部への委託事業である。委託を受けた特定非営利活動法人では、当初「小中学生とその保護者を対象とした支援」のノウハウを持ち合わせてはいなかった。そこで、特定非営利活動法人と行政とが一緒に考え企画し、支援方法を構築したという[16]。

　第2に、プログラム利用者の自己決定に関しては、講座については利用者の選択である。しかし、子どもの支援については、福祉事務所のケースワーカーがまず利用者を選定している。担当ケースワーカーは最終的な処遇方針の決定を行うとされており、あくまでも支援の委託という位置づけである。

　第3に、子どもの支援は、アウトリーチ的取組みとなっている。ひとり親と子だけといった小さな集団になりがちな家庭へ出向き、家族以外の大人が支援することで家庭支援的な機能も果たされている。

(3) 比　較

　「主管課長会議」で、「プログラムの取組み状況にばらつきも見られる」と指摘されるように、ここで取り上げた2つの自治体の自立支援プログラムには大きな違いがみられた。

　A市の自立支援プログラムは世帯類型別の支援で、厚生労働省が示したプログラムを採用したものが多い。一方、B区は自立支援プログラムの先進的取組みを行う自治体として紹介されることも多く、被保護者自立促進事業として行われている就労前支援事業のプログラムは、独自の工夫がなされている。

　自立支援プログラムの展開は、大都市と地方都市という地域のかかえる問題の違いや自治事務に対する技術的助言であることも反映し、各福祉事務所による相違を生んでいる。

おわりに

　本章では、自立支援プログラムの策定および実施を検討する中で、自立支援プログラムの導入以降の生活保護における変化を取り上げてきた。ここで、これまでの検討の中で、明らかになったことをまとめておきたい。
　①生活保護では、就労自立のみを自立と考える傾向が強かったが、自立支援プログラムの導入を契機に３つの自立が示され、日常生活自立や社会生活自立などの自立に向けたプログラムも策定・実施されるようになった。また、就労自立についても、多様な働き方（＝居場所づくり）や中間的就労などの新しい考え方が導入されている。
　②プログラムによっては参加・不参加が、生活保護受給者の自己決定によるものもある。しかし、就労支援については、類型化された支援が用意され、タイプ・段階に応じた支援が行われているが、その決定はケースワーカーによって行われる場合が多い。
　③生活保護における相談・助言は自治事務であり、自立支援は地域的課題に見合ったプログラムを用意することになっているので、自治体による自立支援プログラムの策定・実施には差がある。とくに、先進事例とされる自治体と他の自治体にはプログラムの内容や方法における工夫の点で大きな差がある。
　④自立支援プログラムの実施方法として、NPO等への委託による先進的な取組みが行われている。
　⑤自立支援プログラムの成果指標として、効果の可視化が求められている。とくに、就労支援員による支援においては、全国的な費用対効果が示されるなど、効果の可視化が行われている。
　自立支援プログラムの展開は、以上に示したように、生活保護における相談援助にさまざま変化をもたらした。これらの変化の中でも、自立支援プログラムにおける「新しい公共」による支援の構築は、今後の生活保護における相談援助のあり方に重要な意味をもつと思われる。

Ⅰ　生活保護における自立と自立支援の展開

　自立支援プログラムの展開の中で提起された「新しい公共」による支援の先進事例は、行政の効率化という視点だけでなく、ケースワーカーではない支援員による支援から生まれる新しい関係の重要性も指摘し、生活保護における相談援助が他機関と分担可能な段階に来ていることを示している。自立支援の展開は、分離論と一体論（統合論）として論争となっていた生活保護における経済給付と相談援助の分離の可能性を示し、生活保護における委託化・外部化の扉をあけたといえよう。

1）　大友信勝「生活保護と自立支援」『社会福祉学』47-1号　2006年　pp.104-107
2）　2015年度からの自立支援プログラム策定実施推進事業の事業内容は、（1）社会的な居場所づくり支援事業、（2）居住の安定確保支援事業、となった。
3）　就労支援員の確保に必要な経費については、都道府県の緊急雇用創出事業臨時特例基金による10分の10の補助がある。
4）　自立支援プログラム策定・実施に関する経費については、セーフティネット支援対策事業費補助金による補助がある。2005年度の各事業の補助率は、（1）は10分の10、（2）は2分の1である。
5）　厚生労働省社会・援護局長通知「セーフティネット支援対策等事業の実施について」の中の「自立支援プログラム策定実施推進事業実施要領」に規定された2014年の事業は、補助率10分の10である。
6）　厚生労働省社会・援護局保護課『生活保護自立支援プログラム事例集～自立支援のためのヒント～』（2011年3月）は、2009年の事例集につづく第二弾で、他機関との連携や業務委託の22の事例を取り上げている。
7）　2008年4月から12月末までの自立支援プログラム（生活保護受給者等就労支援事業活用プログラムを除く）の同様の検討では、参加者数は10万7554人で、参加率は生活保護受給者の6.7％であったという（森川美絵「生活保護分野における社会福祉援助活動の評価と課題」『保健医療科学』58巻4号　2009年　pp.355-361）。
8）　新保美香「生活保護『自立支援プログラム』の検証―5年間の取り組みを振り返る」『社会福祉研究』109号　2010年　pp.2-9
9）　桜井啓太「『自立支援』による生活保護の変容とその課題」埋橋孝文編著『福祉＋α④　生活保護』ミネルヴァ書房　2013年　pp.75-88
10）　岩崎晋也「なぜ『自立』社会は援助を必要とするのか―援助機能の正当性」古川孝順・岩崎晋也・稲沢公一・小島亜紀子『援助するということ』有斐閣　2002年　pp.69-133
11）　森川美絵「生活保護における福祉実践は、いかに可視化・評価されるか」埋橋、前掲書、pp.55-65
12）　債務整理等に関する自立支援プログラムの策定状況（策定自治体数）は、2008年3月末142、2009年3月末592、2010年3月末717であった（厚生労働省社会・援護局保護課「社

会・援護局関係主管課長会議資料」2011年3月3日）。
13) 2007年11月で入院時と退院後の生活保護費を比較した場合、1人1月あたり約30万円の生活保護費の縮減効果がみられたと報告されている（厚生労働省社会・援護局保護課「社会・援護局関係主管課長会議資料」2008年3月3日）。こうした、効果の説明が必要になったのは、生活保護が法定受託事務となって以降のことであるという（大川昭博「現場から見た、自立支援プログラムの課題─『入りやすく出やすい』制度へ向けて」『賃金と社会保障』No.1456　2007年　pp.16-23）。
14) 田中義一「NPOを活用した基本的生活習慣確立のための支援─新宿福祉事務所における『被保護者自立促進事業』への取り組み」布川日佐史編著『生活保護自立支援プログラムの活用　1策定と援助』山吹書店　2006年　pp.79-125
15) 同上、pp.106-113
16) 同上、p.105
17) 櫛部武俊「『自立支援』は生活保護をどのように変革（転換）したか─希望をもって生きる釧路チャレンジを通じて」埋橋、前掲書、pp.155-165
18) 2003年の『賃金と社会保障』誌上での論争を契機としている。論争をまとめたものに、大友信勝「生活保護制度における所得保障とソーシャルワーク」（『賃金と社会保障』No.1401　2005年　pp.4-16）がある。

II
生活保護における新たな展開

第4章

生活保護受給者の地域生活支援

はじめに

　近年、生活保護受給者のための地域生活支援が課題として取り上げられることが多くなってきた。しかし、地域生活支援とは何かについて、明確に定義されているわけではない。そこで、地域生活支援とは、「支援の必要な人を地域で生活ができるように支えること」とひとまず定義しておこう。その中身は、地域に居住している人の支援だけでなく、病院や施設から居宅生活へ移行する人の支援およびその後の地域生活への定着・継続の支援を含む。

　このように考えると、地域生活支援の意味・内容は、コミュニティケアの定義とほぼ重なる。『福祉社会学事典』では、コミュニティケアは「ケアニーズをもつ高齢者、障害者などハンデキャップを持つ人が地域社会の中で自立した生活を継続して営めるようにサービスの提供を行うことである。」と定義されている。

　1950年代から北欧やイギリスで、精神障害者や知的障害者の施設や病院を中心とした隔離収容に伴う人権の阻害が社会問題として取り上げられ、施設や病院などの施設ケアにおける人権の回復がコミュニティケアの基本理念となっている。その後、コミュニティケアの対象者・利用者の範囲は拡大され、ケアを必要としているすべての人々を対象とする包括的なものとなっている。[1]

　日本におけるコミュニティケアへの関心は、1969年の東京都社会福祉審議会の答申「東京都におけるコミュニティ・ケアの進展について」が嚆矢とされる。そして、日本の福祉政策における新しい考え方として地域福祉論が登場し、

Ⅱ　生活保護における新たな展開

1970年代以降、主に高齢者福祉の分野において在宅福祉・地域福祉が注目され、施策が展開され始めた。その後、1990年の福祉関係八法の改正を受け、1990年代には施設から在宅福祉への転換が行われた。そして、社会福祉基礎構造改革の集大成とされる2000年の社会福祉法は、福祉の基本理念として、「福祉サービスを必要とする地域住民が地域社会を構成する一員として日常生活を営み、社会、経済、文化その他あらゆる分野の活動に参加する機会が与えられるように」支援すること、つまり、地域福祉（コミュニティケア）の推進を掲げた。

地域福祉（コミュニティケア）は、このように、施設収容による弊害を避けるために導入されたが、今日では、福祉サービス利用者一般に対して生活の日常性と継続性を保証し、自己決定権を尊重する施策の在り方として追求されるようになってきている[2]。

一方、1950年に成立した生活保護法第30条は、「生活扶助は、被保護者の居宅において行うものとする。」と規定しており、生活保護では居宅保護が原則とされている。したがって、日本の福祉政策においてコミュニティケアの理念が導入されていく中にあっても、生活保護の分野では取り上げられることはなかったが、近年は生活保護においても地域生活支援の必要性が指摘されるようになってきている。

そこで、本章では、居宅保護が原則である生活保護において、あらためて地域生活支援が課題とされるようになった背景や政策の動向、そして、その具体的内容について検討してみたい。まず、なぜ地域生活支援が必要とされるようになったのかを、生活保護施策の動向などを検討し明らかにする。ついで、地域生活支援の事例を取り上げ、地域生活支援の具体的な理解を深める。以上の手続きをとおして、生活保護における地域生活支援の課題を提示したい。

1　地域生活支援の動向

生活保護において地域生活支援が政策課題として頻繁に取り上げられるようになるのは、2004年の「専門委員会報告書」提出以降のことである。

第4章　生活保護受給者の地域生活支援

　この「専門委員会報告書」を受けて自立支援プログラムが実施されることになった。自立支援プログラム策定実施推進事業の2005年と2014年を取り上げ、地域生活支援の動向をみよう[3]。

　まず、2005年の自立支援プログラム策定実施推進事業の中では、3つの事業が地域生活支援にあたる。「退院促進個別援助事業」、「退院者等居宅生活支援事業」、「救護施設居宅生活者ショートステイ事業」である。「退院促進個別援助事業」では、保健師、精神保健福祉士等を雇用し、長期入院患者（社会的入院患者）の主治医訪問、退院阻害要因の解消、退院先の確保等を行う。「退院者等居宅生活支援事業」では、精神科病院退院者に対し、家事・服薬管理の生活指導、地域住民との交流の場の提供等を行い、居宅生活継続を支援する。「救護施設居宅生活者ショートステイ事業」では、一時的に精神状態が不安定となる居宅で生活する生活保護受給者に対し、救護施設を短期間利用させることにより、精神状態を安定させ、居宅生活の継続を支援する。これら3事業は、主に病院または施設からの居宅生活への移行支援である。

　2014年の自立支援プログラム策定実施推進事業の中では、4つの事業が実施されている。それらは、「精神障害者等退院促進事業」、「社会的な居場所づくり支援事業」、「居宅生活移行支援事業」、「居住の安定確保支援事業」である。

　「精神障害者等退院促進事業」では、保健師、精神保健福祉士、社会福祉士（生活保護精神障害者退院推進員）等を確保し、退院までの課題分析、患者・家族との相談、退院先の確保・調整等を行い、精神障害者等社会的入院患者の退院、地域移行を円滑に推進する。「社会的な居場所づくり支援事業」は、2012年から開始され、社会から孤立しがちな生活保護受給者へのさまざまな社会経験の機会の提供や、貧困の連鎖を防止するために生活保護世帯の子どもの学習支援を行うなど、生活保護受給者の社会的自立を支援する取組みの推進を図る。「居宅生活移行支援事業」も、2012年から始められた事業で、無料低額宿泊施設等において、入所中の生活保護受給者に対して自立・就労支援等を行う職員を配置する等、居宅生活等への移行を促進する事業である。「居住の安定確保支援事業」は2013年から実施された事業で、賃貸住宅等への入居希望者や入居者を対象に、家賃の代理納付の活用等の入居に関する支援や見守り等の日

Ⅱ　生活保護における新たな展開

常生活支援を実施する[4]。

　このように生活保護受給者の自立支援のプログラムが拡充されていく中で、就労自立だけでなく日常生活自立や社会生活自立も自立と捉えられ、地域での生活を支援することは日常生活自立や社会生活自立の支援として位置づけられるようになった。そして、精神障害者や施設退所者の居宅生活への移行だけでなくその継続の支援や、生活保護受給者の社会的な居場所づくりの推進が課題となってきている。生活保護の領域でも、支援が必要な人を地域で支えていくという地域福祉の推進が課題とされ、その方向が目指されるようになったことがわかる。

　そこで、以下では、生活保護受給者の居住状況、入所施設とホームレスの地域生活支援の動向を取り上げ、生活保護において地域生活支援が必要となった背景を検討したい。

1　生活保護受給者の居住状況

　生活保護法では居宅保護が原則となっている。生活保護受給者はどこで生活しているのだろうか。

　2015年の「被保護者調査　年次調査（個別調査）」によれば、生活保護受給者は212.8万人で、入院8.3万人（3.9％）、入所6.8万人（3.2％）、居宅197.8万人（92.9％）となっており、居宅保護の原則通り、生活保護受給者の9割は居宅において保護を受給している。

　入所の内訳は、救護施設等1.6万人、介護保険施設4.0万人、その他施設1.2万人である。救護施設等の保護施設入所者が生活保護受給者に占める比率は0.8％となる。

　生活保護法では、保護施設として、それぞれの需要に応じ救護施設、更生施設、医療保護施設、授産施設、および宿泊提供施設の5種類が設置されている[5]。

　保護施設の年次推移をみると、1965年には504施設に2万6598人の在所者がいたが、2000年には296施設に1万9891人、2014年には291施設に1万8055人の在所者となっている。長期的にみると、保護施設は、救護施設を除き施設数も

入所数も減少してきた。

　また、2000年以降の保護施設の動向をみると、2000年の生活保護受給者107.2万人に占める保護施設の在所者の比率を求めると1.9％で、2014年も（生活保護受給者216.6万人）同様に求めると0.8％となる。この間の生活保護受給者の増大にもかかわらず、在所者数も在所者比率も減少しており、生活保護では保護施設の拡大等の施策はとられていないことがわかる（国立社会保障・人口問題研究所「『生活保護』に関する公的統計データ一覧」2016年）。

　ところで、近年生活保護受給者の居住環境として注目されているのは無料低額宿泊所等の施設である。

　厚生労働省は無料低額宿泊施設等に関する実態調査を行っている（表4-1）。2015年6月末時点の結果では、「社会福祉法第2条第3項に規定する無料低額宿泊事業を行う施設」（無料低額宿泊所）は537施設で、総入所者数1万5600人のうち生活保護受給者は1万4143人である。また、「社会福祉各法に法的位置付けのない施設」（無届施設）も1236施設あり、生活保護受給者が1万6578人居住している。

　両施設あわせると、宿泊施設の入所者は3万721人となる。社会福祉法に規定する無料低額宿泊所の場合は、入所者の90.7％は生活保護受給者であるから、生活保護施設ともいえる[6]。

　これらの宿泊施設は「貧困ビジネス」の温床といわれる。「貧困ビジネス」とは、湯浅誠の定義によれば、「貧困層をターゲットにしていて、かつ貧困からの脱却に資することなく、貧困を固定化するビジネス」である[7]。これらの宿泊施設は消費者金融、日雇い派遣、ゼロゼロ物件などとともに貧困ビジネスの1つとされ社会問題として取り上げられることが多い。

　無料低額宿泊所は、社会福祉法で定められた第2種社会福祉事業という位置づけで、「生計困難者のために、無料または低額な料金で簡易住宅を貸し付け、または宿泊所その他の施設を利用させる事業」である。

　無料低額宿泊所は戦後の社会福祉事業法の時代から第2種事業の1つとして位置づけられており「社会福祉施設等調査報告」によれば、1953年は100か所程度であった。その後1970年代から減少し始め、1998年には43か所まで減少し

ている。そして、1999年から一転増加傾向をみせ、2000年85か所、2005年224か所と増加し、2010年213か所となっている。

この「社会福祉施設等調査報告」とは別に、厚生労働省社会・援護局保護課が行っている無料低額宿泊施設等に関する実態調査が先に紹介した、「社会福祉法第2条第3項に規定する無料宿泊事業を行う施設の状況に関する調査」および「社会福祉各法に法的位置付けのない施設の状況に関する調査」(2016年)である。2つの調査の結果を詳しくみよう。

2015年の無料低額宿泊所(537施設)の所管自治体別の施設数は、都道府県が326か所(60.7％)、政令指定都市178か所(33.1％)、中核市が33か所(6.1％)である。都道府県所管の326か所のうちの約半数161か所は東京都であり、大都市部に集中している。

こうした無料低額宿泊所の増加した背景には、「1990年代後半以降の貧困の広がりとホームレスの増加」があり、無料低額宿泊所に入所していれば生活保護の受給が比較的容易であったため、ホームレスの生活保護適用の際に、無料低額宿泊所の入所が拡大したとみられている。また、2003年7月に厚生労働省は、「居住地がないことが保護の要件に欠けるものではない」とする通達を出し、ホームレスへの生活保護適用の道を大きく開いたが、東京都においては、こうしたホームレスに生活保護を決定した場合、居住地の自治体が財政負担をするのではなく、都が一定期間、財政負担を行うとするルールにしたことも大きかったとされている。

無料低額宿泊所は、『社会福祉法の解説』によれば、「一時的な宿泊」の場所で、宿泊料金は「無料または相当低額」であることが要件とされている。しかし、無料低額宿泊所に1年以上利用している人が約6割にものぼり、しかも、宿泊料金も住宅扶助基準と同額またはそれ以上の宿泊所は79.9％を占めており、無料低額宿泊所の規定とはまったく異なる実態である。

また、利用者が施設を知った経緯は「福祉事務所」がもっとも多く62.7％、ついで、「業者」が13.2％となっている。半数以上が福祉事務所から紹介されて入所している。利用者のうち入所前に路上生活をしていたものは7777人(49.8％)で半数を占める。

第 4 章　生活保護受給者の地域生活支援

　厚生労働省の担当者は、「典型的な貧困ビジネスの温床」として無料低額宿泊所を取り上げる中で、「ホームレスを保護するために、無料低額宿泊施設に入ってもらう対応を福祉事務所もしています。しかし、とりあえずが、なぜか半年、一年と無料低額宿泊施設にいるという状況になっているのではないかと思います。」と、生活保護行政と無料低額宿泊所の結びつきを認めている[12]。

　一方、2015年の社会福祉各法に法的位置付けのない1236の施設（無届施設）の内訳は、高齢者を対象とした施設626（50.6％）、ホームレスを対象とした施設196（15.9％）、薬物依存症者を対象とした施設42（3.4％）、アルコール依存症者を対象とした施設41（3.3％）などで、半数が高齢者施設である。

　これらの施設に１万6578人の生活保護受給者が入所している。そのうち高齢者を対象とした施設に7952人が入所し、48.0％を占める。ついで、ホームレスを対象とした施設に3210人が入所しており、19.4％となる。多くは、高齢者施設またはホームレス施設の入所者である。

　これら未届施設の生活保護受給者のうち42.4％が介護保険法、8.7％が障害者総合支援法のサービスを利用している。無料低額宿泊所では介護保険の利用が認められていないこともあって、無料低額宿泊所の生活保護受給者のうち介護保険サービスの利用者は2.5％、障害者総合支援法のサービスを受けている者は2.0％に過ぎない。無料低額宿泊所に比べると、未届施設の入所者は介護保険や障害者総合支援法を利用する者が多い。

　こうした無料低額宿泊所等の施設の拡大は、1990年代後半以降の貧困の広が

表 4 - 1　無料低額宿泊所等調査

	施設数		総入所者数		内生活保護受給者数	
	2010年	2015年	2010年	2015年	2010年	2015年
社会福祉法第２条第３項に規定する無料低額宿泊事業を行う施設	488	537	14,964	15,600	13,790	14,143
社会福祉各法に法的位置付けのない施設	1,314	1,236	32,927（定員数）	-	16,614	16,578

資料出所）厚生労働省「住居のない生活保護受給者が入居する無料低額施設及びこれに準じた法的位置付けのない施設に関する調査結果」2011年、「社会福祉法第２条第３項に規定する無料宿泊事業を行う施設の状況に関する調査」および「社会福祉各法に法的位置づけのない施設の状況に関する調査」2016年

りとホームレス数の増加に乗じたものであり、生活保護受給者の居住状況の変化を背景に、自立支援プログラム策定実施推進事業の中に、「居宅生活移行支援事業」等の地域生活支援が行われることとなったとみることができよう。

2 保護施設の地域生活支援

2004年の「専門委員会報告書」は、現在の保護施設については、他の社会福祉施設と同様に社会福祉法の理念に沿ったものとなるよう今後総合的な見直しをするべきとし、居宅での保護や他法の専門的施設での受け入れが可能な者についてはこれを優先し、原則としてそれへ移行する経過的な施設として位置づける必要があるとした。

とくに、救護施設については、生活扶助を実施するための施設としてだけでなく、自立支援プログラムとの関連で、入所者の地域生活への移行の支援や居宅生活をおくる生活保護受給者に対する生活訓練の実施の場として活用することが「専門委員会報告書」の中で提案された。

ここでは、保護施設を取り上げ、施設における地域生活支援をみよう。

生活保護法では、居宅保護が原則である。ただし、これによることができないとき、施設に入所を委託することができる。この「ただし書の規定は、被保護者の意に反して、入所又は養護を強制することができると解釈してはならない。」と生活保護法に規定されており、生活保護における施設入所は例外的なものとされている。

生活保護法に基づき、居宅において一定水準の生活を営むことが困難な者を入所させて保護を行う施設が保護施設である。

しかし近年は、社会的入院を余儀なくされている要保護者の退院先として、またホームレスの入所に関して、更生施設、宿所提供施設などの保護施設の役割は重要性を増している。とくに、救護施設は近年施設数が微増しており、退院先としてだけでなく、在宅での生活が困難な精神障害者、重複障害者が利用する施設として、その役割が重要視されている[13]。

以下では、社会的入院をしている精神障害者の受け入れと保護施設の地域生活支援をみておこう。

精神障害者支援として、1987年からは精神保健法により退院促進が図られていたが、1995年の精神保健福祉法の成立により、地域生活への移行がより明確となった。その結果、保護施設は社会的入院をしている精神障害者を多く受け入れることとなった。もっとも入所者の多い救護施設でいえば、精神障害のみが37.7％、知的障害のみが14.5％、知的障害と精神障害の重複が10.8％、いずれの障害もなしが8.1％で、精神障害者の割合が高い（「全国救護施設協議会調査」2013年）。

　精神障害者等の社会的入院患者の退院後の受け入れ先として、救護施設のニーズが高まっていることから、2004年には小規模の救護施設（サテライト型施設）を設置し、施設整備の推進が図られている[14]。

　保護施設における地域生活支援の動きとしては、施設通所事業と居宅生活訓練事業の開始がある。

　2002年に、救護施設と更生施設において保護施設通所事業が開始された[15]。この事業は、生活保護受給者が居宅で継続して自立した生活が送れるよう支援するために、保護施設に通所させて指導訓練等（通所訓練）を実施し、または、職員が居宅等へ訪問し生活指導等（訪問指導）を実施する。対象は、原則として、保護施設退所者であるが、定員の3割以内であれば、地域の生活保護受給者も対象とすることができる。また、生活保護受給者以外の者も対象とすることができるとしており、生活保護施設が地域の社会資源として活用される途を開いている。

　2002年の厚生労働省社会・援護局長通知「保護施設通所事業の実施について」は、この事業の目的を、「精神疾患に係る患者等の社会的入院の解消を図り、被保護者が居宅で継続して自立した生活を送れるよう支援するため」としており、とくに精神障害者の地域生活支援が目的とされている。

　また、2004年度には居宅生活訓練事業が創設されている。この事業では、救護施設に入所している生活保護受給者が円滑に居宅生活に移行できるようにするため、訓練用住居において居宅生活に近い環境で生活訓練などを行うことにより、居宅生活への移行を支援する。

　施設通所事業と居宅生活訓練事業の2事業は、社会的入院をしている要保護

者について、病院から保護施設に、保護施設から居宅生活につなげる一連の流れを構築するために創設された。[16]

しかし、2011年の全国救護施設協議会の調査をみると、保護施設通所事業を実施している施設は、回答した135施設中25施設（18.5％）、居宅生活訓練事業は36施設（26.7％）で、現状では普及しているとは言い難い。[17]

3　ホームレスの生活保護受給と東京都の地域生活移行支援事業

　ホームレス問題が社会的関心を集め、2002年に「ホームレスの自立支援等に関する特別措置法」が制定された。法制定後に実施された全国調査はホームレスの人数を2万5296人と発表した。2003年に保護課は「ホームレスに対する生活保護の適用について」を通知し、「住居がないことや稼働能力があることのみ」を理由に、保護を拒否してはならないという考えを示した。この通知によりホームレスの生活保護申請の途が開けることになった。

　しかし、ホームレスの人々が路上から居宅保護に直行することを基本的には認めず、いったん病院や保護施設、無料低額宿泊施設を経由することが原則とされている。これが前述の宿泊施設の増加を生んでいるのである。

　ところで、東京都では、2004年6月から2008年3月までのおよそ4年間にわたってホームレスを対象とした地域生活移行支援事業が行われた。この経験は、地域生活支援の困難さや課題を学ぶ機会となった。以下、『東京ホームレス白書Ⅱ（平成19年5月）』で地域生活移行支援事業をみよう。

　2000年7月、東京都と23区は「路上生活者自立支援事業に係る都区協定書」を締結し、ホームレスの応急援護から自立支援対策に大きく舵をきった。

　その後、「路上生活者対策事業実施大綱」に基づき、2001年8月には「自立支援システム」、2004年には「地域生活移行支援事業」、2006年には「巡回相談事業」を実施し、東京都と23区が一体となってホームレスの自立支援に取り組んだ。

　地域生活移行支援事業は、公園で起居しているホームレスを対象に、借上げアパートを2年間低家賃で貸付け、就労支援により自立を目指すことで、地域生活への移行を進めると同時に、公園等の原状回復を図ることを目的に実施さ

れた。[18]

　事業開始から終了までに、2000人弱のホームレスが利用した。そのうち、2004年6月から2006年2月までに、新宿区立中央公園、都立戸山公園、墨田区立隅田公園・台東区立隅田公園、都立代々木公園、都立上野恩賜公園の5公園の利用者のうちの1190人が借上げアパートに移行した。入居者の平均年齢は55.8歳、就労している人は60.2％であった。生活保護の適用は当初28.6％であったが、移行世帯の借上げアパート契約満了時の2007年2月では45.9％が生活保護の適用を受けていた。

　この事業により、ホームレスの多くは低家賃住宅があれば地域生活を継続できること、本人の就労意欲と就労支援がマッチすることにより、アパートを自分で借り、自立できることが実証された。しかし、課題も明らかとなった。この事業では、一度に多数のホームレスが借上げアパートに移行したため、移行直後の生活支援や就労支援が十分ではなかった。十分なアセスメントとともに、アパート移行後速やかに、より効果的な生活支援、就労支援をしていくことが今後の課題として示された。[19]

2　地域生活支援の事例

　ここでは、NPO団体が行う地域生活支援を事例として取り上げ、地域生活支援の実際を検討することにしたい。この団体は1994年に立ち上げられ、東京都内で地域生活支援を行っている。まず、団体が行っている地域生活支援の概要を記し、ついで、主な支援である地域生活支援ホームの運営と訪問センターで行われているサロン活動を紹介したい。[20]

　この団体では、路上訪問、フリーダイヤル電話相談、地域生活支援ホームの3つを柱とする活動に取り組んでいる。[21]

　路上訪問は、毎週土曜日の夜、新宿周辺の路上生活者を「訪問」して歩く。パンや味噌汁、「フリーダイヤル電話相談」の案内ビラなどを配りながら、一軒一軒訪ね歩いて声を掛ける。訪問を通して、路上に人と人の出会いを育むことからはじめる。フリーダイヤル電話相談は、路上訪問での出会いをきっかけ

として、医療や仕事探し、社会福祉諸制度の利用について相談が来る。場合によっては病院やハローワーク、福祉事務所等へも付き添う。地域生活支援ホームは、団体が運営するグループホームと相談所である。生活保護などを利用しつつ「地域生活」へ入っていこうとする人の生活を支援する。

団体は、これら3つの活動を「路上」から「地域」へとつなぐアウトリーチ・プログラムと位置づけている。

1 団体による地域生活支援の概要

(1) 地域生活支援

団体による地域生活支援の全体像は、図4-1に示されている。

地域生活支援のアセスメント（生活課題・ニードの発掘）およびコーディネート（必要に応じた社会資源の導入）は、住宅提供と通所・訪問の2つの方法を通して行われている[22]。

①住宅提供型支援

ホームレス状態としてくくられる個別具体的な生活課題・ニードについて、地域密着型「小規模・多機能グループホーム」プログラムを活用してアセスメント、コーディネートを行う。

「小規模・多機能グループホーム」プログラムとは、地域生活支援ホームを居所提供の拠点とし、コーディネータースタッフが多様な生活課題・ニードを発掘する。生活支援をここで完結するのではなく、デイケア・デイサービス・ホームヘルプサービス、法律相談など従来の縦割り在宅医療・福祉サービスなどの地域生活支援サービスを「在宅基準」で、コーディネート・導入する。個々の在宅サービスは小規模・専門店型でも、ネットワークのコーディネート次第で、地域をフィールドに多機能・多様なサービスが利用可能である。ホーム入居中に安定したサポート・ネットワークが組めれば、巡回訪問型グループホームや借上げアパート、完全な居宅設定などにそのサポート体制を活用したままスムーズに移行し、安定した地域生活に定着できる。

②通所・訪問型支援

1つは、「小規模・多機能グループホームプログラム」のアフターフォロー

第4章 生活保護受給者の地域生活支援

図4-1 地域生活支援

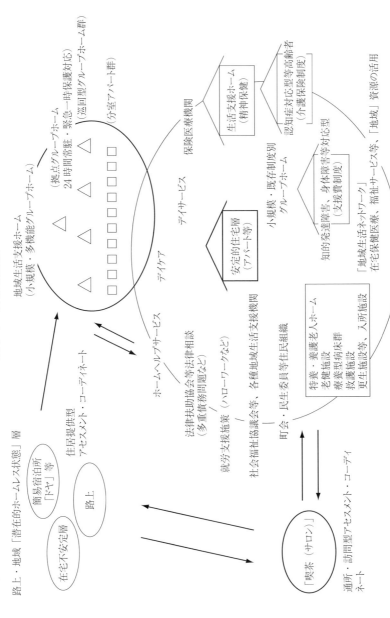

資料出所:「宿泊所等相談援助事業報告書」(内部資料) 2012年

部門としての機能をもつ。最大のポイントは、訪問センタースタッフが「地域生活支援ホーム」スタッフとしてローテーションを組むことである。ホームの生活場面での関わり、信頼関係、生活場面の変化に伴い生活困難が生じるパターンなどのアセスメントをもとに、たとえば、居宅移行後の服薬の乱れ、生活が崩れていく兆候などを迅速に読みとっていくことができる。必要に応じて、「在宅」というあらたな生活場面における在宅サービスをケアマネジャーや支援費の相談員、福祉事務所ケースワーカーなどとの協働の中で柔軟に組み直していく。

2つ目は、「小規模・多機能グループホーム」プログラムまでは必要としない、現在の宿泊所などの居住の中で、訪問・通所によりアセスメント・コーディネートが可能とみられる利用者のアセスメント、コーディネートで、居宅設定後の通所・訪問によるアフターフォローである。

3つ目は、社会福祉協議会、特別出張所などとの協働により「ふれあいサロン」(「喫茶(サロン)」)を活用することで、身近な暮らしの場での「ホームレス問題」に対する啓蒙・啓発を行う。「地域コンフリクト」対策、また通所者が「元ホームレス」としてレッテル貼りされることを軽減する。

(2) 地域生活支援の事例（Oさん、男性、56歳）

ここで紹介するのは、この団体が行っている地域生活支援の住宅提供プログラムと通所プログラムを利用し地域生活に移行した事例である。住居は、グループホーム→借上げアパート→民間アパート→都営アパートへと変わったが、引き続き地域生活支援を受け、現在は通所プログラムを利用しながら地域生活を継続している。

日雇い労働を続ける中、腰痛症により歩行困難となり入院する。退院後、巡回訪問型グループホーム（グループホーム3）にて保護開始する。

保護開始当初より腰痛を訴えていたが、「軽労働可」という当初診断により、就労指導の対象者となる。気性が荒く短気な性格の半面、福祉事務所などでは緊張して思うことをうまく伝えられないという一面がうかがえた。福祉事務所にて就労指導を受ける中で、ホームに帰ってきてから激しい反発を示し、他の入居者に暴力的な行動を示したり、「保護を打ち切って出て行く」等の発言を

繰り返し、生活を崩していく兆候が見受けられた。

腰痛症が治まらないなか、就労がかなわなければ保護が切れるかもしれないという将来への不安が高まる一方、そうした思いをうまく伝えるための対人関係を作ることができず、感情的になり暴力的・自滅的な行動へとつながり、一層社会関係を悪化させている、と相談員は判断した。本人の心理的不安要因を取り除くことで感情のコントロールを促し、まずは対人関係を改善させて生活の安定を取り戻すこととした。

福祉事務所ケースワーカーと相談し、障害認定を受ける。身体障害2級の認定を受ける。「就労」への過度なプレッシャーの軽減により、目にみえて生活状況も落ちつく。

1人暮らしの生活も十分に可能と判断した。しかしアパート生活の経験が生活歴の中で十分に蓄積されていない状況を考慮し、2004年5月に、借上げアパートプログラムの利用によりアパート生活場面での生活課題の把握を図るステップへと移行した。転宅指導の下、とりあえず借上げアパートに居宅を設定する。

借り上げアパートの転居後しばらくして、近隣住民を激しく恫喝し、その件でアパートの大家から苦情がくるというトラブルが度重なる。保護開始当初の行動パターンから、相談員は1人暮らしの環境変化に伴う不安から感情的に不安定となり、対人関係悪化へとつながっている可能性を推測する。

「もう自分はアパートを追い出される」と不安を訴える本人に対して、当方の責任にもとづく借り上げアパートなので、その心配はないことを繰り返し伝えるとともに、腰痛症と地理的な不案内のためにアパートにこもりがちとなっている生活リズムを変えるよう、行動パターンの変化を促す。そして、安定した関係が保たれているグループホームのリビングへ通うことをすすめた。当初は退所後まで顔を出すことに若干の抵抗を示していたが、入居者との打ち解けた関係を直ぐに取り戻し、グループホームの入居者に連れられるかたちで「喫茶（サロン）」（通所訪問センター）の食事会などにも通うようになる。

再び安定した生活をとりもどし、2005年に入ってからは、自力でアパートを確保したい意向を示すようになる。当方相談員が保証人提供を行うなどで転宅

Ⅱ　生活保護における新たな展開

相談を行い、5月には民間アパートに転宅をする。グループホーム入居中に受けた身体障害者認定に基づき支援費制度を活用して、介護ベッドなどを調達する。

　その後さらに、都営住宅に転居し、現在も「喫茶（サロン）」（通所訪問センター）の食事会や鍼灸の治療などにも通ってきている。

2　地域生活支援ホーム

　地域生活を支援していくベースとして最初に作られたのがグループホーム2で、2000年であった。その後、2002年の3月にグループホーム3、同年11月にグループホーム1があいついで開設された。この3つの施設が開設されたことで、受け入れ体制の整備および機能分担が図られることになった。表4-2は現在のホームと定員である。グループホーム1はスタッフが24時間常駐する体制をとっており生活支援の中核的な施設となっている[25]。

　また、団体は「地域生活支援ホーム」の機能をつぎの4つにまとめている。
① 「居所」を提供することにより、稼働年齢層における「要保護者」の生活保護申請の足場とする。
② 「生活技能訓練」の場としての、通過型グループホーム
③ 地域で生活をしたい、という「実感」を見つける場
④ 「地域生活支援ホーム」を離れて、アパートなど単身生活に入った方々のサポート（デイサービス）・地域住民の生活相談に関わる、相談室としての機能

表4-2　地域生活支援ホーム

	定員	
グループホーム1	9名＋緊急一時保護枠1名	第2種社会福祉事業宿泊所
グループホーム2	3名	巡回訪問型
グループホーム3	6名	巡回訪問型
グループホーム4	4名	巡回訪問型
グループホーム5	4名	巡回訪問型
借り上げアパート	6室	巡回訪問型

第4章　生活保護受給者の地域生活支援

　以下では、地域生活支援ホームの拠点グループホーム（グループホーム1）と巡回訪問型グループホーム（グループホーム3）を取り上げよう。

(1) 拠点グループホーム（グループホーム1）

　3階建ての一軒家で、2階に食堂・リビングがある。各室の広さは異なるが最低3畳の個室となるようにリフォームされている。1階5名、2階1名（緊急一時用）、3階4名の計10名が入居可能である。

　訪問時の入居者は10名で、男性8名、女性2名である。女性2名は、生活保護受給者ではない。高齢者サービス課からの緊急一時保護による利用である。この施設の入居者のうち6名がホームヘルプやデイサービス等を利用している。彼らは、住民票を当施設に置くことで、介護保険が利用可能となっている（表4-3）。

　グループホームでの生活は、基本的に居宅という考え方で、入居者は自分のことは自分で行う。

　共同の台所は広いが、食事は宅配弁当を利用する人が多い。自分で買ってき

表4-3　グループホーム1の入居者（2012年2月）

やまぶき舎入居者（2012年2月6日）

事例	性別	年齢	入居時期	入居経路	生活保護	食事	ホームヘルプ	デイケアデイサービス	その他	施設入所	路上生活
1	男	65	2011.6	福祉事務所	受給中	宅配弁当	なし		グループホーム3様子見		あり
2	男	79	2004.8	福祉事務所	受給中	宅配弁当	週5回	週5回		申請	あり
3	男	81	2006.3	福祉事務所	受給中	宅配弁当	週5回	週6回		申請	区内徘徊
4	男	43	2007.6	福祉事務所	受給中	宅配弁当	週6回	週3回	訪問看護・診療　要介護4	申請	
5	男	70	2004.3	福祉事務所	受給中	宅配弁当	週5回		全盲	申請	あり
6	男	60	2009.1	福祉事務所	受給中	宅配弁当	週5回	週3回	要介護5	申請	
7	男	68	2011.11	福祉事務所	受給中	宅配弁当	なし		元グループホーム3		あり
8	男	64	2005.2	福祉事務所	受給中	宅配弁当		週5回			
9	女	84	2011.8	高齢者サービス課	なし	自分	なし	なし	DV		
10	女	92	2012.1	高齢者サービス課	なし	自分	なし	なし	2回目	提案	

たものを食べたり、作ったりする人もいる。入浴は各自自分で風呂を沸かして入る。ホームヘルパーの介助を受け入浴する人もいるし、近くの銭湯に行く人もいる。飲酒は禁止、タバコは喫煙場所で吸う。

　入居者のうち5年以上の長期入所が5名で、施設入所待ちが多くなっており、目的とされた通過施設ではなくなっている。リビングに置かれた簡易ベッドは緊急時に使用する。訪問時にも、体調を崩した入居者が、ひとときも目が離せないために使用されていた。

　昼間は、入居者の半数近くがデイケア・デイサービスに行っており、ホームは静かである。夜間訪問した日は、18時ころに夕食を食べた後、3名がリビングでテレビを見、2名は指定された場所でタバコを吸っていた。入所者相互の会話はない。何名かはコートを着たままでいる。別の夜、グループホーム3の利用者であるPさん（男性・37歳）が臨時に宿泊していた。退院したばかりで、昼は病院デイケアに行き、夜は服薬のためにここに宿泊しているという。

　近年は生活能力の低下した入居者が増加しており、設備面での対応が限界に近づいているとスタッフは話した。

　ここで、入居者（表4-3の事例2）のQさん（男性・79歳）を紹介しよう。

　十数年に及ぶ、長期の路上生活経験がある。その間相談にのっていた。背景に精神的な持病の影響がうかがえたが、路上生活という不安定な生活のため、制度・施策面からの継続的なアプローチが困難であった。高齢になるにつれて、身体的な衰弱等による入院により何度か生活保護制度につながるが、治癒と同時に路上生活へ戻ってしまうことの繰り返しであった。2001年に、医療機関からの退院に伴い巡回訪問型グループホーム（グループホーム2）へ入居する。当初は、ホームでの長期にわたる保護は困難と判断した。高齢者施設待機か精神科病院への入院に向けた暫定的なつなぎとみていた。しかし、2004年の拠点グループホーム（グループホーム1）への転居後は、介護保険を活用したホームヘルプと地元NPO団体が運営するデイサービスなど地域的な社会資源の利用により、生活状況も飛躍的に安定した。そうした生活場面でのアセスメントを生かして、引き続き在宅サービスとの継続した関係をつないで行く方針である。

この事例は、年齢や病状からみて、従来の「地域生活」のイメージからはほど遠い「在宅処遇困難ケース」ではあった。しかし、ただでさえ限られた資源となっている施設入所を安易に検討するのではなく、在宅資源を活用しながら地域生活の安定した継続をはかる方が、本人の現在の生活にとっても、「地域のちからをたかめる」という都市型コミュニティーにおける社会環境整備の面からみても有益と判断し、拠点グループホーム（グループホーム１）での24時間スタッフ常駐型の居所提供プログラムを利用しながら、相談援助業務をつづける方向とした。[26]

(2) 巡回訪問型グループホーム（グループホーム３）

　総２階の一戸建てである。１階１室、２階を最低３畳となるように５室にリフォームし、合計６名が入居可能である。

　現在３名が入居中である。共益費9000円を徴収している。巡回生活相談員は月２回の定期訪問をし、トイレットペーパーの補充や電球の交換などを行う。

　３つの空き部屋は、蒲団が敷いたままの部屋や荷物もあった。入居者が突如いなくなるケースが多いという。Ｐさん（男性・37歳）も急にいなくなった。部屋には、きれいな上着が何着も下がったままで、ＣＤなどの荷物も置いたままであった。部屋の壁に約束事を書いた紙が貼ってあった。彼は、「愛の手帳」[27]を保持している。

　現在の入居者は、男性３名である。１階の入居者（男性60代前半）は、10年くらい前の脳梗塞で言語障害が残り、身体が不自由で杖が必要である。週２回ヘルパーに買い物と掃除を頼む。東日本大震災の時は福祉センターにいたが、地震のときはどうしたらいいか巡回生活相談員に尋ねていた。巡回生活相談員は、必ず安否確認に行きますから安心していてくださいと答えていた。また、「タクシー券が来ていない」との申し出があり、巡回生活相談員が問い合わせの電話をすると、数日後に発送の予定であることがわかる。もう少し待つようにと回答していた。２階の入居者（男性・70代前半）は、５年前に膀胱がんがわかった。病院に近いことと、銭湯には入りにくいので風呂のあるここがいいという。「Ｐ君はもう帰ってこないのか」と巡回生活相談員に尋ねたり、自分の郷里の話などをする。もう１人の入居者（男性60代前半）は、ゴミを出しに出

かけた。先日タバコのことで注意をされたので、会いたくないらしい。彼は、洗濯もしないし、風呂にも入らない。尿のにおいがきついので、巡回生活相談員は病院での診察を勧めるが、なかなか良い返事をくれないという。おむつの申請をするようにアドバイスをしたら、その話には乗ってきた。今度申請をする予定である。

グループホーム3の入居者は、同じホームの他人のことを心配したり、入院している場合には見舞いにも行く。グループホーム1に比べると、入居者同士にコミュニケーションがあるように思われた。

地域生活支援を行う2つのグループホームの事例を紹介した。多くの研究が「現行の支援策は住宅確保のための支援に偏っており居住継続のための支援が欠落している。」と指摘するように、地域生活支援ではアフターケアが重要である[28]。

この団体では、現在ある地域資源を活用することによって、地域生活の継続を図るという方法をとっていた。また、地域生活支援は居住の場を提供すればよいではなく、入所者の抱える問題が変化した場合はそれに対応する必要がある。この団体の支援の特徴は、1つの団体が支援タイプの異なる「小規模・多機能グループホーム」を運営していることで、問題に対応した連携が必要な場合に、団体内部で可能なことが利点となっている。たとえば、Pさんの事例のように入居者の症状の変化に応じた対応が可能となっているのは、「小規模・多機能グループホーム」ならではの機能と言える。

3 通所・訪問支援（「喫茶（サロン）」）

「喫茶（サロン）」は、地域生活支援においては、通所・訪問センターという位置づけである[29]。

団体活動の1つとして、2004年3月に発足した。4階建ての1階部分36㎡で、喫茶コーナー、持ち寄り掲示板、よろず相談、スペース貸し、無料インターネットを運営する[30]。

(1) 活動内容

さまざまな活動を通して、地域で暮らすだれもが気軽に交流でき、ちょっと

した暮らしの困りごとも相談できる場所の必要性を感じたことが、サロンをつくるきっかけとなった。留学生が日本語を勉強したいとおしゃべりを楽しんだり、それぞれの目的で集える場所である。

サロンではとくにプログラムは用意していないが、学生が企画したプログラムが1つある。2年前に、ゼミの研究のためにサロンに来ていた栄養学を学ぶ大学生が、その後ボランティアとして関わりを続ける中で、「食」の大切さを伝えたいという思いからこのプログラムは始まった。簡単に作れ、噛みやすく栄養バランスのとれた食事を一緒につくり、みんなで食べることを通して「食」の大切さや楽しさを感じてもらうプログラムである。2か月に1回の頻度で開催している。プログラムはゼミの後輩に受け継がれている。

このサロンでは、スタッフが地域に入っていく。スタッフのNさんは、近くの小学校で行われている「学校サロン」の運営委員を引き受けている。区社会福祉協議会の支援を受けて地元の有志が行っているサロンで、近隣に住む人々と小学生が交流する場となっている。「運営委員として関わり、そこで顔見知りが増えることで、サロンに顔を出してくれる高齢者や小学生も増えてきた。」と言う。スタッフが地域に入っていくのである。その他、Nさんは高齢者見守り協力員も引き受けている。

地域に知り合いがいなかった人が、「喫茶（サロン）」で近隣の人と顔を合わせ、その場で言葉は交わさなくても、地域で何度もすれ違う中で、顔見知りになってつながっていく。サロンはそうした自然な出会いが作れる場所を目指している。

(2)「喫茶（サロン）」に集う人々

サロン活動は、水曜日と日曜日を除く5日間14時から17時まで行われている。金曜日には夜カフェもある。

表4-4は、2012年2月の7日間の参加者を示したものである。サロンスタッフのNさんと筆者を除いている。大学生の見学参加があった日を除けば、ほぼ毎日10人程度の参加者である。サロンの中では、毎日さまざまな活動が行われていた。

ある日（2月2日）のサロン活動を、時間の流れにそってみてみよう（表

Ⅱ 生活保護における新たな展開

表4-4 「喫茶（サロン）」の参加者（2012年）

	月日	行事	総数	男性	女性	備考	生活保護受給者	活動内容
1	2月2日（木）		10	4	6		3	・社協職員見守り協力員依頼 ・ボランティア・社協職員ボランティア準備（お手玉作り）
2	2月3日（金）	夜カフェ	23	11	12	見学 大学生10 教員1	3	・社協職員見守り先訪問 ・見学・体験学習（高校生）
3	2月4日（土）	路上訪問準備	22	11	11	見学 大学生10 教員1	1	・見学・体験学習（高校生） ・味噌汁つくり
4	2月6日（月）		2	1	1		1	・リサイクル衣料販売
5	2月7日（火）		11	6	5		2	・外泊訓練（作業療法士・看護師付き添い） ・インタビュー ・ボランティア・社協職員・施設職員ボランティア打ち合わせ
6	2月9日（木）	鍼灸	9	5	4		3	・鍼灸治療（鍼灸の先生2人）
7	2月13日（月）		4	2	2		3	・調査お礼

4-5）。

　まず、14時に、生活保護受給者のA（62歳）さんが、借り上げ住宅の家賃支払いのため来所する。午前中は病院で電気治療を受けてきたが、これから友だちのところへ行く予定であるという。脳卒中の後遺症があり、障害者手帳の申請をスタッフのNさんに依頼する。地デジ対応のテレビがほしいともいう。

　15時、社会福祉協議会（以下、社協と略記する。）の職員Bさんが、高齢者見守り協力員であるサロンスタッフのNさんに新たに1名追加の依頼に来所する。明日の訪問時間を約束する。

　15時30分、ボランティアのCさん・Dさん（学校ボランティア）、そして社協職員Eさんが来所する。社協地区部会が主催する週末の「ぷちボラカフェ」で行うお手玉づくりの打ち合わせを行う。社協職員Bさんもお手玉づくりを手伝う。

　生活保護受給者のFさん来所。今週の生活費を受け取りに来る。部屋を変わりたいという。保佐人が付き、毎週1万4000円の生活保護費を受け取ることになっているが、週ごとの生活費受け取りをやめたいという。スタッフのNさんは「約束なのでやめられない。」と返答する。[31]

　生活保護受給者のGさんがサロンの手伝いに来所する。日曜日のボランティ

アを頼まれる。専門学校生の留学生Hさんもサロンの手伝いに来所する。彼は日本語を学びたいと相談に行ったら社協がここを紹介してくれたので、通っている。音大卒業で音楽演奏会のボランティアも引き受ける。GさんとHさんは、コーヒーなどのお茶出しを手伝う。

　近隣に住むIさんとJさん来所。Jさんは自宅で夫の介護をしており、なかなか外出もできないので、時々立ち寄るようにとIさんがサロンの場所を教えるために来所した。

　この日は10人が来所した。大きなテーブルやソファの各所でそれぞれが相談をしたり、作業をしたりしていた。サロンはその日その日で活動内容も違えば、来所する人も異なる。

(3)　生活保護受給者の「喫茶（サロン）」参加

　この7日間のサロンには、12名の生活保護受給者（延べ16名）が参加していた。彼らは、サロンに何をしにやってきているのだろうか（表4-6、表4-7）。

　ほぼ毎日のようにサロンの手伝いをしているのは事例5の男性である。もう1人サロンの手伝いをする事例9の女性もいる。ただし、2人はかち合わないように日をずらしているようだ。生活保護受給者同士の会話は少ないように思われる。

　家賃や保証人料を支払いに来る人がいる。保証人料は月1000円で、それを支払いに来る。支払いそのものよりも顔をみせてくれるのが重要だと相談員は言う。[32]

表4-5　ある日（2012年2月2日）の「喫茶（サロン）」参加者と活動

	来訪者	目的
14時	Aさん（生活保護受給者）	家賃支払いのため
15時	Bさん（社協職員） Cさん・Dさん（学校ボランティア） Eさん（社協職員） Fさん（生活保護受給者） Gさん（生活保護受給者） Hさん（外国人留学生） Iさん・Jさん	見守り協力隊依頼 地域ボランティアの打ち合わせ 地域ボランティアの打ち合わせ 生活費の受取りのため サロンボランティア サロンボランティア サロン訪問
16時	Eさん（社協職員）	地域ボランティアの打ち合わせ

Ⅱ 生活保護における新たな展開

　生活費を受け取りに来る人（事例2）、金曜日の夜カフェやサロン行事である食事会や鍼灸治療への参加や友だちに会うために来ている場合もある。
　スタッフのNさんに公営住宅への転居について頻繁に電話で相談をしていた事例12の男性には、電話相談だけでは解決できそうにないので直接サロンに話にきてもらい、相談にのっていた。作業所にも通っているので保健師とのカンファレンスの機会を設定することとなった。
　外泊訓練での来所もある。事例6は、作業療法士、看護師が付き添い、2泊3日の外泊訓練の1つとしてサロンに立ち寄っていた。宿泊場所は拠点グルー

表4-6　「喫茶（サロン）」参加の生活保護受給者数

	月日	生保受給者	参加の目的
1	2月2日	3	サロン手伝い・家賃支払い・生活費受領
2	2月3日	3	サロン手伝い・保証人料支払い・食事会参加
3	2月4日	1	サロン手伝い
4	2月6日	1	サロン手伝い
5	2月7日	2	サロン手伝い・退院訓練
6	2月9日	3	サロン手伝い・鍼灸治療・友人に会うため
7	2月13日	3	保証人料支払い・保証人料支払い・相談

表4-7　「喫茶（サロン）」参加の生活保護受給者

	性別	年齢	現在の居住状況	参加の目的
1	男	62	借上げアパート	家賃支払い
2	男	48	借上げアパート	生活費受領
3	男	65	アパート	サロンの手伝い
4	男	60	アパート	保証人料支払い
5	男	65	巡回型アパート	食事会参加
6	男	43	入院中	外泊訓練
7	男	56	都営アパート	鍼灸治療を受ける
8	男	38	アパート	友人に会うため
9	女	63	アパート	サロンの手伝い
10	男	60歳前後	アパート	保証人料支払い
11	女	60歳前後	アパート	保証人料支払い
12	男	40	借上げアパート	相談

プホーム（グループホーム１）である。外泊のスケジュールには、ドンキホーテやタワーレコードに行く予定が組まれていた。３月には退院予定で、退院後はグループホーム１に入居予定である。現在は病院に入院しており、退院の半年前から部屋を確保し退院の訓練をしていた。

　以上のように、「喫茶（サロン）」は他のサロンとは異なり、地域市民と生活保護受給者とが日常的に交流する場となっている。巡回訪問の事務所であり、サロンとして部屋を使用することに福祉事務所は当初難色を示したということであるが、サロンは居宅のアフターフォロー、通所の場所ということで認めてもらったという。生活保護受給者が通所できる貴重な場となっている。

おわりに

　生活保護受給者のための地域生活支援の必要性が指摘されることが多くなった。居宅保護を原則とする生活保護で、なぜ地域生活支援が必要とされるようになったのかその背景を明らかにすること、さらに、生活保護における地域生活支援とはどのようなものかを地域生活支援の事例を通して検討することが本章の課題であった。

　これまでの検討を通して得られた発見や解釈をここでまとめておこう。

①福祉政策の重点がコミュニティケアに置かれる中、生活保護において地域生活支援が頻繁に取り上げられるようになるのは、自立支援プログラム実施以降である。障害者自立支援としての精神障害者の退院促進やホームレスの生活保護受給の柔軟対応などの政策動向も地域生活支援を必要とする背景となっている。

②保護施設でも、地域生活支援の動きはみられるが、保護施設から居宅への動きは現在もまだ大きな広がりとはなっていない。

③また、入所者が急増している宿泊施設については、施設から居宅生活への移行支援が開始されている。

④生活保護受給者の地域生活支援の事例として、タイプの異なる複数施設を運営し、「住宅提供型地域生活支援モデル」を提供するある団体の試みを

取り上げた。単身生活は困難でも、見守りがあれば地域での生活が可能な生活保護受給者や高齢者を対象に、グループホームと通所・訪問センターを通して地域生活支援を行っていた。支援の必要な人が必要とする支援に合わせた居住空間の提供が可能となるとともに、運営者が地域住民であることで、24時間対応も可能となっている。

⑤生活保護受給者の「社会的な居場所づくり」が必要とされている。事例の「喫茶（サロン）」のように自然な形で交流のできる場所は多くはない。「喫茶（サロン）」は、「小規模・多機能グループホームプログラム」のアフターフォロー部門としての機能も併せ持ち、生活保護受給者が立ち寄ることのできる場所として貴重なものとなっている。

⑥本章で取り上げた地域生活支援の事例は、比較的確保しやすい小規模な一軒家等の住宅や単身世帯向けアパートを、「巡回訪問型」等の「小規模・多機能グループホーム」として活用し、かつ「喫茶（サロン）」を生活保護受給者を含めた交流の場として運営することで、都市部で地域の問題を解決していく可能性を提起するものであった。この取組みは、生活保護受給者に「帰属」する場所を保障する援助といえるであろう。

事例の地域生活支援モデルは、規模は小さいが、アイデアに満ちた取組みである。今後は、事例のような地域生活支援がもっと多く試みられてよいのではないだろうか。[34]

1) 杉岡直人「コミュニティケア」庄司洋子・木下康仁・武川正吾・藤村正之編『福祉社会学事典』弘文堂　1999年　p.327
2) 北場勉「現代日本における『地域福祉』の課題—歴史的経過を通じて」『社会福祉研究』99号　鉄道弘済会　2007年　pp.10-21、古川孝順「福祉政策の理念」社会福祉士養成講座編集委員会編『現代社会と福祉（第3版）』中央法規出版　2012年　pp.177-178
3) 第3章表3-4参照
4) なお、2005年に規定されていた「退院者等居宅生活支援事業」は、2012年に創設された「社会的な居場所づくり支援事業」の中の、居宅生活継続を支援する事業として、ほぼ同様の事業内容が規定され、また、「救護施設居宅生活者ショートステイ事業」は、社会福祉施設機能強化推進事業として行われるようになった。
5) 医療保護施設のみ社会福祉法の第2種社会福祉事業である。第2種社会福祉事業は経営主体にとくに制限がなく、届け出をすればよいことになっている（社会福祉法令研究

会『社会福祉法の解説』中央法規出版　2001年　p.69、p.80）。
6 ）　日本弁護士連合会は、現在運営されている無料宿泊所は生活保護受給者が生活し、実態として第 1 種社会福祉事業の施設であるにもかかわらず、第 2 種社会福祉事業の施設としていること、また、第 1 種社会福祉事業は都道府県知事の許可を受けなければならないが、届け出のみで経営できる第 2 種社会福祉事業の届け出すらなされずに経営されている「社会福祉各法に法的位置付けのない施設」に多数の生活保護受給者が入所していることを放置している点を問題としている（日本弁護士連合会『「無料低額宿泊所」問題に関する意見書』2010年）。
7 ）　湯浅誠「貧困ビジネスとは何か」『世界』783号　2008年　pp.191-197
8 ）　山田壮志郎「無料低額宿泊所の現状と生活保護行政の課題」『社会福祉学』53- 1 号　2012年　p.70
9 ）　同上、pp.71-74、鈴木亘「無料低額宿泊所問題とは何か」『ホームレスと社会』vol. 2 号　明石書店　2010年　pp.22-27
10）　社会福祉法令研究会、前掲書、p.96
11）　とくに、東京都の場合はその傾向が強く、2010年に東京都が所管する170施設では、福祉事務所経由の入所者率は90.4％に及んでおり、東京都の無料低額宿泊所入所者のほとんどは福祉事務所の紹介によるものである。こうした高い入所率の背景には、すでに指摘した生活保護における費用負担の仕組みの影響があると考えられている（山田、前掲論文、pp.72-74、鈴木、前掲論文、p.24）。
12）　生沼純一「生活保護制度の現況と課題」『生活と福祉』664号　2011年　pp.19-21
13）　厚生労働統計協会『国民の福祉と介護の動向2012/2013』厚生の指標・増刊　2012年　p.192
14）　厚生労働省社会・援護局長通知「救護施設におけるサテライト型施設の設置運営について」2004年
15）　保護施設通所事業は、救護施設通所事業（1989年）と救護施設退所者等自立生活援助事業（1994年）が統合され、開始された。救護施設においては、1980年代後半から地域生活支援が開始されている。
16）　こうした動きを、社会福祉の潮流から取り残されてきた保護施設の「遅まきながらの保護施設の社会化」とするか、それとも「生き残り策」と評価するかに見解が分かれる（松本宏史「地域に根差した施設発のソーシャルワーク―救護施設の実践からみるトータルな生活保障の構築」中川清・埋橋孝文編『現代の社会政策第 2 巻　生活保障と支援の社会政策』明石書店　2011年　pp.173-196）。
17）　全国救護施設協議会「地域生活支援関係事業の推進に向けて」『全救協』137号　2011年　pp. 2 - 7
18）　坂東美智子は、「居所のない生活困窮者の自立を支える住まいの現状―路上から居住への支援策」（『月刊福祉』2011年 3 月号　p.22）の中で、この事業を住宅の貸付と就労と生活面での支援を行うユニークなものと評価している。
19）　東京都福祉保健局『東京ホームレス白書Ⅱ』　2007年
20）　野上亜希子「『社会的弱者』をめぐるサポート・システムのあり方―新宿・路上生活

Ⅱ　生活保護における新たな展開

　　　者をめぐる支援を事例として」（『研究紀要』No.7　環境文化研究所　1997年　pp.41-68）は新宿路上生活者への支援・ボランティア団体の活動理念を「路上生活者」主体のもの、宗教的信条に基づくもの、団体としての一致した理念のないもの3つの区分をし、この団体は最後のグループに属するとしている。
21）　NPO団体のホームページおよびパンフレット
22）　NPO団体「宿泊所等相談援助事業」報告書（内部資料）。入居費用は、緊急一時保護月額6万9200円（住宅扶助分）＋共益費9000円、借上げアパート5万3000円＋共益費（実費）となっている。
23）　日中3名、夜間2名の計5名のスタッフで運営している。日中スタッフの内の2名は通所や訪問の支援も担当する。
24）　NPO団体、前掲（内部資料）
25）　全国社会福祉協議会『ホームレス支援をすすめるために―地域の実践事例から学ぶ』2003年　pp.26-29
26）　NPO団体、前掲（内部資料）
27）　約束事は「午前10時前には起きていること、シャワーは毎日浴びること、キャンセルは絶対しないこと」などの6つである。
28）　大迫正晴「生活困窮者の居住支援の現状と課題―東京23区が共同設置する施設の取り組みから」『社会福祉研究』110号　鉄道弘済会　2011年　pp.36-46、坂東、前掲論文、pp.22-25
29）　巡回訪問の事務所ということで、区から月6万円の賃貸料が支払われている。ただし、この部屋の賃貸料は月10万円で残りは団体の負担である。サロンは、居宅のアフターフォロー、通所の場所ということで認めてもらったという。サロンの予算は月額10万円、このうち5万円を路上訪問に使用する。
30）　東京都社会福祉協議会「トーキョー協働空間」『福祉広報』637号　2012年　p.10
31）　Fさんは、借り上げ住宅に居住していたが隣家とのトラブルがあり、その後グループホーム1で暮らすようになった。
32）　団体の世話人は、これまでに77人の保証人を引き受けたと話した。
33）　区社会福祉協議会の2011年末のサロン活動は54で、その主な活動は高齢者サロン27、子育てサロン19などである。
34）　すでに、この団体の地域生活支援をヒントに、活動しているNPO法人もある（藤田孝典・金子充編著『反貧困のソーシャルワーク実践―NPO「ほっとポット」の挑戦』明石書店　2010年　p.32）。

第5章

生活保護と民間委託

はじめに

　1980年代の半ば以降の日本社会では、多くの先進資本主義国と同様に、福祉国家の再編として「分権化（decentralization）」と「民営化（privatization）」の進行が指摘された。「分権化」とは、中央政府中心に行われていた社会政策の政策決定・実施が地方政府に委ねられることであり、「民営化」とは行政が中心であった制度の運営・サービスの提供に新たな性格をもった民間の組織体が行為主体として参加することをいう。[1]

　2000年以降、介護保険法、特定非営利活動促進法（NPO法）、および地方分権一括法などの諸法律が成立し、現代日本の福祉政策は「分権化」と「民営化」を一層推し進めている。とくに、介護保険制度が導入された高齢者福祉の領域では「民営化」が進展した。介護保険ではケアマネジメント制度が取り入れられ、数多くの民間業者がケアマネジメントを行うことになった。サービスの提供だけでなく、これらの業務も「民営化」された。

　こうして、現代日本の社会福祉構造が大きく変化していく中、生活保護の分野では、改革の必要性がたびたび指摘されながら、基本的な見直しはなされず、生活保護制度の改革は取り残された形となっていた。しかし、2003年の社会保障審議会「生活保護制度の在り方に関する専門委員会」の設置以降、生活保護制度改革の本格的な検討が始まった。生活保護制度は「利用しやすく自立しやすい制度へ」という基本的視点に立ち、見直しが行われ、その後生活保護は大きく変化してきた。中でも注目すべき動向は、生活保護において民間委託

が進行していることである。

　そこで、本章では、生活保護における民間委託の現状を取り上げることにしたい。まず第1に、生活保護の民間委託にかかわる制度改正と国の方針を検討する。ついで、生活保護制度に関するいわゆる分離論・一体論の論争とその中での民間委託についての議論を整理する。第3に、生活保護担当職員は民間委託に関してどのような意識をもっているのか、調査をもとに検討する。最後に、福祉事務所で行われている民間委託の事例を検討する。これらを通して、現代日本の生活保護における民間委託の背景や具体的内容に接近していく。

　なお、本章で用いる民間委託とは、「行政の活動を民間団体との契約にもとづいて執行するものである。[2]」という定義を採用し、民営化の1つの形態と位置づけておきたい。民間委託では、地方公共団体の業務を民間団体が実施するが、業務の最終責任や費用負担は地方公共団体の側にある。また、引用する文献の中には、外部委託（アウトソーシング）として論じているものもある。民間委託と外部委託を区別して議論した方がよい場合もあるが、本章では、委託先を現実に多数を占める民間に代表させ、民間委託の語を用いることにしたい。

1　生活保護の民間委託をめぐる制度的環境

1　生活保護制度における改正

　生活保護法では、第1条で、「国が生活に困窮するすべての国民に対し、その困窮の程度に応じ、必要な保護を行い」と規定し、生活保護が国の事務であることを明示している。

　国の事務である生活保護は、かつては機関委任事務として、地方公共団体の長に、国の機関として生活保護の実施を義務づけていた。

　国と地方公共団体との関係のあり方についての検討が行われ、1999年に「地方分権を推進するための関係法律の整備等に関する法律」（いわゆる「地方分権一括法」）が制定された。その中で社会福祉と関係が深い事項は、機関委任事務の廃止に伴う事務の再編成と必置規制の見直しの2つである。[3]

(1) **機関委任事務の廃止による地方公共団体の処理する事務の再編成**

地方分権一括法では、機関委任事務が廃止され、地方公共団体が処理する事務は、法定受託事務と自治事務に再構成されることになった。

法定受託事務と自治事務との差異はいくつかあるが、その中でもっとも大きいのは、国の関与の程度である。法定受託事務の場合には、厚生労働大臣は地方公共団体に対し、技術的助言等ができることに加え、事務処理の基準を定めることもできることとなっている。さらに、是正の指示を行うことや代執行の手続きをとることも可能である。

これに対し、自治事務の場合には、厚生労働大臣は地方公共団体に対し、技術的な助言、勧告や必要な資料の提出要求や是正の要求ができるにとどまる。したがって、自治事務に関する通知は、技術的助言としての性格をもつに過ぎないため、地方公共団体としては、必ずしも当該通知の内容に拘束されないので、地方公共団体は自らの裁量と権限によって業務の充実を図ることができるようになった。

生活保護に関する事務（保護決定、保護施設に関する認可、指導監督等）は、基本的に法定受託事務とされた。そして、新たに自治事務として第27条の2に「相談及び助言」が設けられた。これは「従来から、ケースワークの一環として事実上行われてきた要保護者の自立助長のための相談及び助言に係る事務を、自治事務として法定化」したもので、「要保護者からの求めがあったときは、相談に応じ、必要な助言をすることができる。」と規定された。

(2) **必置規制の見直し**

国は法律等によって、地方公共団体の組織について「必置規制」を設け、設置義務を課したり、組織名称や定員等について規制を設けていたが、地方公共団体の自主組織権を尊重し、職員や組織の柔軟な設置を認め、それぞれの地方公共団体が、地域の実情にふさわしい体制で行政サービスの提供を総合的・効率的に行うことを可能とするために、見直された。

社会福祉分野における「必置規制の見直し」としては、①福祉事務所の設置に関する法定基準の撤廃、②現業所員の最低配置基準の標準化、③指導監督所員および現業所員の職務専任規制の緩和、がある。

Ⅱ　生活保護における新たな展開

①福祉事務所の設置に関する法定基準の撤廃

これまで、都道府県、指定都市および特別区は、人口概ね10万人ごとに1か所福祉事務所を設置しなければならないこととされていたが、今回の改正で、このような法定基準は撤廃され、都道府県および市（特別区を含む）は、地域の実情に応じ、自主的な判断に基づいて、条例により福祉事務所を設置できるようになった。

②現業所員の最低配置基準の標準化

福祉事務所における現業員の定員については、これまで、被保護世帯数に応じた最低配置基準が法定されていた。しかし、今回の改正で、この最低配置基準については標準化されることとなり、福祉事務所を設置する地方公共団体は、地域の実情に応じた現業所員の配置が法律上可能となった。

③指導監督所員および現業所員の職務専任規制の緩和

福祉事務所の指導監督所員および現業所員については、これまで、町村設置の福祉事務所の現業所員を除き、職務専任規制が課せられていたが、今回の改正により、すべての福祉事務所の指導監督所員および現業所員は本来の職務の遂行に支障がない限り、他の社会福祉等に関する事務に従事できることとなった。

以上のように、地方分権一括法の制定により、それぞれの地域において福祉の領域で自主的な取組みがなされる環境が整えられた。

生活保護法では、第27条の「指導及び指示」とは別に保護の実施における相談援助業務が分離され、第27条の2に自治事務として「相談及び助言」が新設された。したがって、地方公共団体は、自らの裁量と権限によって相談援助業務の充実を図ることができるようになった。このため、職員の事務量の適正化のみならず、福祉事務所としての組織や業務などの体制づくりのための創意工夫やより専門性をもった人材の確保が、地方公共団体に求められることになった。

2　生活保護業務の民間委託に対する厚生労働省の考え方

つぎに、内閣府の調査と「専門委員会報告書」を取り上げ、生活保護業務の

民間委託に対する厚生労働省の考え方を、検討しておこう。

(1) **内閣府調査**

内閣府は、2003年に「行政サービスの民間開放等に係る論点について」を発表した[4]。その中で、内閣府は、先進諸国では、現在、新しい行政手法（NPM）の下で、官民の役割を見直し、時代のニーズに応じた再設計が進められていることをあげ、日本においても、行政サービスの民間開放を積極的に推進し、「行財政の効率化、住民サービスの質的向上、雇用拡大・経済活性化」の３つの効果を実現し、地域経済の活性化につなげていく必要があるとし、地方公共団体を対象に「行政サービスの民間委託（アウトソーシング）に関する調査」を行った。

調査の結果、回答のあった団体（487団体）のうち、法令等制度的な阻害要因があると回答した団体は135団体で、その比率は27.7％であった。それらの地方公共団体から指摘があった項目を中心に、行政サービスの民間開放等を阻害する法令等の要因を洗い出し、35の論点をまとめている。

生活保護については、地方公共団体より制度的阻害要因として、「生活保護法第19条第１項及び同条第４項により、生活保護の決定及び実施については市長が行うこと、及び委任はその管理下にある行政庁に限ると規定されているため、外部委託できない。」との回答が寄せられた。

これに対し、関係省である厚生労働省は、「生活保護の決定及び実施の判断は国民の生存権に直接影響するものであるから、都道府県知事、市長等を実施主体としている。具体的に生活保護の事務を外部委託するとした場合、①生活保護の決定実施に当たっては、保護の実施機関は、要保護者の資産状況、健康状態等の調査ができることとされており、被保護者の個人情報が集約されること、②被保護者に対する、保護費の返還命令等の行政処分ができることとされていることから、民間機関が実施することは困難である。」（下線は原文ママ）という対応であった。

(2) **「専門委員会報告書」**

2003年に、社会保障審議会福祉部会に設けられた「生活保護制度の在り方に関する専門委員会」は、2004年に「専門委員会報告書」をまとめた。この報告

Ⅱ　生活保護における新たな展開

書では、自立支援プログラムの導入が提案された。この提案を受けて、厚生労働省は2005年度から自立支援プログラムの策定・実施を開始しており、厚生労働省の姿勢は「専門委員会報告書」と基本的に同じと考えることができよう。

「専門委員会報告書」は、自立支援プログラムについて、地方公共団体が、被保護世帯の現状や地域の社会資源を踏まえ、自主性・独自性を生かして作成し、これに基づいて支援を実施すべきとし、自立支援推進体制として、地方公共団体の役割についてつぎのように述べている。

> 「地方自治体は、自立支援プログラムの策定・実施に当たり、個別の自立支援メニューを所管する他の部局との調整をし、ハローワーク、保健所、医療機関等の関係機関との連携を深めるとともに、①就労支援、カウンセリング、多重債務問題、日常生活支援等に関する経験や専門知識を有する人材の活用、②社会福祉法人、民間事業者等や、民生委員、社会福祉協議会等との協力強化及びアウトソーシングの推進、③救護施設等の社会福祉施設との連携等、地域の様々な社会資源を活用することにより、その独自性を生かした実施体制を構築することが必要である。
> なお、生活保護の決定・実施に責任を果たすべき実施機関においても、被保護者の抱える諸問題、稼働能力等の分析や、上記各機関の調整を適切に行い、自立支援プログラムの策定に責任を持つことのできる専門的な知識を持った生活保護担当職員等の確保・育成を行うことが不可欠である。」

「専門委員会報告書」では、自立支援を推進する地方公共団体の役割として、専門的な知識を持った生活保護担当職員等の確保・育成とともに、①専門的知識を有する人材の活用、②社会福祉法人や民間事業者等との協力強化およびアウトソーシングの推進、③社会資源の活用など、民間委託等を含む具体的な方法を提案した。

以上の2つの資料から、生活保護事務の民間委託についての厚生労働省の見解をまとめるならば、生活保護の決定および実施については法の規定上民間委託は困難であるが、自立支援については民間委託も可能と考えているといえよう。

2 生活保護論争と民間委託

　生活保護制度改革が「生活保護制度の在り方に関する専門委員会」のもとで検討される中、制度改正への期待や要望を込めて開催された2003年の公的扶助研究セミナーを契機に、生活保護論争は始まった。そして、生活保護論争(2003年〜2005年)の主題は、しだいに生活保護制度における経済給付と相談援助の関係をめぐるものに焦点化されていった。

　生活保護法は、第1条に、最低生活保障と自立助長の2つの目的を掲げている。生活保護における最低生活保障としての経済給付と自立助長のためのケースワーク等の相談援助の位置づけをめぐり、生活保護法成立当初から論争があった。その代表的なものとして、公的扶助サービス論争(1953年〜1954年)および仲村・岸論争(1956年〜1963年)をあげることができる。[5]

　2003年〜2005年の「分離論」・「一体論(統合論)」の論争も、生活保護における2つの目的の位置づけを主題とするものであった。論争は、主として雑誌『賃金と社会保障』および「公的扶助研究会」のシンポジウムで行われた。ここでいう、「分離論」とは、生活保護制度における経済給付(金銭給付ないし認定業務)と相談援助(ケースワークないし援助業務)を制度的に分離する方式をさし、「一体論(統合論)」は、両者を統合し現行のように1人の担当者が行う実施体制を意味する。[6]

　以下、この論争を取り上げてみよう。

1 「分離論」と「一体論(統合論)」

　まず、論争のきっかけとなった「分離論」を支持する清水浩一の主張からみよう。

　清水は、今回の生活保護改革を「社会福祉改革の最後に残った大きな課題」と位置づけ、生活保護法に内在する、利用者に対する差別・スティグマの再生産構造を除去することが制度改革の根本的課題であるとしている。そのために、支給要件を緩和し、生活保護制度を「社会手当化」すること(仮称・生活

Ⅱ　生活保護における新たな展開

支援法）を提案した。

　公的扶助である生活保護を社会手当化すると、給付は単純な認定事務となるので、金銭給付とケースワークとを一体的に行う必然性はなくなる。したがって、両者は分離すべきであるとする。その根拠として、「一体論」のいうケースワークを行うには、①生活保護担当職員に高い専門性を望める環境にないこと、②そのため権威主義（パターナリズム）を増長しかねないこと、③１人の担当者が現金給付とケースワークの両方をする必然性がないこと、をあげている[7]。

　これに対して、吉永純は「一体論（統合論）」の立場から、両者が分離されると、「福祉事務所はますます給付管理中心の事務処理機関と化し、福祉事務所の職員はいよいよ市民生活問題が見えない（見ない）存在となってしまうのではないか。」と危惧を示した。

　確かに、現行生活保護制度には、「差別構造」や「強介入性」があることも事実であるが、利用者とケースワーカーの対等な関係を制度的に保障することにより、差別やスティグマ感は緩和されるのではないかとしている。そして、「分離論は清水の期待と裏腹に安上がり行政、生活保護における公的責任縮小路線に利用される危険性がある。」と吉永は指摘する。

　さらに、今日の生活問題は多様で複雑である。これに対して、福祉事務所はまずは金銭給付を行うことが重要であるが、金銭給付と同時にケースワークが求められる。効果的なケースワークは、金銭給付と一体的に行うことによって可能となる。また、生活保護ケースワーカーがコーディネーターの役割を発揮して連携の中心に位置することが重要である。これらの支援は、公的福祉サービスの要である福祉事務所が機能してこそ可能となる。吉永は、「生活保護費の給付とケースワークは２つを分けることなく一体的に行うべきである。わざわざ分けて行うとなれば、迅速性に欠け、効率的でなく、実行性にも問題が生じる。」とした[8]。

2　民間委託

　この論争では、つぎに民間委託が争点となった。

新しいソーシャルワーカー像として、金銭給付（認定業務）とケースワーク的業務（援助業務）を同一人物が担うべきではないと主張した「分離論」の清水は、ケースワーク的業務を行う部署について2つの「分離のモデル」を提示している[9]。

第1は、役所内の業務分担である。相談等の案件は事務部門からソーシャルワークを専門に行う部局につなぐ。本来、公的責任を一貫して果たすという観点にたてば、この方式が理想的である。

第2は、次善の策としてのケースワーク業務の外部化である。介護保険のケアマネジメントが先行例であるとされる。

一般に、業務の外部化は効率化に名を借りた、公的責任の後退と安上がりの手段と考えられてきた。この点は否定できないであろう。しかし、清水は、「外部化は論外と言い切れるだろうか。」と疑問を呈し、こうした批判はあるが、介護保険の公的責任（政策主体とサービス提供主体の分離）にみられるように、公的責任とは何かについてもう少し柔軟に考えてみる価値がある。問題は、住民サービスの低下を招き、結果的に公的責任の後退につながるかどうか、であると。

また、清水は、「外部化」の可能性として、独立型社会福祉士と東京社会福祉士会の動きを先行例としてあげる。

後者は、東京都と特別区によるホームレス対策事業での相談業務を東京社会福祉士会に委託しているケースである。アセスメント業務には高度の専門性が必要であると行政が承認した結果であるともいえる。そして、福祉サービス給付の決定権限を福祉事務所が留保しつつ、社会福祉士のアセスメント報告書を参考にする点で、清水は「これはこれで公的責任の1つの形態である。」としている。

そして、この外部委託例は、通常の生活保護の決定や生活保護受給者の「処遇」方針の樹立に応用可能とし、相談援助やアセスメントなどは地域の社会福祉士会へ、福祉サービス給付の決定権限は行政機関である福祉事務所という棲み分けは、議論の余地はあるが検討に値すると清水は述べている[10]。

一方、「一体論（統合論）」の吉永は、つぎのように言う。ケースワークを民

間委託とする「分離論」では生活保護行政の大後退につながり、生活問題に責任と権限をもって迅速に直接対応してくれる行政機関がなくなることを意味する。介護保険導入後の福祉事務所機能の変質を目の当たりにしている者としては、相談援助・ケースワーク業務の外部委託にはそのような危険を感じざるを得ない。今日の社会保障・福祉政策の動向は公的責任縮小へ動いており、「分離論」の主張する民間委託は、公的責任の縮小・変質につながりかねない危うさを指摘する[11]。

加えて、「一体論（統合論）」の立場からは、「行政の中で大変な仕事だから民間に持っていくという発想ではなく、住民生活を守る最も重要な制度として生活保護を位置づけ、その有効な手段としてソーシャルワークがあると考え、より専門性の高い業務を担える条件整備を行政に展開させる議論を詰めるべき」という主張もある[12]。

以上の論争の中で指摘されているように、今後の議論のためには、実際に行われている民間委託が、公的責任の縮小となっていないか、専門性を向上させているか、さらに、差別とスティグマを改善するものとなっているか、などを検証していくことが不可欠となろう[13]。

「私の意見は少数派である。」と清水が言うように、「分離論」の主張は論争の中では大勢ではなかった[14]。しかし、2011年度の社会・援護局関係主管課長会議で「ケースワーク業務の外部委託等の推進」が重点項目として挙げられているように、その後の日本社会の現実は「分離論」のいう民間委託へと動いていった。

3　生活保護担当職員調査

ところで、福祉事務所の現場で生活保護業務を担当する職員たちは、民間委託についてどのように考えているのであろうか。国立保健医療科学院は、2004年に現業員あるいはケースワーカーと呼ばれている生活保護業務を担当する職員を対象に、「社会福祉行政業務の民間委託（アウトソーシング）に関する調査」を実施している[15]。職員の民間委託と業務に関する意識を明らかにした貴重な資

料である。その結果をみよう。

1 民間委託についての意識

　生活保護業務について、民間委託の検討可能性のある業務を聞いている。1つでも選んだ職員は全回答者の60％、どの業務も委託不可と答えたのは38％であった。6割が民間委託を可能だと答えており、委託については現場でも一定程度の認知を得ている。

　委託の可能性がある具体的業務を業務の流れに沿ってみると、図5−1のように、「1　相談・申請受理」を委託可能としたものは全回答者の25％、以下「2　新規調査」24％、「3　保護決定」7％、「4　家庭訪問」25％、「5　機関調査」40％、「6　関係機関とのサービス調整」33％、「7　保護変更」12％となっている。

　「機関調査」や「サービス調整」の業務をあげる職員が多い。一方、要・被保護者との直接的・体面的な関係を伴う「相談・申請受理」や「家庭訪問」などの業務をあげる者は比較的少ない。

　委託可を選択した職員に、委託先として想定できる団体等についても聞いている。上位3つは、「社会福祉協議会」（56％）、「社会福祉法人」（46％）、「独立開業の相談援助職（ソーシャルワーカー、カウンセラー等）」（30％）、である。これまでも生活保護と関係の深い機関が多くあげられている。

　さらに、委託の利点と問題点についてもたずねている。

　委託の利点としては、サービスの質の観点から、「ケースに対する専門的知識・技術による支援の充実」（76％）、「ケースに対する継続的支援体制の充実」（71％）をあげている。また、業務効率の観点からは、「福祉事務所の業務範囲が限定され事務所の業務処理速度があがる」（76％）への期待が大きい。

　一方、問題点としては、サービスの質の観点から、「ケースのプライバシーが侵害されやすくなる」（62％）への危惧が大きいが、「福祉事務所自身の相談援助機能が低下する」（34％）への危機感はそれほど大きくはない。業務効率の観点からは、「職員の配置人数が減らされ業務負担は変わらないか増える」（60％）への危惧が比較的大きい。

Ⅱ　生活保護における新たな展開

　調査報告書は、6割の生活保護担当職員は民間委託という方針を受け入れている点では、生活保護業務における経済給付と相談援助業務との関係についての「分離論」と「一体論（統合論）」の論争でいえば、結論としては「分離」を支持しているといえるかもしれないとしている。
　しかし、分離の志向は多面的であり、第1のタイプは「経済給付に関わる調査事務の外部化」を志向しており、この論争での「分離論」ではない。第2のタイプは、相談援助部分の外部化を含んでおり、いわゆる「分離論」に対応するものである。第2のタイプは、第1のタイプに比べて少数である。したがって、今後、「業務委託にある程度の了解を得られるということで委託を推進しようとしても、委託の具体的な方向性について、現場意識レベルで了解をうることには、大きな困難がともなうことになろう。」としている。[16]

2　業務に関する意識

　この調査は、生活保護担当の経験年数が概ね2年以上の職員を対象としている。かれらの所有する福祉関連の専門職資格は、任用資格である社会福祉主事の資格保持者が79.8％であった。相談援助の専門資格とされる社会福祉士の保持者は5.3％で、何の資格も持たないものが17.7％であった。
　1人あたりの担当ケース数（世帯）は、全平均で73.0ケースであるが、郡部平均52.5ケース、市部平均で約74.7ケースと、地域間格差が大きい。生活保護担当職員数（社会福祉法第16条）は、必置規制が緩和され、市部80：1、郡部65：1が「標準数」となった。そのためか、全体でも80ケースを超える担当は38％に及んでいる。とくに市部では、80ケース以上の担当は50％を占め、90ケース以上の担当も32％と常態化してきていることがこの調査でも確認されている。
　生活保護担当職員たちは保護業務についてどのような意識をもっているのだろうか。彼らの業務負担と自立助長についての援助についての意識をみよう。
　まず、業務負担についてみると、全業務の中でもっとも時間を割いている業務は、「家庭訪問」で42.5％、ついで「相談・申請受理」15.0％、「保護の変更」12.2％であった。

それらの業務がもっとも時間を割く理由についても聞いている。「家庭訪問」と「相談・申請受理」については、「個々のケースの問題が複雑で、その理解や援助方針の設定が難しい」が7割以上でもっとも多く、ついで、「処理件数が全体として多い」が約5割となる。これに対し、「保護の変更」については、「処理件数が全体として多い」が約8割でもっとも多く、ついで「作成書類が多い」が約5割で、「個々のケースの問題が複雑」は4割にとどまっている。

　また、職員の業務負担感は「非常に負担」が38.1％、「多少負担」が49.3％で、あわせて87.4％となる。とくに「非常に負担」の割合は担当ケースが多くなると増加し、90ケース以上担当する職員では46.1％と半数近くとなっている。

　業務負担感をもつ職員に、その理由をたずねている。「ケースの抱える問題が複雑」(65.3％)、「全体の業務量が多すぎる」(47.1％)、「十分な時間をかけて行うことができない」(27.0％)、「相談援助について自身の専門性が不足」(23.9％)、「業務が自分に不向き」(6.8％)、「適切なスーパーバイズが不在」(6.3％)の順となった。ワーカー個人の専門性・能力や組織の業務管理体制よりも、ケースの抱える問題の複雑さや全体としての業務量が、負担要因として担当職員に認識されている。

　また、現在の職からの異動希望については、「強く思う」が43％、「多少思う」が34％、「それほど思わない」が16％、「ほとんど思わない」はわずか6％であった。異動の希望は多い。

　ついで、自立助長のための援助についてみると、自立を助長するための業務（自立助長のための指導および関係機関とのサービス調整、家庭訪問等）の自己評価は、「十分行えている」はわずか3％、「まあまあ行えている」が39％、「あまり行えていない」が49％、「まったく不十分」が8％となっている。「あまり」と「まったく」とを加えた「不十分」と感じているものは、全体の57％を占める。

　自立助長の援助が「不十分」とした職員に、その理由をたずねている。「担当数が多く十分なかかわりがもてない」が84％、「ケースごとの自立援助の方針が担当者またはチームのなかで不明確」34％、「自立助長の相談援助に関する専門的知識や技術が自分には足りない」が64％、「他のケースワーカーもこ

Ⅱ　生活保護における新たな展開

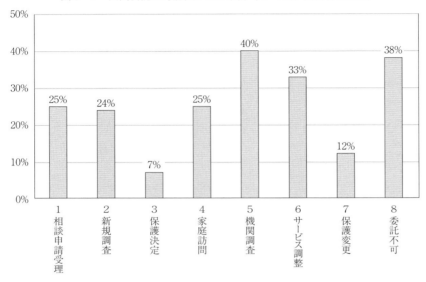

図5-1　民間委託の可能性がある業務（N＝713、回答者の比率）

1　相談申請受理　25%
2　新規調査　24%
3　保護決定　7%
4　家庭訪問　25%
5　機関調査　40%
6　サービス調整　33%
7　保護変更　12%
8　委託不可　38%

資料出所）国立保健医療科学院（福祉サービス部／主任研究者・栗田仁子）『社会福祉行政事務の民間委託（アウトソーシング）に関する研究』（平成16年度研究報告書）2005年

の程度」が36％であった。自立助長のための援助の方針や目標はある程度定まっているにもかかわらず、目的達成に向けて個々のケースとかかわる時間が十分に取れないと感じたり、相談援助者としての自分の能力に疑問をもったりしている担当職員は多い[17]。

　生活保護担当職員の民間委託及び業務に関する意識調査の結果を踏まえて、調査報告書は、業務体制に限れば、ワーカーの過重負担を抑制しつつ援助業務の充実をはかるための方策として、担当ケース数の抑制や業務範囲・内容の限定という方策が検討されてよいとし、後者の場合、「一定部分を分離ないし委託する方策も、視野に入れることになる。」と記している[18]。

4　福祉事務所における民間委託

　民間委託という方法は、生活保護の領域でも導入されつつある。2010年6月

に行われた厚生労働省社会・援護局保護課主催の「生活保護担当ケースワーカー全国研修会」では、新宿区福祉事務所における「NPO等との協働・連携」が報告された[19]。以下では、この報告を取り上げ、新宿区福祉事務所が民間組織とどのような連携・協同を行っているかを検討してみたい。まず、新宿区の生活保護を概観し、ついで、民間との協働・連携をみよう。

1　新宿区の生活保護
(1)　新宿区の保護の動向

新宿区福祉事務所『平成23年度　新宿区の生活保護の概況』によると、2011年1月の生活保護受給者は9360人で、保護率は29.3パーミルとなった。全国の保護率15.7パーミルと比べると2倍近い比率で、東京23区の中でも6番目に高い比率である。

生活保護受給世帯の世帯類型は、高齢者世帯46.1％、母子世帯3.4％、傷病世帯25.1％、障害世帯9.9％、その他世帯15.3％となっており、高齢者世帯がもっとも多い。

新宿区では、失業等で住まいを失った者やホームレスが区内の公園や駅周辺の地下街、インターネットカフェ等に集まり、その結果、病気や高齢、住まいを失った等を理由に福祉事務所に来所し、相談する者が多く、当区の保護の動向に大きな影響を与えている。

新宿区内のホームレスの概数は258人で、東京23区全体のホームレス概数1901人の13.6％となる。23区の中では台東区についで、ホームレスの多い区である[20]。

来所や訪問、電話の相談を含めた年間の相談件数は5万4327件であるが、そのうち居宅は5585件であるのに対して、ホームレスは4万8742件で、89.7％を占める。ホームレスの保護は2010年度2151人であった。同年度の保護開始数は3545件であったから、保護開始の60.7％を占める。保護の状況は、入院73人、保護施設入所27人、その他宿泊所等2051人となっている。

(2)　福祉事務所の組織と運営体制

現在生活保護を担当する福祉部生活福祉課・保護担当課は、1993年4月に、

旧原町・高田馬場の2つの福祉事務所を統合し、生活保護単法課の生活福祉課としてスタートした。(表5-1、図5-2)

　地区担当員数は、2011年度現在88名の配属となっている。1担当員あたりの平均ケース数は90ケースを超えており、国の示す標準数80ケースに比べると、担当数が多い。また、2006年度から自立支援推進員(非常勤職員)を配置し、2011年度は17名に増員し、地区担当員のケースワーク業務を補完している。

　その他にも、新宿区福祉事務所では専門の担当職員を多く配置している。

　まず、ホームレスに対する支援は、2002年度から「ホームレスの面接相談および現業事務に関すること」を担当する専管組織として「自立支援係」を設置し、医療・居所の提供等、増え続けるホームレスの自立に向けての援助活動を積極的に実施している。また、女性相談は、区の地域特性からさまざまな問題を抱える女性の相談が多く、2000年度から相談係に女性相談員3名を配置し、緊急の宿泊場所の確保・関係機関との連携等により自立に向けての問題解決に

表5-1　2011年度係別職員数

	常勤職員					業務別内訳					非常勤職員					合計
	課長	係長	主査	主事	再任用	常勤職員計	査察指導員	ケースワーカー	面接相談員	女性相談員	事務	区政推進員	自立支援推進員他	婦人相談員	医療・介護調査員	嘱託医	非常勤職員計	
生活福祉課　計	1	5	5	51	4	66	4	27	4	3	28	2	14	2	3	3	24	90
保護担当課　計	1	4	5	61	1	72	9	61	0	0	2	0	11	0	0	0	11	83
合　計	2	9	10	112	5	138	13	88	4	3	30	2	25	2	3	3	35	173

資料出所)　新宿区福祉事務所『平成23年度　新宿区の生活保護の概況』2011年

図5-2　2011年度組織図

資料出所)　新宿区福祉事務所『平成23年度　新宿区の生活保護の概況』2011年

積極的な対応を行っている。医療扶助に関しても、2003年からより一層の適正実施を図るため、医療扶助および介護扶助の給付に関することを担当する「医療係」を設置している。

　2008年度から、生活保護受給者および世帯が増えつづける中、適正な保護の実施を図るため、主に居宅生活を送る生活保護世帯を担当する課として「保護担当課」を設置し、「生活福祉課」との二課体制とした。

　2011年度の福祉事務所では、課長2名、査察指導員13名、面接相談員4名、女性相談員3名、地区担当員88名、嘱託医3名で、経理担当員職員および医療担当職員等を加えて職員は合計173名（うち非常勤職員等35名）である。2007年度の職員は120名であったので、この5年間に50名の職員が増員されている。福祉事務所の体制としては、非常勤の専門職員の活用がなされている。

2　民間組織との協働・連携

　2010年度の厚生労働省社会・援護局保護課主催の「生活保護担当者ケースワーカー全国研修会」において、新宿区福祉事務所の「NPO等との協働・連携」が報告された。取り上げられたのは、福祉事務所業務（ケースワーク）の補完支援・自立の助長のために行われている、①拠点相談所、②自立支援ホーム、③緊急一時宿泊事業、④入所者等相談援助、⑤訪問サポート、⑥らいふさぽーとプラン（被保護者自立促進事業）の6事業である。

表5-2　新宿区福祉事務所業務におけるNPO等との協働事例

事業名	開始時期（年）	委託先	2010年度予算（千円）	備考
拠点相談所（とまりぎ）	2006	社団法人	26022	ホームレス支援
自立支援ホーム（諏訪荘）	2007	NPO	9911	ホームレス支援
緊急一時宿泊事業	1996	NPO	21900	生活保護外ホームレス支援
入所者等相談援助（やまぶき舎）	2003	NPO	12272	セーフティネット補助金
訪問サポート	2007	社会福祉法人	12440	セーフティネット補助金
らいふさぽーとプラン（被保護者自立促進事業）	2005	NPO	28744	東京都被保護者自立支援事業

資料出所）新宿区福祉事務所調べ

Ⅱ　生活保護における新たな展開

　以下では、全国研修会での報告内容に加えて、新宿区福祉事務所『NPO等との協働事例集』(2010年4月)および新宿区『新宿区第Ⅱ期ホームレスの自立支援等に関する推進計画——それぞれのタイプ・段階に応じた支援をめざして』(2010年2月)などを資料に、それぞれの協働や連携の内容を検討してみよう。

(1)　**拠点相談所（とまりぎ）**

　以前は、福祉事務所の内側でビスケットや乾パンなどの食料や衣類などを支援していたが、2006年度から社団法人東京社会福祉士会に委託して、福祉事務所の外側に拠点相談所を構えた。

　目的は、ホームレスに対して、定まった場所で継続的な相談と、自立支援や福祉施策に関する情報を提供することで、ホームレス1人ひとりの状況に応じたきめ細かな支援を行い、早期に自立を促すことである。

　スタッフは主任相談員1名、相談員3名、補助相談員2名、専門相談員（アルコール・法律等）6名、である。

　2008年度の相談者数は9360人で、食料のビスケットは約5万3000食を提供した。1日当たりに換算すると相談は40人弱、食料が220食強となる。

　相談所では、他区の生活保護受給者が週に2・3日補助相談員として働き、食料やシャワーの提供、利用者との交流などを行う。生活保護受給者に社会的就労の場を提供する機会ともなっている。

　現在は市区レベルでは唯一のホームレスの総合相談を行う事業であるために、近隣自治体からの相談者が集中する傾向にあり、「呼び寄せになるのではないか」との意見もある。

(2)　**自立支援ホーム（諏訪荘）**

　就労して自立を目指す意欲があり、かつ可能であると思われる者について早期に対応し、一定期間で計画的・集中的に支援して、時間と労力を効果的に活用することで、アパートへの自立を実現する。路上生活から確実に自立させ、再び路上に戻らないための支援が重要となる。

　福祉事務所は、拠点相談所を中心として、「巡回相談事業」や「NPO等ホームレスの自立を支援する団体」と連携して、生活サポートを行う上での柔軟性と就労支援のための専門知識と経験を生かしながら、就労自立を集中的に行う

事業を業務委託して実施している。

入居に当たっては、委託事業者と拠点相談所、福祉事務所の3者で構成する「入所判定会議」を行う。事業目的にふさわしいホームレスを対象としている。ホーム入居期間は原則3か月、最大でも6か月以内である。アフターフォローとして、就労自立してアパート入居後は、原則1年間、さまざまな相談を受けている。2007年度から、2部屋をNPOが借上げて定員4名で行っている。

この事業は、生活保護法外の仕組みで、相談員が2名常駐し、生活や就労を集中的に支援する。原則として3か月の間に、アパート入居の際に必要となる費用を蓄えさせる。

2008年度では、28名が入所し、退所者24名のうち地域のアパートに移ったものが12名である。約半数の人が地域生活を開始している。前項の拠点相談所での相談から入居するケースが多い。

(3) **緊急一時宿泊事業**

病気やけがなどの理由から、緊急に保護を必要とするホームレスに対して、民間宿泊所のベッドを年間通じて借り上げ、食事や風呂、日用品などを提供する事業である。

これも、法外援護(生活保護制度以外の支援)のサービスである。更生施設待機などで1996年度から実施している。

2008年度は延べ3514床利用した。利用期間は原則1週間であるが、施設入所待機や生活保護決定待ちなどにより、利用期間が長くなる傾向にある。これまで8床を確保していたが、職員からも「もっと増やしてほしい。」という要望があり、2010年度は15床を確保する予定である。

新宿区の担当者は、保護開始にあたって、「どこか宿でも探してくればいいよ。」というやり方ではなく、用意したものに入っていただき、そこで様子をみる。長い人もでてくるが、生活保護の外側でやる仕組みをもっているということで福祉事務所の主体性が確保されていると感じていると話した。

このサービスも不足しているので、1つの施設に路上歴の長い人からネットカフェ生活でお金もなくなったような若い人たちまでいろいろな要・被保護者が居住しており、資源不足による利用者の混在が生じている。

Ⅱ　生活保護における新たな展開

(4)　入所者等相談援助事業（やまぶき舎）

　ホームレス問題に対し専門性をもったNPO団体と連携し、NPO団体が運営する宿泊所に入所している認知症の高齢者や精神疾患があり単身生活が困難な元ホームレスのために、生活支援員を配置し、生活相談や健康管理の支援を行っている。国のセーフティネット支援対策事業による事業である。

　実施場所はNPO団体スープの会「やまぶき舎」である。宿泊所に3名の生活相談員を配置し、生活全般の支援を行っている。また、土・日・夜間に地域や関係機関からの通報があったホームレスに対する緊急一時保護も行っている。

　対象者は、一般の宿泊所での生活が困難な元ホームレスで見守りが必要な人および、区民や警察等関係機関からの通報により緊急対応が必要な人である。入所者は住民登録をし、介護サービスなどの地域サービスを利用する。

　2003年から実施しており、現在33名が「やまぶき舎」を拠点とするグループホームを利用している。2009年度1年間に土日、夜間に30件の緊急対応を行った。

(5)　訪問サポート

　2007年から、国のセーフティネット補助金を利用して行っている。福祉事務所内に「訪問相談室」が設置されており、現在3名の訪問相談員（常勤1名、非常勤週2・週3各1名）が配置されている。社会福祉法人　特別区人事・厚生事務組合社会福祉事業団に委託し実施している。

　実施要綱によると、この事業は、元ホームレスの生活保護受給者が、「再び路上に戻ることがないよう、真に地域社会で安定した自立生活を送るための支援を、柔軟性と専門性をもった団体と提携し、ケースワーカーの業務を補完しながら実施することである。」とされている。

　このサポートのねらいは3つある。まずは、アパート確保、そして、転宅直後の定着支援、さらに継続支援という3段階に分けられる。2009年度は、336名が利用した。アパート転宅支援（施設からの住宅支援）36名、アパート定着支援（転宅直後の不安解消）240名、アパート生活継続支援（借金、アルコール等）60名、であった。アパート転宅直後の支援が7割を占める。利用期間は原則6か

月となっているが、2008年度の平均事業利用期間は10.5か月で、期間を延長し支援が行われている。

地域生活においては、健康やお金の管理、アパートに入ったときの生活がきちんとできるのかということが重要となる。銀行、携帯ショップ、不動産屋、病院、裁判所などにも同行支援してもらう。ケースワーカーからは、「なんと言っても手続き部分の同行支援は助かる。」という感想を聞く。それぞれが抱える課題をどう解決していくのかというところを、かなりきめ細かく支援してもらっている。この事業は比較的「ヒット商品」だという気がしていると、担当者は述べている。

この事業は、「ケースワーカーの業務を補完しながら実施すること」であり、訪問サポートによる訪問は、ケースワーカーが行う家庭訪問の回数にはカウントできない。ただし、訪問類型を、サポートをしていることを理由にB→Cのように変更することは可能である。

なお、以下のような内容の依頼は禁止されている。

「ホームヘルパーが行うべきこと（歩行介助を要する通院介助、掃除など）、１回で終わるような単発の依頼（「明日、アパートの契約だけ一緒に行ってください。」など）、ケースワーカー同席なしでの本人の部屋への立ち入り、救急車への同乗、利用者のお金の預かり・品物の保管、安否確認だけのサービス、依頼内容がはっきりしないもの（「ただ訪問してお話してきてくださればいいんです。」など）」

(6) らいふさぽーとプラン（被保護者自立促進事業）

東京都が2005年度に創設した被保護者自立促進事業を活用し、新宿区は、独自の自立支援プログラムとして「NPOを活用した基本的生活習慣のための支援」を開始した。居宅生活をしている生活保護受給者を対象とした「日常生活、社会参加、就労意欲のきっかけづくりと地域社会への適応」を目標とした講座・講演会と、子どもと保護者を対象とした支援がある。

2008年度の講座講習会の実績は、636回で、延べ2983名が参加した。実利用者は183名で、新規の利用者は100名であった。

講座講習会の内容は、生活応援講座として、料理・カラオケ教室・防災教室、規則正しい生活講座として、パソコン教室・東京散歩などがある。また、しご

と体験講座として、ポリッシャー・ベットメイキング実習がある。このほか、居場所づくりとして、将棋・書道・映画鑑賞等も行っている。

　子どもとその保護者への支援としては、「学習環境の場の提供・家庭訪問・異年齢との交流支援」を行っている。新宿区は子どもの学力だけではなく、制限のある住宅扶助による住環境にも着目している。住宅扶助費の範囲内であれば、新宿区内では風呂なしの6畳一間を確保するのがやっとである。非常に狭い部屋で、保護者が難しい課題を抱えているということで、NPOの教室に来てもらい、また、家庭訪問で親も含めた生活指導をしていこうと始めた事業である。子どもたちに対する支援のあり方は、全国さまざまな取組みがあるが、新宿区では、親も含めて家族に目を向けた支援をしている。

　新宿区の担当者は報告の中で、NPO等との協働・連携についてつぎのように述べている。

　　「ケースワーク業務は、数的にも質的にも非常に厳しい状況におかれています。…そのなかで、子どもの問題や被保護者に対する同行等、きめ細やかさなどはおのずから限界があると思います。…NPOは専門性、先駆性、柔軟性、継続性をもっています。役所が持ち合わせているものは何かというとお金と、役所という信頼性です。そこがマッチングすることによって必ずうまくいくと考えています。」

　報告で取り上げられた新宿区福祉事務所における民間委託の6つの事業のうち、前3事業(①拠点相談所、②自立支援ホーム、③緊急一時宿泊事業)はホームレス対策、後3事業(④入所者等相談援助、⑤訪問サポート、⑥らいふさぽーとプラン)は生活保護の事業ということになる。半数はホームレス対策の民間委託である。近年拡大したホームレスという新しい問題に対応するために、すでに活動実績のある組織への民間委託が選択されたとみることができよう。

　また、生活保護の3事業の中でも、「らいふさぽーとプラン」は自立支援プログラムであり、他の福祉事務所でも民間委託が進んでいる事業である[21]。また、「入所者等相談援助」はいわゆるグループホームであり、認知症高齢者福祉の領域では多いが、生活保護の領域ではめずらしい取組みである。注目されるのは、「訪問サポート」に民間委託が導入されていることである。担当ワーカーでは足りない支援が民間委託を通して行われている。この事業では、委託

先の部署（訪問相談室）を福祉事務所内に設けているところに特色がある。民間委託が試行的な時期であることもあってか、所内に設置されている。これは連携強化の点においても、また、権限の在りかを明確化する点においても有効な方法といえよう。

おわりに

　本章では、生活保護における民間委託の背景や現状を検討してきた。近年の生活保護受給者数の増加や受給者の抱える問題の多様化・複雑化による相談援助業務の必要性の高まりを受けて、生活保護業務における相談援助業務の民間委託への動きが始まっている。現在はまだ試行的な取組みにとどまっているが、日本の福祉政策における民営化の動きからも、今後生活保護における民間委託は拡大していくと考えられる。これまでの検討の中で明らかになった点を、ここで要約的にまとめておきたい。

①地方分権一括法の制定により、生活保護法第27条の2に「相談及び助言」が自治事務として新設されるとともに、福祉事務所の必置規制も見直され、生活保護業務において地方公共団体の独自性を出す制度的環境がつくられた。

②報告書等で厚生労働省の方針をみると、生活保護の決定および実施については、国民の生存権への影響の観点から民間機関が実施することは困難とされたが、自立支援プログラムについては、自治事務に属するため自治体の裁量の領域とされ民間委託が推奨されている。

③2003年からの生活保護論争では、相談援助の分離・一体（統合）をめぐり議論がなされた。全体としては、一体（統合）的運営の支持が主流で、相談援助の民間委託については、公的責任性、専門性の向上および差別・スティグマの改善などの検証が課題とされた。

④生活保護担当者への民間委託に関する調査では、民間委託は可能で、専門性が生かせるという意見が比較的多かった。しかし、委託できる業務としては、機関調査やサービス調整などの業務に比べて、相談・申請や家庭訪

問などの要保護者と直接かかわる相談援助業務ではそう多くはなかった。
⑤民間委託の事例では、ホームレス支援、自立支援、グループホームや訪問サポートなどの事業が、福祉事務所の決定権や管理を保持した形で民間委託が行われていた。

　生活保護法においては、最低生活保障は国の責務とされており、従来生活保護の業務を民間委託するということは考えられてこなかった。しかし、生活保護受給者の量的・質的変化は、生活保護の業務においても、民間委託等の新しい運営方法を取り入れざるを得ない状況を迎え、とりわけ、2005年以降導入された自立支援の取組みは民間委託を促進してきた。

　しかし、相談援助業務の民間委託については、生活保護担当者の中でも了解を得ているという状況にはない。事例として取り上げた「訪問サポート事業」は、相談援助業務の民間委託の数少ない先行例の１つである[22]。

　さいごに、生活保護論争の中で民間委託の課題とされた公的責任、専門性、差別とスティグマの３点から、事例の「訪問サポート事業」についてみておこう。公的責任については、訪問相談員への業務の依頼内容や訪問相談室の所内配置などにみられるように福祉事務所の責任の所在が明確となるように工夫されている。専門性の向上については、業務は相談業務の専門機関に委託されており、専門性は確保されているとみることができる。また、差別とスティグマの改善につながっているかについては、事例報告の中では確認できないが、給付業務をしない職員が入ることで生活保護担当職員との間に新しい関係が生まれたという報告もあるので[23]、この事業にも訪問相談員が入ることで同様の可能性が期待される。

　生活保護における民間委託は厚生労働省からも推奨されており、さらに拡大すると考えられる。その際には、生活保護論争の中で指摘された公的責任性、専門性の向上および差別・スティグマの改善などの検証を踏まえた上で、民間委託が試みられる必要があろう。

1）　藤村正之『福祉国家の再編成―「分権化」と「民営化」をめぐる日本的動態』東京大学出版会　1999年

2）　武智秀之「民間委託」庄司洋子・木下康仁・武川正吾・藤村正之編『福祉社会事典』弘文堂　1999年　p.961
3）　厚生省社会・援護局企画課「地方分権一括法の制定と社会福祉」『生活と福祉』525号　1999年　pp.14-19
4）　内閣府「行政サービスの民間開放等に係る論点について」2003年11月（財政諮問会議参考資料）
5）　最近のものでは、小野哲郎「公的扶助実践とは何か―社会福祉の実践（方法）概念に関連して」小野哲郎・白沢久一・湯浅晃三監修『シリーズ・公的扶助実践講座②　公的扶助と福祉サービス』ミネルヴァ書房　1997年　pp.1-58、根本久仁子「生活保護における社会福祉実践の位置づけをめぐる諸説の構造と展開について―論争期までの議論を対象として」『社会福祉学評論』創刊号（通巻3号）2001年　pp.44-59などがある。
6）　大友信勝「生活保護制度における所得保障とソーシャルワーク」『賃金と社会保障』No.1401　2005年　pp.4-5、清水浩一「社会福祉改革と生活保護法『改正』の展望―新しいソーシャルワーカー像を求めて」『賃金と社会保障』No.1355　2003年　p.4。なお、経済給付と相談援助については、それぞれの著者が用いた用語を、同義としそのまま引用している。
7）　清水、同上、pp.5-10
8）　吉永純「利用者本位の生活保護改革を―福祉現場からの問題提起③」『賃金と社会保障』No.1365　2004年　pp.31-35
9）　ただし、ケースワーク的業務の内容については峻別が必要で、本来の意味では、受給者の自己実現をめざす一連の援助を生活保護におけるケースワークと考えるべき（たとえば生活保護法第27条第2項）で、稼働能力の判定や就労指導など保護の受給要件に直接かかわる指導・指示的業務はケースワークではなく認定業務として整理した方がよい（たとえば同法第27条）と述べている（清水浩一「認定業務とケースワークとは分離するのが原則」『賃金と社会保障』No.1397　2005年　p.42）。
10）　清水、前掲「社会福祉改革と生活保護法『改正』の展望」pp.12-13、清水浩一「生活保護改革をめぐる論点整理―経済給付とケースワークの分離についての再論／吉永純氏の問題提起に応えて」2004年『賃金と社会保障』No.1369　2004年　pp.13-14
11）　吉永、前掲論文、p.35
12）　岡部卓「討論　生活保護の共通の実践課題と『自立の助長』の分離論と統合論をめぐって」における発言（『季刊公的扶助研究』190号　2003年　p.27）
13）　大友、前掲論文、pp.11-12
14）　清水、前掲「生活保護改革をめぐる論点整理」p.6。清水はこの論争について、「公的扶助研究会のなかではアウトソーシングの可能性に言及すること自体がタブーに近く、私はそれを破ったようなかたちになっているものですから、若干風当たりも強いと感じている。」と述べている（清水、前掲「認定業務とケースワークとは分離するのが原則」p.44）。
15）　国立保健医療科学院福祉サービス部（研究代表者・栗田仁子）『社会福祉行政事務の民間委託（アウトソーシング）に関する研究』（平成16年度研究報告書）2005年

Ⅱ　生活保護における新たな展開

16)　同上、pp.22-30
17)　同上、pp. 6 -21
18)　同上、p.29
19)　新宿区福祉部生活福祉課長井下典男「NPO等との協働・連携」『生活と福祉』653号 2010年　pp. 9 -11
20)　新宿区『新宿区第Ⅱ期ホームレスの自立支援等に関する推進計画―それぞれのタイプ・段階に応じた支援をめざして』2010年2月
21)　生活保護受給者自立支援の取組みは、少なくとも地域資源と「分担する」という段階にきていることを釧路市福祉部生活福祉事務所の実践は示している（櫛部武俊「『自立支援』は生活保護を、どのように変革（転換）したか―希望を持って生きる釧路チャレンジを通じて」埋橋孝文編著『福祉 + α ④　生活保護』ミネルヴァ書房　2013年　pp.155-165）。
22)　他の事例としては、松崎喜良「大阪市は生活保護まで特区をめざすのか―職員の不足、非正規化、業務委託、経験不足が現場を蝕む」(『賃金と社会保障』No.1617　2014年）がある。なお、中野区は、自立支援プログラム「高齢者居宅介護事業」では、高齢生活保護受給者の相談業務をNPOに委託している（中野区「なるほど！中野区の健康福祉」2016年版）。
23)　櫛部、前掲論文、p.158

III
生活保護制度における世帯認定と扶養義務
―――保護の実施要領を中心に―――

第6章

生活保護における世帯と世帯認定

はじめに

　本章の課題は、生活保護における世帯と世帯認定の動向を検討することである。
　現行の生活保護制度は1950年に出発した。生活保護法の制定にあたった小山進次郎は『改訂・増補　生活保護法の解釈と運用』の中で、世帯について、以下のような解釈を行っている。[1]
　公的扶助の適用において世帯単位の原則を採ることは各国の制度を通じての傾向である。ただ、この場合において世帯として取り扱われるものの内容は必ずしも同一ではなく、さまざまの型がある。
　「我が国の現状をみると家族制度は形式的には消滅したが、現実には夫婦親子の範囲を超えたより大きな生活の共同体が社会生活上今なお現存して居り、これを簡単に無視することは適当でないので、構成員相互の関係は一応これを度外視し、現実に世帯としての機能を社会生活上営んでいるものであればこれをそのまま受け容れて生活保護法適用上の単位とすることにした」というのである。
　しかし、現代日本を含む先進諸国では、家族、福祉、労働等々の分野に「個人化」が進行し、その結果生じた問題の解決が求められている。
　たとえば、武川正吾は、個人化の現象を福祉国家との関連で考察し、19世紀の個人化と20世紀の個人化を指摘している。19世紀の個人化とは核家族化のことであり、20世紀の個人化とは安定的とみられていた「家族」と「職業」が不

Ⅲ　生活保護制度における世帯認定と扶養義務

安定化し流動化することである、とした。

　個人化の最初の帰結であった核家族は、福祉国家による年金という制度的保障を得、高齢者は子ども世帯からの経済的自立を獲得した。個人化は核家族化を超えて進み、核家族からさらに個人が離脱する家族の個人化がみられるようになった。

　とくに、福祉国家との関係で重要性を帯びてくるのは、生計の単位が世帯から個人へと移行してくる現象である。今日多くの領域で、生計単位の個人化を見出すことができる。これまで福祉国家の制度は世帯単位＝核家族単位の原則で設計されていた。このことは福祉国家のあり方に対しても深刻な影響を及ぼさずにはおかない、としている。[2]

　生活保護法は第10条で世帯単位の原則を定めており、保護の要否および程度は世帯を単位に判断される。これは、各個人の経済生活は通常世帯を単位として営まれており、保護を必要とする生活困窮という事態は世帯のある特定の個人についてあらわれるものではなく、世帯全体に同じ程度においてあらわれるからであるとされている。[3]ただし、世帯単位の取扱いが困難な時には、要保護者を個人で保護することができる世帯分離という例外規定を設けている。したがって、生計単位の個人化がみられる現代日本において、保護の実施にあたって、誰を同一世帯員として認定するかは重要な問題である。そこで、本章では2000年以降の世帯認定の動向を中心に検討することにしたい。[4]

　生活保護制度は生活保護法に基づいて実施されている制度であるが、「その法律だけをみたのでは、実際のことは全く分からない。[5]」といわれるように、一般解釈はいわゆる「実施要領」として厚生労働省から通知が出されている。この「保護の実施要領」の改正を追うことによって、生活保護制度の変化を知ることができる。

　本章では、まず、生活保護を受給する世帯にはどのような変化が見られるのか、生活保護受給世帯の動向を確認しておきたい。ついで、第2節では、生活保護の世帯認定に関する通知等を取り上げ、生活保護における世帯や世帯認定の考え方を整理し、第3節では、近年の生活保護における世帯認定の動向を検討したい。具体的には2000年から2015年までの保護の実施要領を取り上げ、世

第 6 章　生活保護における世帯と世帯認定

帯認定の改正内容を検討する。最後に、戦後の世帯認定の動向を検討し、この課題を果たすことにしたい。

　なお、世帯分離の実態については、旧厚生省により『生活保護動態調査』および『被保護者全国一斉調査（個別調査）』で全国調査の結果が公表されてきた。『生活保護動態調査』では1970年から1996年まで世帯分離の調査が毎年行われ結果が公表されていたが、1997年に『社会福祉行政業務報告』に統合されるとともに、調査は行われなくなった。一方、『被保護者全国一斉調査（個別調査）』では、これまでも限られた年度に調査が行われてきたが、1996年の公表が最後で、その後は世帯分離に関する調査結果の公表が行われていない[6]。したがって、近年の世帯分離については全国の数量的動向を明らかにすることはできない。本章では規定の改正のみを扱うことにする。

1　生活保護受給世帯の動向

　戦後の生活保護受給世帯の動向を、世帯数と世帯人員から検討しよう。

1　生活保護受給世帯と世帯数

　戦後の生活保護受給世帯の状況を、主として国立社会保障・人口問題研究所の「『生活保護』に関する公的統計データ一覧（2016年8月9日更新）」を資料に検討しよう。

　生活保護受給世帯数は、1952年には70.2万世帯であった。その後減少し、1957年には57.9万世帯となった。これは現在、現行生活保護制度史上最低の世帯数である。その後は、1980年代の半ばまで緩やかに増加し、1984年には79.0万世帯となった。その後はまた減少し、1992年には58.6万世帯にまで低下するが、その後は上昇に転じた。以後増加をつづけ2013年には史上最高の159.1万世帯となった。最低世帯数であった1957年と比較すると、生活保護受給者世帯数はおよそ60年間で2.7倍になっている。

　一方世帯保護率は、1953年には39.6パーミルであったが、その後は低下し、1993年と96年に史上最低の14.0パーミルを記録した。その後は上昇に転じ、

Ⅲ　生活保護制度における世帯認定と扶養義務

2012年には32.4パーミルとなったが、2013年にはやや減少し31.8パーミルとなった。世帯保護率は戦後の最高水準である1953年の世帯保護率を超えるには至っていない。

　世帯類型をみると、1958年の構成比は、高齢者世帯が20.7％、母子世帯14.3％、その他65.0％であった。その後、世帯類型に傷病障害者世帯が新設され、1965年では29.4％を占め、もっとも多い世帯類型となった。しかし、1995年には高齢者世帯が42.3％となり、傷病障害者世帯（42.0％）をぬきもっとも多い世帯類型となった。2013年では、高齢者世帯45.4％、母子世帯7.0％、傷病障害者世帯29.3％（傷病者世帯11.5％、障害者世帯17.8％）、その他の世帯18.2％、となる。高齢者世帯は、近年比率はやや減少傾向にあったが、2011年以降再び増加の傾向にある。

　2013年の『国民生活基礎調査』の一般世帯では、高齢者世帯23.2％、母子世帯1.6％となっており、生活保護受給世帯においては高齢者世帯の比率が著しく高いことがわかる。

　世帯保護率は、高齢者世帯では1960年の246.0パーミルがもっとも高く、4世帯に1世帯が保護を受給していた。その後は減少し、1998年には41.4パーミルまで低下するが、2013年には62.0パーミルとなった。高齢者世帯の保護率は1960年と比較すると4分の1近くまで低下しているが、生活保護受給世帯に占める高齢者世帯の比率が高いのは高齢化の進行によるものである。母子世帯では1965年の248.2パーミルがもっとも高く、1996年には94.5パーミルにまで減少したが、2013年には135.8パーミルとなっており、現在も高水準である。

2　世帯人員

　まず、生活保護受給世帯を世帯人員別にみると、1975年は1人世帯60.0％、2人世帯22.8％、3人世帯11.1％、4人世帯7.4％、5人世帯3.8％、6人以上世帯2.8％で、6割は単身世帯であった。2013年は、1人世帯76.6％、2人世帯15.7％、3人世帯4.8％、4人世帯1.9％、5人世帯0.7％、6人以上世帯0.4％となった。1人世帯はさらに比率が増加し、4分の3を占めるまでになった。

　2013年『国民生活基礎調査』の一般世帯では、1人世帯は26.5％、2人世帯

30.7％、3人世帯20.1％、、4人世帯14.6％、、5人世帯5.4％、、6人以上世帯2.7％である。一般世帯においては2人世帯がもっとも多く、生活保護受給世帯に占める1人世帯の多さが際立つ。

なお、生活保護受給世帯の世帯類型別の1人世帯の比率をみると、2013年では高齢者世帯89.9％、傷病障害者世帯79.6％、その他の世帯67.6％、となっている。高齢者世帯ではほぼ9割が1人世帯である。

図6-1は、生活保護受給世帯と全世帯の平均世帯人員の推移を示したものである。1960年の一般世帯の世帯人員は4.13人であった。一般世帯の世帯人員は、1920年から50年までの30年間は、ほぼ5人で推移していたが、1955年から75年の20年間に空前絶後の世帯規模の縮小を経験し、2014年には2.49人となっている。(『国民の福祉と介護の動向2016-2017』2016年)

一方、生活保護受給世帯では1960年3.0人であったが、2014年には1.34人にまで縮小している。生活保護受給世帯は一般世帯に比べて、小さい。1960年以降の平均世帯人員の推移をみると、生活保護受給世帯は一般世帯と比較すると、1960～75年までの減少が顕著である。ここに何らか生活保護政策の影響があったとすると、この時期1割程度の世帯に世帯分離が適用されおり、次節以下で詳しく検討するが、入院関連、施設入所等の世帯分離要件の新設拡大と世帯分離適用の比率の増大との関連が考えられる。

以上のように、生活保護受給世帯については、一般世帯に比べて一貫して世帯の小規模化や単身化が顕著である。こうした生活保護受給世帯の動向を岩田正美は、「従来の家族・世帯の貧困から、個人（属性別）の貧困へ」という変化として捉えている。

生活保護法制定にあたって小山が現存すると考えていた「夫婦親子の範囲を超えた大きな生活の共同体」は、現在の生活保護受給世帯にはみられない。生活保護受給者の生活の単位は大きく変化した。

世帯の小規模化や単身化は何をもたらすのだろうか。

現代日本における世帯あるいは家族の機能は、衣食住の経済的機能を中心とした状況から愛情・連帯感・心の安らぎといった情緒的機能を中心とする状況へ推移したとされる。確かに、産業化に伴う家族規模の縮小は、結果として家

Ⅲ　生活保護制度における世帯認定と扶養義務

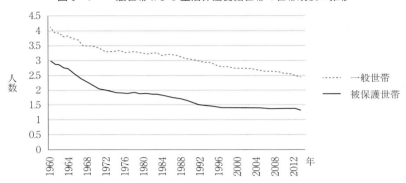

図 6-1　一般世帯および生活保護受給世帯の世帯規模の推移

資料出所）厚生労働統計協会『国民福祉の動向』『国民の福祉と介護の動向』各年

族のもつ機能に変化をもたらした[10]。

　しかし、世帯・家族の生活保障的な機能が失われたわけではない。たとえば、寺坂康博は、『国民生活基礎調査』の世帯所得から、世帯の有している生活保障機能の大きさを測定している。その結果によると、同居による生活保障の大きさは、同居しない場合に比較してジニ係数を0.1小さくする効果をもち、同居は税制や社会保障制度等による所得格差の緩和よりも効果が非常に大きいことを明らかにしている[11]。

　また、山田昌弘は、家族の個人化は階層化をもたらし「家族の有無という格差」を生むと指摘している[12]。したがって、低所得層は家族自体を形成することができず、家族（世帯）のもつ生活保障機能を享受することができないことになる。世帯の小規模化や単身化は、生活の不安定化を高め、生活保護受給と結びつきやすい状況を生む結果となると考えられる。

2　実施要領における世帯の認定

　生活保護における世帯の認定については、「保護の実施要領」の中に示されている。それらを検討し、生活保護における世帯の考え方を整理しておこう。

第6章　生活保護における世帯と世帯認定

1　世帯の認定

世帯の認定については、次官通知で示されている。

世帯認定は以下のようである。この規定については、1957年に初めて通知されてから一字一句変更されていない。

「同一の住居に居住し、生計を一にしている者は、原則として、同一世帯員として認定すること。
　なお、居住を一にしていない場合であっても、同一世帯として認定することが適当であるときは、同様とすること。」

次官通知では、居住と生計の同一を同一世帯員の要件としているが、「なお」以下の記述があり、居住の同一よりも生計の同一に力点を置く考え方を示している。

ついで、世帯の認定に関する局長通知は、世帯の認定について詳細な内容を示したものである。1957年から2007年までは5項であったが、2008年に6項目に別世帯認定が加えられた。2015年の世帯の認定の規定は、本章末尾に資料として示しているが、項目は以下のようである。

「2015年実施要領における世帯の認定
局第1の1 同一世帯認定（(1)～(7)）
　　　　2 世帯分離要件
　　　　3 高校世帯内就学
　　　　4 夜間大学等世帯内就学（(1)(2)）
　　　　5 就学による世帯分離要件
　　　　6 別世帯認定（2008年から）」（資料参照）

局第1の1「同一世帯認定」では、居住は同一でなくても同一世帯員として判断すべき場合として、7例が示されている。出かせぎや入院している場合など広範囲の別居者を含むもので、生活保護における世帯概念は、家族と世帯を包含する広い概念といえる。

局第1の2「世帯分離要件」と5「就学による世帯分離要件」は、ともに世帯分離に関する規定で、3と4は「世帯内就学」に関する規定、6は「別世

Ⅲ　生活保護制度における世帯認定と扶養義務

認定」に関する規定となる[13]。

つぎに局第1の2「世帯分離要件」と5「就学による世帯分離要件」について、詳しくみておこう。

2　世帯分離要件

生活保護法第10条では、世帯単位の原則の取扱いが困難な時には、個人を単位に保護することができるという例外規定を設けている。この手続きは世帯分離と呼ばれているが、具体的には以下の事例のような場合に適用される措置である。

事例1：入院による世帯分離[14]

生活保護受給者は男性33歳である。統合失調症のため入院となった。世帯員については父、母の3人世帯である。本人の入院は6か月以上の長期化が見込

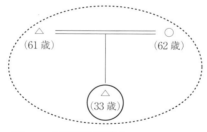

図6-2　事例1（入院による世帯分離の事例：1986年）

注）---- 生活保護の世帯認定
　　── 世帯分離後の生活保護受給世帯

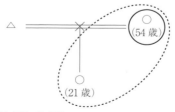

図6-3　事例2（就学による世帯分離の事例：2013年）

注）図6-2に同じ

まれるので、世帯分離を行い、本人のみを認定する（図6-2）。

事例2：大学生の世帯分離
　生活保護受給者は54歳女性である。夫とは娘が生まれてすぐに離婚し、現在は21歳の娘（大学3年生）と同居中である。これまで本人は父親と飲食店を経営していたが、板前をしていた父親が病気となり、店を閉じることになった。その後、本人も病気で働くことができなくなり、生活保護を申請する。同居している大学生の娘を世帯分離し、本人のみを保護する（図6-3）。

　2015年の世帯分離に関する要件は、局第1の2に示されている。大きくは以下の8つに分かれている。

（1）保護の要件を欠く者
（2）転入の要保護者
（3）世話目的の転入者
（4）ア要介護者（生活保持義務者なし）
　　　イ要介護者（生活保持義務者あり）
（5）ア6か月以上要入院患者等（生活保持義務者なし）
　　　イ長期入院患者
　　　ウ公費負担入院患者
　　　エ再入院患者等
（6）6か月以上要入院患者等（生活保持義務関係にない者　収入を得る）
（7）自立転出予定者
（8）施設入所者

　また、就学の場合の世帯分離要件が局第1の5に示されており、こちらは3つに分かれている。

（1）大学就学中
（2）大学就学
（3）専修学校等

　合計すると、世帯分離が適用されるのは11の場合となる。これらの世帯分離

Ⅲ　生活保護制度における世帯認定と扶養義務

図6-4　世帯分離規定の分類

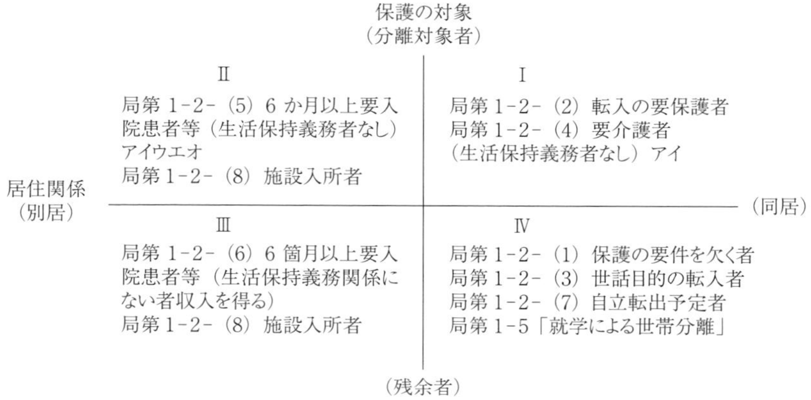

```
                          保護の対象
                         （分離対象者）

              Ⅱ                          Ⅰ
      局第1-2-(5) 6か月以上要入     局第1-2-(2) 転入の要保護者
      院患者等（生活保持義務者なし）   局第1-2-(4) 要介護者
      アイウエオ                    （生活保持義務者なし）アイ
      局第1-2-(8) 施設入所者
居住関係                                                      （同居）
（別居）
              Ⅲ                          Ⅳ
      局第1-2-(6) 6箇月以上要入     局第1-2-(1) 保護の要件を欠く者
      院患者等（生活保持義務関係に   局第1-2-(3) 世話目的の転入者
      ない者収入を得る）            局第1-2-(7) 自立転出予定者
      局第1-2-(8) 施設入所者        局第1-5「就学による世帯分離」

                          （残余者）
```

の規定を、横軸に居住関係として同居—別居、縦軸に世帯分離後の保護対象者として分離対象者—残余者を置き、4つの象限に整理すると図6-4のようになる。

3　世帯認定の改正

　本節では、2000年以降の世帯の認定に関する実施要領の改正内容を年代順にみておこう。なお、実施要領の改正時には、厚生労働省社会・援護局保護課は、雑誌『生活と福祉』において改正の趣旨や意図を解説している。以下の検討では、これらの解説も資料として用いたい。

1　2000年度の改正

　2000年は「入院」が「入院又は入所」に改正されている。この改正は、介護保険導入に伴う改正である。2000年5月の『生活と福祉』の保護課の解説によれば、「介護保険導入に伴い、生活保護法上の病院の概念から老人介護保健施設が除外されたことに伴う改正である」。介護保険導入に伴う改正は、入院に関連する世帯分離規定（局第1の2-(5)、局第1の2-(6)など）にも及ぶ。

　これまで、老人保健施設については、生活保護法上は医療扶助により対応

し、旧老人保健法の規定により、病院として扱っていた。しかし、介護保険導入後は介護扶助で対応することとし、介護老人保健施設は生活保護法上の病院ではなく施設とされた。したがって、世帯認定の取扱いにおいて、「入院」とは別に介護老人保健施設への入所を明記したものである。なお、介護療養型医療施設についてはこれまで通り入院として捉えるとしている。[15]

2　2003年度の改正

世帯分離要件の局第1の2－（5）イで語句の変更が行われている。「精神病患者」が「精神疾患に係る患者」に改められているが、『生活と福祉』の中に、保護課による解説はない。

3　2004年度の改正

世帯分離要件の施設入居者（局第1の2－（8））と就学による世帯分離要件（局第1の5－（2））の改正が行われた。

まず、世帯分離要件の施設入居者（局第1の2－（8））における身体障害者福祉法の2施設が削除された。この改正について、『生活と福祉』における保護課の解説をみよう。

保護課は「重度身体障害者更生援護施設及び重度身体障害者授産施設の入所者は、長期的な入所が見込まれることから、同一世帯として認定することが適当でない場合には、世帯分離を認めてきたが、2003年の障害者支援費制度の施行により、当該施設の施設類型が廃止されたことから、世帯分離要件の規定から両施設の記載を削除することとした。」としている。身体障害者福祉法の施設としては、身体障害者療護施設のみが残ることとなった。[16]

また、大学就学の世帯分離要件（局第1の5－（2））では、2004年の日本育英会の独立行政法人日本学生援護機構への統合に伴い、局第1の5－（2）アの「日本育英会法」が「独立行政法人日本学生援護機構法」に改正されている。

4　2005年度の改正

2004年12月の社会保障審議会「生活保護制度の在り方に関する専門委員会」

Ⅲ　生活保護制度における世帯認定と扶養義務

報告書の中で、以下のように、有子世帯の自立支援として高等学校就学費用の検討の必要性が提言された。

　「（３）　教育支援の在り方
　　被保護世帯の子供が高校就学する場合、現状では、奨学金、就学のために恵与される金銭、その他その者の収入によって教育費を賄うことができる場合にのみ、就学しながら保護を受けることができるとなっている。しかし、高校進学率の一般的な高まり、『貧困の再生産』の防止の観点から見れば、子供を自立・就労させていくためには高校就学が有効な手段となっているものと考えられる。このため、生活保護を受給する有子世帯の自立を支援する観点から、高等学校への就学費用について、生活保護制度において対応することを検討すべきである。」

この提言を受け、まず、生活保護基準の改定が行われ、2005年度に生業扶助における技能修得費として高等学校等就学費が創設された。

専門委員会の審議過程で、扶助の種類について、委員の大川昭博が生活保護世帯の子どもの高校進学は認めていくべきで、「教育扶助の通知の中に高等学校就学を認め一定の扶助が支給できる形にするのか、あるいは個人的にはちょっと裏技かと思いますが、生業扶助の中に入れ込むのか検討したい。」という提案をした。この提案には賛成の声が多く、貧困の再生産の予防なり自立助長という観点から高校進学は妥当として意見をまとめていくこととなったという。[17]

『生活と福祉』の中で、保護課は高等学校等就学費の給付について解説を行っている。[18]

まず、①基本的な考え方は、以下のようである。現在、一般世帯における高校進学率は97.3％（2003年度）に達している状況にある。また、2004年3月の福岡市学資保険訴訟最高裁判決においては、「近時においては、ほとんどの者が高等学校に進学する状況であり、高等学校に進学することが自立のために有用であるとも考えられる。（後略）」との判断がなされ、さらに、「生活保護制度の在り方に関する専門委員会」報告書においても、「高校進学率の一般的な高まり、『貧困の再生産』の防止の観点から見れば、子どもを自立・就労させていくためには高校就学が有効な手段となっている」とした上で、「高等学校へ

の就学費用については生活保護制度において対応することを検討すべきである。」と提言された。

こうしたことを総合的に勘案した上で、生活保護を受給する有子世帯の自立を支援する観点から、2005年度より高等学校等の就学費用を給付することとした。

②給付内容については、具体的には、高校就学に伴い、必要となる学用品費、交通費、授業料等とし、その給付水準は公立高校における所要額を目安に設定することとした。

こうして、2005年度より、生活保護受給世帯の自立支援という観点から、新たに高等学校等就学費が創設されることに伴い、実施要領における所要の改正が行われた。

まず、高校世帯内就学（局第1の3）について、これまで世帯内就学の要件であった「奨学金、修学のために恵与される金銭、その他その者の収入によって教育費がまかなわれること。」という要件が削除された。

同年5月の『生活と福祉』の中で保護課は、以下のように解説している[19]。「新たに高等学校等就学費を給付するとともに、後述のとおり、学資保険等のやり繰りによって生じた金銭を就学費に充てることも可能とすることから、これまでの世帯内就学の要件のうち、教育費が貸付金や恵与金で賄われるという要件を削除し、高等学校等に就学し卒業することが世帯の自立助長に効果的と認められれば、世帯内就学を容認することとした。」

5　2008年度の改正

2007年に「中国残留邦人等の円滑な帰国の推進及び永住帰国後の自立の支援に関する法律の一部を改正する法律」が成立し、2008年4月より生活支援給付制度が施行された。

中国残留邦人等生活支援給付制度の創設に伴い、「特定中国残留邦人等及びその者の配偶者」と同居している場合の世帯認定の取扱いについて、実施要領上の改正が行われた。

実施要領では、同一住居に居住し生計を一にしている者は、原則として、同

一世帯員としているが、同居している「特定中国残留邦人等及びその者の配偶者」は、生活保護制度上の取扱いとしては、「別世帯」として取り扱うこととされた。

この改正について、保護課は『生活と福祉』の中で、支援給付における収入申告については、原則として年1回としており、同居しているといえども、被保護世帯ではない当該残留邦人等から、「毎月」収入申告をさせ、その都度、要否の判定や程度の決定を行うことは、不適当な面もあることから、このような取扱いとしたと解説している[20]。

生活保護手帳の問答などでは「別世帯認定」という文言はすでに用いられていたが、世帯認定の通知では新設である。

6　2009年度の改正

まず、世帯分離の要件である転入の要保護者（局第1の2-(2)）と世話目的の転入者（局第1の2-(3)）について、改正が行われている。

この改正について、保護課は以下のように解説をしている[21]。

①保護者が直系血族世帯に転入した場合に取扱いについて（局第1の2-(2)）

要保護者が自己に対し生活保持義務関係にない直系血族の世帯に転入した際の取扱いについては、1993年の『生活保護手帳（別冊問答）』の問22において、当該直系血族の世帯に経済要件（経済的援助義務）を課しており、世帯分離を行わないとすれば、その世帯が要保護世帯となる場合に限り、要保護者を世帯分離できることとなっている。

したがって、本取扱いは、すでに現場において定着しており、また、たとえば、離婚した母子が親元に戻ってきた場合などについて、経済要件なしでの分離は社会通念上不適切と考えられることなどから、2009年の改正では、局長通知第1の2-(2)においても、その旨明記することとしたものである。実施要領では「直系血族の世帯に転入した場合にあっては、世帯分離を行わないとすれば、その世帯が要保護世帯となる場合に限る。」が要件に付け加えられている。

②生活保持義務関係にない者が日常生活の世話を目的として被保護世帯に転

第 6 章　生活保護における世帯と世帯認定

入してきた場合の取扱いについて（局第 1 の 2 -(3)）

　日常生活の世話を目的として、生活保持義務関係にない者が転入してきた場合については、現行の取扱いでは、経済要件（経済的援助義務）を課すこととしている。

　しかし、善意で介護等の世話を行っている生活保持義務関係にない者に対し、経済要件を課すことは、かえって介護等の精神的援助が受けられない場合も想定されるため、局長通知第 1 の 2 -(3) の一部を改正し、取扱いを改めた。具体的には、「世帯分離を行わないとすれば、その世帯が要保護世帯となる場合に限る。」が削除されている。

7　2011年度の改正

　入院関連の世帯分離要件（局第 1 の 2 -(5)）について改正が行われている。『生活と福祉』における保護課の解説は以下のようである[22]。これまで、精神疾患患者等（(5)イ）については、出身世帯に配偶者が属している精神疾患患者等が 1 年を超えて入院している場合、長期入院患者（(5)ウ）については、出身世帯に自己に対し生活保持義務関係にある者が属している長期入院患者が 3 年を超えて入院している場合、それらの者を同一世帯として認定することが、出身世帯の世帯員の自立助長を著しく阻害すると認められるときに世帯分離して差し支えない旨を規定していた。

　2011年度の改正では、精神疾患患者等の要件（局第 1 の 2 -(5) イ）を削除し、精神疾患患者等を長期入院患者に含めるとともに、長期入院患者の要件で定めていた入院または入所期間が「3 年」から「1 年」に短縮された。

　これまで、2000年以降の世帯認定の改正の内容を検討してきた。世帯認定の規定は頻繁ではないがかなり変更が行われている。この間の世帯認定の改正の中で、生活保護世帯の子どもにもっとも大きな影響を与えたと考えられるのは、高等学校等就学費が新設され、高校就学が認められたことであろう。

Ⅲ　生活保護制度における世帯認定と扶養義務

4　戦後の世帯認定の動向

　世帯認定についての実施要領は、2000年以降も何回かの改正が行われていた。これらの改正を含めて、世帯認定に関する規定の改正を表6-1にまとめた。
　世帯認定に関しては、1957年に実施要領が作成され、1960年代・70年代には、頻繁に改正が行われたが、1980年代・90年代にはほとんど改正が行われなかった。世帯認定の実施要領は1970年代までに確定したといえよう。その間の世帯認定の改正の特徴として、生活保持義務関係が頻繁に取り上げられていることである。生活保持義務関係者の有無は世帯分離の際の要件となっている。また、1968年に夫婦間の世帯分離を認めたことは、「生活保護にとって画期的変更」と言われた。生活保持義務関係者である夫婦や親子の場合であっても、長期入院となる場合には世帯分離が認められ、すべての関係で世帯分離が可能となった。
　生活保護における世帯概念は、他出家族員も同一世帯と考え、一般の世帯概念よりも広いが、これらの改正により、生活保護における世帯においても、特定の場合には個人単位とする変更が行われてきている。
　また、1970年に要介護者、1973年に日常生活の世話目的の転入の場合の世帯分離要件が新設された。在宅ケアのための世帯分離が認められ、さらに、2011年には経済的要件が削除されるなど世帯員による在宅ケアの引き受けに対する期待が見て取れる[23]。
　本章で詳しく検討した2000年以降には再び改正が集中して行われているが、2000年前後の改正は、介護保険法や障害者自立支援法などの諸法成立に関連した改正で、外在的要因によるものが多い。
　しかし、2005年の世帯認定の改正は、重要である。
　1970年に高校生の世帯内就学（当時は修学）が認められたが、「教育費が恵与金や奨学金でまかなわれること」および「世帯の自立に効果的」の2つの要件が設けられていた。高校進学の希望があっても費用を準備できず進学を諦める

第6章　生活保護における世帯と世帯認定

表6-1　実施要領における世帯認定の改正

年度	第1の1 世帯認定	第1の2 1 保護の要件を欠く者	2 転入の要保護者	3 世話目的の転入者	4-ア 要介護者(生活保持義務者なし)	4-イ 要介護者(生活保持義務者あり)	5-ア 6箇月以上要入院患者等(生活保持義務者なし)	5-イ 精神疾患患者	5-ウ 長期入院患者	5-エ 公費負担入院患者等	5-オ 再入院患者	6 6箇月以上要入院患者等(生活保持関係にない者収入を得る)	7 自立転出予定者	8 施設入所者	第1の3 高校世帯内就学	第1の4 夜間大学世帯内就学	第1の5 1 大学就学中	2 大学就学	3 専修学校等
1957	◎	◎	◎					◎											
1958		○	○					○											
1959																			
1960																			
1961								○				○	○	○	○				
1962								○				○							
1963			○	○						○									
1964														○					
1965										○		○							
1966														○					
1967															○				
1968							○	○		○		○		○					
1969															○		○		
1970			○		○		○	○	○			○		○			○	○	○
1971																			
1972																			
1973				◎								○		○		○			○
1974															○		○		
1975								○				○							
1976					○										○		○		
1977											◎								
1978																			
1979																			
1980																			
1981															○				
1982																			
1983															○				
1984																			
1985																			
1986																			
1987														○					
1988																			
1989																			
1990																			
1991																			
1992																			
1993																			
1994																			
1995																			
1996										○									
1997																			
1998																			
1999												○							
2000					○	○	○			○	○						○		
2001																			
2002																			
2003								○											
2004												○	○				○		
2005															○	○	○	○	○
2006																			
2007																			
2008																			
2009			○	○															
2010																			
2011								○削除		○									
2012																			
2013																			
2014																			
2015																			

注) ◎は創設、○は改定

Ⅲ　生活保護制度における世帯認定と扶養義務

者や、高校に進学してもこれらの要件を満たすことができず、「保護の要件を欠く」として世帯分離を適用される者も多かった。[24]

　2005年の改正では、生業扶助の技能修得費として高等学校等就学費が新設された。生活保護費として高校の教育費を認めたものではないが、実質的には教育費となる就学費用が支給されることになった。この結果、高校生は世帯内就学のための教育費の要件を満たさなくとも、高等学校等就学費を受給することによって、高校に就学することができるようになった。[25]

　高等学校等就学費の新設は、近年の世帯認定の改正の中で特筆すべき改正である。ここで、生活保護世帯の子どもの高校進学の状況および高等学校等就学費の受給者数をみておこう。

表6-2　新規卒業者の状況

	新規卒業者数	中学校卒業者数						高等学校卒業者数					
			高等学校進学	職業訓練校等	就職			その他		進学	就職			その他
						世帯内	転出					世帯内	転出	
1995年	15,530	10,880	8,710	350	800	500	300	1,020	4,650	-	3,180	1,680	1,500	820
		100.0%	80.1%	3.2%	7.4%	4.6%	2.8%	9.4%	100.0%	-	68.4%	36.1%	32.3%	17.6%
2005年	14,110	11,010	9,150	480	350	260	90	1,030	3,100	600	1,650	810	780	910
		100.0%	83.1%	4.4%	3.2%	2.4%	0.8%	9.4%	100.0%	19.4%	53.2%	26.1%	25.2%	29.4%

資料出所）厚生省「被保護者全国一斉調査（個別調査）」1995年、厚生労働省「被保護者全国一斉調査（個別調査）」2005年

表6-3　高等学校等就学費受給人員（人）

	総数	再掲（1年）
2005年	32,892	12,972
2006年	35,483	13,480
2007年	37,562	14,370
2008年	38,280	14,639
2009年	42,442	15,817
2010年	47,942	17,401
2011年	51,879	18,084
2012年	55,571	19,261
2013年	55,404	19,244
2014年	53,847	18,333
2015年	51,474	17,268

資料出所）厚生労働省『被保護者全国一斉調査』各年、2012年度以降は同『被保護者調査』

『被保護者全国一斉調査』によると、2005年の新規中学卒業者数1万1010人のうち、高等学校に就学者は9150人、職業訓練校等480人、就職350人、その他1030人であった。高校進学率は83.1％であった（表6-2）。

　2005年の高等学校等就学費新設以降の受給人員を示したものが表6-3である。2005年の1年生の受給人員は1万2972人である。就学費の受給者数は高等学校進学者数を超える人数となっている。発足当初の受給者数は3万人であったが、年々増加し、2015年は5万人に及んでいる。

　15～19歳の年齢階級別保護率をみると、1980年代までは義務教育期間の12～14歳の保護率に比べて、極めて低かった。その後、高校生にあたるこの年齢層の保護率は上昇し、義務教育までの子どもたちに近い保護率の動きを示すようになった。これは、高校進学率が上昇する中、世帯認定における規定の改正により世帯内就学が認められ、さらに高校等就学費の給付の開始などが保護率を高めたと考えられる（表6-4、図6-5）。

　改正の背景には、既に90％を超えている全国の高校進学率、学資保険訴訟判決、そして「生活保護制度の在り方に関する専門委員会」報告書の有子世帯の

表6-4　年齢階級別保護率の年次推移

	総数	12～14歳	15～19歳
	‰	‰	‰
1955年	23.86		
1960	18.48	27.44	8.42
1965	16.08	31.08	6.57
1970	12.80	22.20	6.39
1975	11.63	17.41	7.95
1980	11.78	18.23	10.59
1985	11.58	17.07	11.33
1990	8.09	11.02	7.32
1995	6.83	7.85	5.19
2000	8.13	8.87	5.95
2005	11.22	13.79	8.84
2010	14.67	16.92	12.85
2011	15.84	17.71	14.13

資料出所）国立社会保障・人口問題研究所「『生活保護』に関する公的統計データ一覧」2016年

Ⅲ 生活保護制度における世帯認定と扶養義務

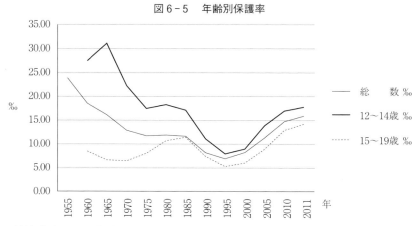

図6-5　年齢別保護率

資料出所）表6-4より筆者作成

自立支援としての提起などがある。2005年の改正により、生活保護受給世帯の子どもたちに高校進学の機会を保障することになった。すでに年5万人の就学費を受給する子どもたちがいる。生活保護受給世帯の子どもたちは、これまでは義務教育を終えるとすぐに就職のため離家することが多かったが、高校就学により、その後の生活機会の拡大とともに、高校卒業までの家族との同居生活が保障されることとなった。

2013年に成立した「子どもの貧困対策法」は、生活保護受給世帯の子どもの進学率の上昇を課題としている。2013年の生活保護受給世帯の子どもの高校進学率は90.8％、就職率2.5％で、高卒者の大学進学率は32.9％、就職率は46.1％であった。全国平均の進学率と比較すると、生活保護受給世帯の子どもたちの進学率は依然として低いが、確実に上昇はしてきている。

おわりに

生活保護制度では、世帯単位の原則を採用し、保護の要否および程度は世帯を単位に判断する。そこで、戦後日本における生活保護を受給する世帯の動向および2000年以降の世帯認定に関する実施要領を中心に、生活保護政策の動向

を検討してきた。これまでの考察を通して明らかになった点を以下要約する。
① 世帯の縮小は生活共同性機能の縮小をもたらすが、生活保護受給世帯の8割近くが単身世帯で、生活保護を受給する世帯では世帯規模の極限までの縮小が進行している。
② 生活保護制度における世帯は、居住が同一でない場合も同一世帯員とする拡張された世帯概念を採用している。これは現在も変わらない。
③ 世帯単位の例外規定である世帯分離は、1970年代に世帯分離要件が拡大され、夫婦や子などの生活保持義務関係者間にも適用されるようになり、世帯分離の緩和が進んだ。
④ 2000年前後にも実施要領の改正は行われたが、これらの改正は、介護保険法の成立などの生活保護制度以外の福祉改革に関連した制度変更で、外在的要因による改正である。
⑤ 近年の世帯認定の改正の際には、世帯員に経済的扶養だけでなく精神的扶養の遂行を期待するようになっている。
⑥ 2005年は世帯認定にとって画期となる年である。これは、2004年の「生活保護制度の在り方に関する専門委員会」報告書の提言によるものである。これまで課題となっていた生活保護受給世帯の子どもたちの高校進学は、2005年の実施要領改正により、高等学校等の就学が世帯の自立助長に効果的であれば、世帯内高校就学が可能となり、生活保護受給世帯の子どもたちに高校までの就学と家族生活とを保障することになった。

[資料] 保護の実施要領（2015年『生活保護手帳』）

第1　世帯の認定

次第1
　同一の住居に居住し、生計を一にしている者は、原則として、同一世帯員として認定すること。
　なお、居住を一にしていない場合であっても、同一世帯として認定することが適当で

Ⅲ 生活保護制度における世帯認定と扶養義務

あるときは、同様とすること。

局第1
1 居住を一にしていないが、同一世帯に属していると判断すべき場合とは、次の場合をいうこと。
（1） 出かせぎしている場合
（2） 子が義務教育のため他の土地に寄宿している場合
（3） 夫婦間又は親の未成熟の子（中学3年以下の子をいう。以下同じ。）に対する関係（以下「生活保持義務関係」という。）にある者が就労のため他の土地に寄宿している場合
（4） 行商又は勤務等の関係上、子を知人等にあずけ子の生活費を仕送りしている場合
（5） 病気治療のため病院等に入院又は入所（介護老人保健施設への入所に限る。2の（5）（ウを除く。）及び（6）並びに第2の1において同じ。）している場合
（6） 職業能力開発校等に入所している場合
（7） その他（1）から（6）までのいずれかと同様の状態にある場合
2 同一世帯に属していると認定されるものでも、次のいずれかに該当する場合は、世帯分離して差しつかえないこと。
　ただし、これらのうち（3）、（5）、（6）、（7）及び（8）については、特に機械的に取り扱うことなく、世帯の状況及び地域の生活実態を十分考慮したうえ実施すること。また、（6）又は（7）に該当する者と生活保持義務関係にある者が同一世帯内にある場合には、（6）又は（7）に該当する者とともに分離の対象として差しつかえない。
（1） 世帯員のうちに、稼働能力があるにもかかわらず収入を得るための努力をしない等保護の要件を欠く者があるが、他の世帯員が真にやむを得ない事情によって保護を要する状態にある場合
（2） 要保護者が自己に対し生活保持義務関係にある者がいない世帯に転入した場合であって、同一世帯として認定することが適当でないとき（直系血族の世帯に転入した場合にあっては、世帯分離を行わないとすれば、その世帯が要保護世帯となる場合に限る。）
（3） 保護を要しない者が被保護世帯に当該世帯員の日常生活の世話を目的として転入した場合であって、同一世帯として認定することが適当でないとき（当該転入者がその世帯の世帯員のいずれに対しても生活保持義務関係にない場合に限る。）
（4） 次に掲げる場合であって、当該要保護者がいわゆる寝たきり老人、重度の心身障害者等で常時の介護又は監視を要する者であるとき（世帯分離を行わないとすれば、その世帯が要保護世帯となる場合に限る。）
ア 要保護者が自己に対し生活保持義務関係にある者がいない世帯に属している場合

イ　ア以外の場合であって、要保護者に対し生活保持義務関係にある者の収入が自己の一般生活費以下の場合
（5）　次に掲げる場合であって、その者を出身世帯員と同一世帯として認定することが出身世帯員の自立助長を著しく阻害すると認められるとき
ア　6か月以上の入院又は入所を要する患者等に対して出身世帯員のいずれもが生活保持義務関係にない場合（世帯分離を行わないとすれば、その世帯が要保護世帯となる場合に限る。）
イ　出身世帯に自己に対し生活保持義務関係にある者が属している長期入院患者等であって、入院又は入所期間がすでに1年をこえ、かつ、引き続き長期間にわたり入院又は入所を要する場合（世帯分離を行わないとすれば、その世帯が要保護世帯となる場合に限る。）
ウ　ア又はイに該当することにより世帯分離された者が感染症の予防及び感染症の患者に対する医療に関する法律第37条の2若しくは精神保健及び精神障害者福祉に関する法律第30条の公費負担を受けて引き続き入院している場合又は引き続きその更生を目的とする施設に入所している場合
エ　イ又はウに該当することにより世帯分離された者が、退院又は退所後6か月以内に再入院若しくは再入所し、長期間にわたり入院若しくは入所を要する場合（世帯分離を行わないとすれば、その世帯が要保護世帯となる場合に限る。）
（6）　（5）のア、イ、及びエ以外の場合で、6か月以上入院又は入所を要する患者等の出身世帯員のうち入院患者等に対し生活保持義務関係にない者が収入を得ており、当該入院患者等と同一世帯として認定することがその者の自立助長を著しく阻害すると認められるとき（世帯分離を行わないとすれば、その世帯が要保護世帯となる場合に限る。）
（7）　同一世帯員のいずれかに対し生活保持義務関係にない者が収入を得ている場合であって、結婚、転職等のため1年以内において自立し同一世帯に属さないようになると認められるとき
（8）　救護施設、養護老人ホーム、特別養護老人ホーム若しくは介護老人福祉施設、障害者支援施設又は児童福祉施設（障害児入所施設に限る。）の入所者（障害者支援施設については、重度の障害を有するため入所期間の長期化が見込まれるものに限る。）と出身世帯員とを同一世帯として認定することが適当でない場合（保護を受けることとなる者とその者に対し生活保持義務関係にある者とが分離されることとなる場合については、世帯分離を行わないとすれば、その世帯が要保護世帯となるときに限る。）
3　高等学校（定時制及び通信制を含む。）、中等教育学校の後期課程、特別支援学校の高等部専攻科、高等専門学校、専修学校又は各種学校（以下「高等学校等」という。）に就学し卒業することが世帯の自立助長に効果的と認められる場合については、就学しながら、保護を受けることができるものとして差し支えないこと。

Ⅲ　生活保護制度における世帯認定と扶養義務

　　ただし、専修学校又は各種学校については、高等学校又は高等専門学校での就学に準ずるものと認められるものであって、その者がかつて高等学校等を修了したことのない場合であること。
4　次の各要件のいずれにも該当する者については、夜間大学等で就学しながら、保護を受けることができるものとして差しつかえないこと。
（1）　その者の能力、経歴、健康状態、世帯の事情等を総合的に勘案の上、稼働能力を有する場合には十分それを活用していると認められること。
（2）　就学が世帯の自立助長に効果的であること。
5　次のいずれかに該当する場合は、世帯分離して差しつかえないこと。
（1）　保護開始時において、現に大学で就学している者が、その課程を修了するまでの間であって、その就学が特に世帯の自立助長に効果的であると認められる場合
（2）　次の貸与金を受けて大学で就学する場合
ア　独立行政法人日本学生支援機構法による貸与金
イ　国の補助を受けて行われる就学資金貸与事業による貸与金であってアに準ずるもの
ウ　地方公共団体が実施する就学資金貸与事業による貸与金（イに該当するものを除く。）であってアに準ずるもの
（3）　生業扶助の対象とならない専修学校又は各種学校で就学する場合であって、その就学が特に世帯の自立助長に効果的であると認められる場合
6　同一世帯に属していると認められるものであっても、次の者については別世帯として取り扱うこと。
　　中国残留邦人等の円滑な帰国の促進及び永住帰国後の自立の支援に関する法律第13条に定める特定中国残留邦人等（以下「特定中国残留邦人等」という。）及び同法第14条に定めるその者の配偶者（以下「その者の配偶者」という。）

1）　小山進次郎『改訂・増補　生活保護法の解釈と運用（復刻版）』全国社会福祉協議会　1975年　p.220
2）　武川正吾「福祉国家と個人化」『社会学評論』54-4号　2004年　pp.322-340
3）　生活保護手帳別冊問答集編集委員会編『生活保護手帳　別冊問答集　2009』中央法規出版　2009年　p.27
4）　1995年以前については、牧園清子『家族政策としての生活保護—生活保護制度における世帯分離の研究』（法律文化社　1999年）参照。
5）　篭山京『公的扶助論』光生館　1978年　p.29
6）　厚生省『生活保護動態調査』の最後の調査では、1996年の開始世帯1万11世帯のうち178世帯が世帯分離の適用を受けていた。開始世帯総数に占める世帯分離適用世帯の比率（世帯分離率）は1.8％であった。同調査が行われていた期間内の最大の適用世帯数は1971年の1107世帯（世帯分離率6.5％）であった。一方、『被保護者全国一斉調査（個別調査）』では、1996年の被保護世帯58万9000世帯のうち1万430世帯が世帯分離の適用を

受けていた。世帯分離率は同年の開始世帯と同じ1.8％であった。同調査での最大の適用世帯数は1979年の5万2840世帯（世帯分離率7.3％）であった。

7） 森岡清美・望月嵩『新しい家族社会学（四訂版）』培風館　1997年　pp.162-163
8） 牧園、前掲書、pp.110-143
9） 岩田正美「戦後日本における貧困研究の動向―『豊かな社会』における貧困研究の課題」『人文学報』No.224　東京都立大学人文学部　1990年　p.66
10） 森岡・望月、前掲書、p.174
11） 寺崎康博「成人同居に見る世帯の生活保障機能」国立社会保障・人口問題研究所『家族・世帯の変容と生活保障機能』東京大学出版会　2000年　p.45
12） 山田昌弘「家族の個人化」『社会学評論』54-4号　2004年　p.350
13） 主として用いた資料は、2000年から2015年の『生活保護手帳』である（全国社会福祉協議会編『生活保護手帳（平成12年度版）』全国社会福祉協議会　2000年～無署名『生活保護手帳（2015年版）』中央法規出版　2015年）。
14） この事例は、牧園、前掲書（p.172）表Ⅴ-3-16のD57の事例である。
15） 厚生省社会・援護局保護課「平成12年度の生活保護―実施要領の改正」『生活と福祉』530号　2000年　pp.8-9
16） 厚生労働省社会・援護局保護課「平成16年度の生活保護」『生活と福祉』578号　2004年　pp.8-9。なお、2005年の障害者自立支援法の成立により、2007年度から身体障害者療護施設は障害者支援施設に変更されている。
17） 高等教育等就学費の給付については、生業扶助の技能修得費に高等学校等就学費の給付に関する規定を設けた（局第6の8-（2）イの創設）。岩永理恵「生活保護制度における自立概念に関する一考察―自立支援および自立支援プログラムに関する議論を通して」『社会福祉学』49-4号　2009年　pp.40-51
18） 厚生労働省社会・援護局保護課「平成17年度の生活保護」『生活と福祉』590号　2005年　pp.8-9
19） 同上、p.9
20） 厚生労働省社会・援護局保護課「平成20年度の生活保護」『生活と福祉』626号　2008年　pp.11-12
21） 厚生労働省社会・援護局保護課「平成21年度の生活保護」『生活と福祉』638号　2009年　p.6
22） 厚生労働省社会・援護局保護課「平成23年度の生活保護」『生活と福祉』662号　2011年　p.6
23） 牧園、前掲書、pp.75-78
24） 同上、pp.213-214
25） 高校生の就労収入は、これまで世帯分離の適用として問題となることが多かったが、現在は不正受給の問題として取り上げられている（石坂想「大学受験費用等に当てられた高校生のアルバイト収入の未申告を不正受給として生活保護法78条を適用した処分が取り消された事例―横浜地裁平成27年3月11日判決」『賃金と社会保障』No.1637　2015年　pp.28-32）。

第7章

生活保護における扶養義務

はじめに

　2012年の芸能人親族の生活保護受給をめぐる報道は、あらためて生活保護における扶養義務の問題を考えさせる契機となった。また、2013年末に改正され、2014年から施行された生活保護法では、扶養義務者への通知や報告の求めなどを規定した条文が新設されるなど、生活保護制度における扶養義務にも大きな変化が生まれている。そこで、本章では、今回の法改正を含めて、生活保護における扶養の問題を考えてみたい。

　1950年に現行生活保護法の制定にあたった小山進次郎は、『改訂・増補　生活保護法の解釈と運用』の中で、生活保護法による保護と民法上の扶養との関係について、以下のような説明を行っている。

> 「単に民法上の扶養が生活保護に優先して行われるべきだという建前を規定するに止めた。（略）単に民法上の扶養といい、英国や米国の例に見られるように生活保持義務に限定しなかったのは、我が国情が未だ其処迄個人主義化されていないからである。」[1]

　小山は、現行生活保護法における扶養の規定を、夫婦親子といった生活保持義務関係に限定しなかったのは、制定当時の日本においては旧家族制度がなお現存し、個人主義化していないからだとしていた。

　そして、当時、民法上の扶養義務について生活保持義務だけを保護に優先させるとする意見（第一の意見）もあったが、現状では行き過ぎだとされた。し

かし、小山は「家族制度の崩壊が一段と浸透してくれば、恐らく現在までの所では軽く一蹴されている第一の意見が有力な意見として再検討される時が到来するのではあるまいか。」とも述べている。[2)]

　戦後の民法は、直系家族制から夫婦家族制へ改正され、改正民法に先導される形で、夫婦家族制理念の浸透が始まったとされる。しかし、この新しい家族制度を肯定する人の割合は1950年代前半にはわずか20％であった。ところが、1960年代早々には半ばを超え、その後も急速に高まっていった。また、65歳以上の高齢者がいる世帯についてみると、三世代世帯の同居率は低下し、その代わり、夫婦のみの世帯や単独世帯などの高齢者だけの世帯の比率が上昇しており、同居型の老親扶養規範は低下している。こうした変化は1950年代に残存しているとされた旧家族制度が急速に衰退したことを示すものであろう。[3)]

　このように一般の人びとの家族・扶養観が変化している中で、生活保護受給者の扶養について生活保護行政ではどのような政策が展開されてきたのか。それを明らかにすることを本章の課題としたい。

　生活保護法は、第4条第2項に民法に定める扶養義務者の扶養の優先を規定している。そして、厚生労働省は「保護の実施要領」に関する通知の中で、扶養義務の取扱いの具体的な内容を示している。

　それらの扶養義務の取扱いに関する通達・通知は、毎年発行されている『生活保護手帳』にまとめられている。そして、厚生労働省社会・援護局は、通達・通知を改正した場合には、その趣旨や意図を雑誌『生活と福祉』に掲載している。そこで、本章では、それらを資料とし、「保護の実施要領」を中心に扶養義務の取扱い規定の変遷を跡づけてみたい。

　以下では、まず、生活保護法における扶養義務を検討する。ついで、実施要領における扶養義務の取扱い規定について、2000年以降の改正を検討し、さらに、戦後の扶養義務の取扱いの動向の中に位置づけたい。

　なお、資料として2015年の『生活保護手帳』における扶養義務の取扱い規定を本章末尾に掲げておく。

Ⅲ　生活保護制度における世帯認定と扶養義務

1　生活保護法における扶養義務

　生活保護法における扶養義務は、「保護の補足性」を定めた生活保護法第4条第2項において、以下のように規定されている。

> 「第4条　保護は、生活に困窮する者が、その利用し得る資産、能力その他あらゆるものを、その最低限度の生活の維持のために活用することを要件として行われる。
> 2　民法（明治29年法律第89号）に定める扶養義務者の扶養及び他の法律に定める扶助は、すべてこの法律による保護に優先して行われるものとする。
> 3　前2項の規定は、急迫した事由がある場合に、必要な保護を行うことを妨げるものではない。」

　生活保護法は、民法上の扶養義務者による扶養を、保護の要件ではなく生活保護法による保護に優先するものとして位置づけている。

　生活保護に優先される家族・親族の扶養義務の範囲や内容は、民法と同様のものである。イギリスの救貧法や国家扶助法のように公的扶助に関する法令の中で独自に定められる場合もあるが、現代日本の生活保護法ではすでに民法に定められているものをそのまま援用することを明記している[4]。

　それでは、保護に優先する民法上の扶養義務とはどのような範囲や内容なのであろうか。

　民法上の扶養は、身分関係により、①夫婦間の扶養（第752条・760条）、②直系血族間および兄弟姉妹間の扶養（第877条第1項）、および、③「特別の事情」により家庭裁判所の認定で義務を負うその他の三親等内親族間の扶養（第877条第2項）の3つに分類されている[5]。しかし、それらの具体的な扶養の順位、程度、方法については、「一切の事情」等の概括的・一般的規定があるにすぎず、当事者の協議および家庭裁判所の審判に委ねている[6]。わが国の扶養法は、扶養義務者の範囲が広く、扶養の権利義務関係の順位や程度などに関する規定は抽象的で一種の「白地規定」となっており、比較法的にみても極めて特色あるものであるとされる[7]。

　しかし、実務や学説は、民法上の扶養義務を生活保持義務と生活扶助義務に

区別している。生活保持義務は、夫婦間と親の未成熟子に対する扶養で、自己と同程度の生活を保持する義務であり、生活扶助義務は、その他親族間の扶養で、余力があれば扶助する義務である。前者は夫婦・親子関係に本質的なものであり、相手の生活を自己の生活の一部として維持する義務である。これに対して、後者は偶然例外的なもので、自己の地位相応な生活を犠牲にせずに行う生活の援助であるとされる。[8]

なお、生活保護法第77条第1項では、「被保護者に対して民法の規定により扶養の義務を履行しなければならない者があるときは、その義務の範囲内において、保護費を支弁した都道府県又は市町村の長は、その費用の全部または一部を、その者から徴収することができる。」と「費用等の徴収」を規定している。この場合、扶養義務者の負担すべき額について、第1次的には保護の実施機関と扶養義務者の間の協議によって定めるが、協議が不調のときは、保護の実施機関の申立により家庭裁判所が、審判でこれを定めることになっている。しかし、この規定に従って、家庭裁判所に申立がなされることは極めてまれで、多くの場合、保護の実施機関と扶養義務者の協議により、審判以前の段階で「解決」されている。[9]そして、こうした協議もまた、行政通達によりすすめられており、生活保護の実務において扶養義務の取扱いが具体的にどのように規定されているかを検討しておく必要がある。

生活保護法は、1950年の新法制定以来60年間大幅な改正は行われず、福祉六法の中ではもっとも変化の少ない福祉法であった。ところが、2013年の生活保護法改正では、大幅な改正が行われた。ここでは、新設された扶養義務に関係する条項を取り上げよう。それらは、法第24条第8項、第28条第2項および第29条第2項である。

法第24条第8項は保護開始時の扶養義務者への通知を規定したもので、以下のようである。

「8　保護の実施機関は、知れたる扶養義務者が民法の規定による扶養義務を履行していないと認められる場合において、保護の開始の決定をしようとするときは、厚生労働省令で定めるところにより、あらかじめ、当該扶養義務者に対して書面をもって厚生労働省令で定める事項を通知しなければならない。ただし、あらかじめ通知す

Ⅲ　生活保護制度における世帯認定と扶養義務

ることが適当でない場合として厚生労働省令で定める場合は、この限りでない。」

　また、法第28条第２項は扶養義務者の報告を求めたもので、以下のようである。

　「２　保護の実施機関は、保護の決定若しくは実施又は第77条若しくは第78条の規定の施行のため必要があると認めるときは、保護の開始又は変更の申請書及びその添付書類の内容を調査するために、厚生労働省令で定めるところにより、要保護者の扶養義務者若しくはその他の同居の親族（略）に対して、報告を求めることができる。」

　法第24条第８項と第28条第２項で扶養義務者への通知と報告の求めが規定されている。
　まず、扶養義務に関する規定を新設した趣旨について、保護課は雑誌『生活と福祉』で解説を行っている[10]。
　「法において、扶養義務者からの扶養は、保護に優先することとされており（法第４条第２項）、保護を受給するための要件とはされていない。これは、扶養義務者が扶養しないことを理由に、生活保護の支給を行わないとした場合には、本人以外の事情によって、本人の生活が立ちゆかなくなることも十分に考えられることによるものである。
　一方で、本人と扶養義務者の関係において考慮が必要な特段の事情がない場合であって、扶養が明らかに可能と思われるにもかかわらず、扶養を拒否しているといった場合には、国民の生活保護制度に対する信頼を損なうことになりかねず、適当ではない。」としている。
　保護課は国民の生活保護制度に対する信頼を得ることを新設の理由に挙げる。
　そして、「報告の求め（法第28条第２項）」の新設については、以下のように解説している。現行の運用においても、福祉事務所は保護の開始の申請があった場合に、要保護者の扶養義務者に対して扶養可能性の調査を行っている（扶養照会）が、扶養義務者からの回答がないケースや、回答がある場合であっても、扶養義務者の収入、資産、負債の状況等がわかる資料（源泉徴収票や給与明

細書、ローン返済予定表の写しなど）の添付がないケースが多く、扶養義務の履行可能性について十分な確認ができなかった。このため、法第28条第2項を新設し、扶養照会を行った後、福祉事務所が保護の決定・実施等のためにさらに調査する必要があると認めるときに、その必要な限度で、扶養義務者に対して、扶養の可否について改めて報告を求めることができることとした。

また、「扶養義務者への通知（法第24条第8項）」の新設については、改正法において新設する扶養義務者から報告を求めることができる規定（法第28条第2項）や、扶養義務を履行しなければならないにもかかわらず履行していない扶養義務者から費用を徴収することができる規定（法第77条第1項）の適用があり得る扶養義務者に対しては、事前に親族が保護を受けることを把握できるようにすることが適当であるため、第24条第8項に、保護開始の決定の際にその事実を扶養義務者へ通知する規定を新設したと述べている。

また、「資料の提供等」を規定した法第29条は、以下のようになった。

「第29条　保護の実施機関及び福祉事務所長は、保護の決定若しくは実施又は第77条若しくは第78条の規定の施行のため必要があると認めるときは、次の各号に掲げる者の当該各号に定める事項につき、官公署、日本年金機構若しくは（略）共済組合等（略）に対し、必要な書類の閲覧若しくは資料の提供を求め、又は銀行、信託会社、次の各号に掲げる者の雇主その他の関係人に、報告を求めることができる。
一　要保護者又は被保護者であった者（略）
二　前号に掲げる者の扶養義務者　氏名及び住所又は居所、資産及び収入の状況その他政令で定める事項（略）
2　別表第1の上欄に掲げる官公署の長、日本年金機構又は共済組合等は、それぞれ同表の下欄に掲げる情報につき、保護の実施機関又は福祉事務所長から前項の規定による求めがあったときは、速やかに、当該情報を記載し、若しくは記録した書類を閲覧させ、又は資料の提供を行うものとする。」

これまで官公署照会は法第29条に条文としてあったが、第2項は新設である。今回の改正で、法第29条では照会先が大幅に増やされ、具体的に明記されているのが変更点である[11]。

2013年の生活保護法改正により扶養義務について新設されたのは、法第24条第8項では扶養義務者に対して保護の開始を通知し、法第28条第2項では、扶

養義務者に報告を求め、法第29条第2項では官公署等に資料等の提供を求めるという規定である。今回の改正は、生活保護申請時に扶養義務者に通知されることを知り、要保護者が生活保護申請を諦める傾向を増すであろうし、一方、報告を求められる扶養義務者にとっては、自分たちの収入や資産が照会され、調査は厳密化され、扶養義務が強化されたと捉えられることになるであろう。

2　実施要領における扶養義務の取扱い

2015年の実施要領における扶養義務の取扱いは以下のようになっている。大きくは「第5の1扶養義者の存否の確認について」、「第5の2扶養能力調査について」、「第5の3扶養義務者への通知について」、「第5の4扶養の履行について」、に分かれる。

「2015年の実施要領における扶養義務の取扱い
次官通知　第5
局第5の1　扶養義者の存否の確認について
（1）扶養義務者
（2）扶養義務者の範囲
（3）扶養義務者としての兄弟姉妹
第5の2　扶養能力の調査について
（1）扶養可能性調査
（2）重点的扶養能力調査対象者（アイウエ）
（3）重点的扶養能力調査対象者以外の扶養義務者（アイウ）
（4）扶養の程度及び方法の認定
（5）扶養の程度の標準
（6）扶養の程度の認定留意事項（アイ）
第5の3　扶養義務者への通知について
第5の4　扶養の履行について
（1）報告徴収
（2）調停審判の申立て
（3）費用徴収
（4）履行状況の調査」（資料参照）

以下では、まず2000年度の「保護の実施要領」における扶養義務の取扱いの

内容を確認し、ついでその後の改正内容を検討しよう。

1　2000年度の扶養義務の取扱い

2000年度の「保護の実施要領」における「扶養義務の取扱い」は、1989年度以降規定の変更が行われていなかった。

まず、厚生事務次官通知（当時次第4）により、扶養義務の取扱いについて、「要保護者に民法上の扶養義務の履行を期待できる扶養義務者のあるときは、その扶養を保護に優先させること。」と規定し、扶養義務者の扶養を生活保護に優先させるよう指示している。

加えて、この民法上の扶養義務は、法律上の義務ではあるが、これを直ちに法律に訴えて法律上の問題として取り運ぶことは扶養義務の性質上なるべく避けることが望ましいとし、「努めて当事者間における話合いによって解決し、円満裡に履行させること。」という扶養義務取扱いの基本姿勢を示している。

ついで、局長通知により、（1）扶養義務者、（2）扶養能力の調査および（3）扶養の履行について、以下のように規定している。

(1)　扶養義務者（局第4の1）

扶養義務者についてでは、扶養義務者の有無の調査や範囲などが規定されている。

扶養義務者の有無についての調査は、要保護者の申告により行い、さらに必要があるときは、戸籍謄本などで確認する。調査対象となるのは、要保護者の扶養義務者のうち、民法第877条第1項に基づく絶対的扶養義務者、同第2項に基づく相対的扶養義務者のうち現に当該要保護者を扶養している者および過去に当該要保護者から扶養を受けている等特別の事情があり、かつ、扶養能力があると推測される者、である。

なお、民法における扶養義務は、その人的範囲を定めるのみで、具体的な扶養の順位、程度、方法については当事者の協議及び家庭裁判所の審判に委ねている。これに対して、生活保護では、民法解釈上の通説とされる「生活保持義務関係」と「生活扶助義務関係」の概念を採用し、扶養義務の取扱いの目安としている。生活保護制度における民法上の規定と解釈上の通説との関係を『生

Ⅲ 生活保護制度における世帯認定と扶養義務

活保護手帳(別冊問答集)』(1993年)は表7-1のように示している[12]。生活保護の運用上もっとも問題となるのは、「直系血族(＊を除く)及び兄弟姉妹」であろう。

(2) **扶養能力の調査（局第4の2）**

扶養能力の調査については以下のような内容となっている。

①前項により把握された扶養義務者について、職業、収入など要保護者の扶養可能性を調査する。

②生活保護義務関係（夫婦又は未成熟の子に対する親の関係）にある扶養義務者および扶養可能性が期待されるその他の扶養義務者については、扶養能力を調査する。

扶養可能性が期待される扶養義務者が福祉事務所の管内に居住する場合には実地に調査する。管外に居住する場合には、まずその者に直接照会し、回答のない場合は再度照会し、なお回答のない場合には、所管する福祉事務所に書面により調査依頼を行うか、又はその居住地の市町村長に照会し、扶養能力を調査する。なお、相当の扶養能力があると認められる場合には、管外であっても、できれば実地に調査をする。

調査は、扶養義務者の世帯構成、職業、収入、課税所得および社会保険の加入状況、要保護者についての税法上の扶養控除および家族手当の受給

表7-1　生活保護制度における扶養義務

扶養義務の内容＼民法上の位置	第752条 夫婦	第877条第1項 絶対的扶養義務者	第877条第2項 相対的扶養義務者
生活保持義務関係	夫婦	未成熟の子に対する関係（＊）	
生活扶助義務関係		直系血族（＊を除く）及び兄弟姉妹	三親等内の親族で家庭裁判所が特別の事情ありと認める者
扶養義務なし			三親等内の親族で家庭裁判所が特別の事情なしと認める者

資料出所）厚生省社会・援護局保護課『生活保護手帳（別冊問答集）』財団法人社会福祉振興・試験センター1993年

並びに他の扶養履行の状況等について行う。
③扶養の程度および方法の認定は、実情に即し、実行があがるように行うものとし、扶養義務者の了解を得られるように努める。
④扶養義務者による扶養の程度は、生活保持義務関係においては、「扶養義務者の最低生活費を超過する部分」、直系血族、兄弟姉妹及び相対的扶養義務者の関係（「生活扶助義務関係」）においては、「社会通念上それらの者にふさわしいと認められる程度の生活を損なわない限度」である。
⑤扶養の程度の認定に当たっては、扶養義務者が生計中心者であるかどうか等に留意する。

(3) 扶養の履行（局第4の3）

扶養の履行については以下の内容となっている。
①扶養義務者が十分な扶養能力があるにもかかわらず、正当な理由なくして扶養を拒み、他に円滑な解決の途がない場合には、家庭裁判所に対する調停又は審判の申立てをも考慮する。この場合において、社会福祉主事が要保護者の委任を受けて申立ての代行を行ってもよい。
②必要があるときは、生活保護法第77条第1項の規定により、扶養義務者から、扶養可能額の範囲内において、保護に要した費用を徴収する等の方法も考慮することもできる。
③扶養能力および扶養の履行状況の調査は、年1回程度は行う。

2　2005年度の改正

「保護の実施要領」における扶養義務の取扱いに関する改正は、2005年度に行われた。1989年度以降扶養義務の取扱いに関する改正はなかったので、2005年度の改正は15年ぶりのしかも大幅なものであった。

改正の前年には、「生活保護制度の在り方に関する専門委員会」報告書（2004年12月）が、扶養義務について、以下のように、社会常識や実効性の観点から、夫婦・親子以外の扶養義務者の調査の必要性については自治体の判断とし、親族へは精神的な支援等を期待すべきとの提言を行った。

Ⅲ　生活保護制度における世帯認定と扶養義務

「（3）扶養調査の在り方
　扶養義務者の扶養能力の調査については、実効性が低いなどの問題がある。このため、民法上の扶養義務が優先するという基本原則は維持すべきものの、社会常識や実効性の観点から、夫婦・親子以外の扶養義務者については、個々のケースの状況や地域の実情に応じ、各地方自治体が調査の必要性を判断する仕組みとすべきである。なお、親族との関係については、要保護世帯の社会的な自立の観点から、交流や精神的な支えの確保・維持のための精神的な支援等を期待すべきである。」

　2005年度は、厚生労働事務次官通知（次第4）と、局長通知の扶養能力調査（第4の2）と扶養の履行（第4の3）について、改正がなされた。
　まず、次官通知（次第4）では、これまでの規定に、「要保護者に扶養義務者がある場合には、扶養義務者に扶養及びその他の支援を求めるよう、要保護者を指導すること。」が付け加えられた。実施機関は、扶養義務者による扶養・支援に関して要保護者を指導することができるという内容である。
　ついで、扶養能力調査（局第4の2）については、（ⅰ）扶養可能性調査と（ⅱ）扶養能力調査対象者に変更が加えられた。
　（ⅰ）扶養可能性調査（局第4の2-（1））に関しては、「調査にあたっては、金銭的な扶養の可能性のほか、被保護者に対する定期的な訪問・架電、書簡のやり取り、一時的な子どもの預かり等（以下「精神的な支援」という。）の可能性についても確認するものとする。」が付け加えられた。
　『生活と福祉』の中で保護課は、「この変更は扶養の内容には金銭的な援助のほか『精神的な支援』も含まれることを明記したもの」としており[13]、これは、「精神的な支援等を期待すべきである。」という前述の専門委員会報告書の提起と符合する改正と言えよう。
　（ⅱ）扶養能力調査対象者に関しては、まず、「重点的扶養能力調査対象者」と「重点的扶養能力調査対象者以外の扶養義務者」（以下、「それ以外の扶養義務者」と略記する。）に分けている。
　「重点的扶養能力調査対象者」とは以下の者である。
　①　生活保持義務関係にある者
　②　①以外の親子関係にある者のうち扶養の可能性が期待される者

③　①、②以外の、過去に当該要保護者又はその世帯に属する者から扶養を受ける等特別の事情があり、かつ、扶養能力があると推測される者

　そして、扶養能力調査の方法が、「重点的扶養能力調査対象者」と「それ以外の扶養義務者」に分けてそれぞれ規定されている。「重点的扶養能力調査対象者」の扶養能力調査の方法については局第4の2-（2）に、「それ以外の扶養義務者」に対する扶養能力調査の方法については、新設の局第4の2-（3）に規定された。

　この改正に関連して、扶養の程度の認定留意事項（局第4の2-（6）イ）では、「生活扶助義務者」の部分が「重点的扶養能力調査対象者以外の者」に変更されている。

　『生活と福祉』の中で保護課は、2005年の改正では、「扶養能力調査について重点化及び簡素化を行った。」としている。まず、扶養能力調査の重点化を図るため、生活保持義務関係にある者および社会通念上扶養の履行が強く求められる者を「重点的扶養能力調査対象者」として現行と同様の扶養能力調査を実施することとし、ついで、「それ以外の扶養義務者」については、扶養能力調査の方法を必要最小限なものに簡素化したとする[14]。

　しかし、実施要領をみる限り、扶養義務の調査対象の限定化および調査の簡素化がなされたとは言いがたい。

　「現在の扶養意識への対応や実効性の観点」から、「重点的扶養能力調査対象者」に対する扶養能力調査の方法については、現行どおり、①管内に居住する場合は実地調査を行い、管外に居住する場合は書面で照会を行う、②期限までに回答がない場合は再度照会を行う、③調査は世帯構成、職業、収入、課税所得および社会保険の加入状況等について行う、となっている。一方、「それ以外の扶養義務者」については、①管内に在住している場合の実地調査を不要とする、②書面での照会は行い、回答がない場合等においては再照会は要しない、③電話連絡による照会も可能とする、④直接照会不適当者については関係機関及び他実施機関への照会は要しない、とした。「それ以外の扶養義務者」に対しては実地調査を不要としているが、「実施機関の判断により『重点的扶養能力調査対象者』の調査方法を援用しても差し支えない。」としており、簡

Ⅲ　生活保護制度における世帯認定と扶養義務

素化は徹底したものとは言えない。

　なお、2005年度の改正で、扶養の履行（局第4の3-（1）および（3））についても、扶養能力調査の対象者が「重点的扶養能力調査対象者」と「それ以外の扶養義務者」に区別されたため、同様の変更が加えられた。

　まず、調停審判の申立て（局第4の3-（1））については、「重点的扶養能力調査対象者」と「それ以外の扶養義務者」に区別した規定となっている。また、履行状況の調査（局第4の3-（3））については扶養義務者を対象とするが、「重点的扶養能力調査対象者」に対する履行状況の調査は「年1回は行うこと」と、ここでは対象者が限定されている。

　つまり、家庭裁判所への申立てについては、原則、「重点的扶養能力調査対象者」に対して行うものとすると共に、年1回程度の扶養能力および履行状況の調査についても「重点的扶養能力調査対象者」に限ることとしている。この点では調査対象者の限定が行われている。

3　2008年度の改正等

　2008年に「保護の実施要領」が改正され、新たに「第4　稼働能力の活用」が規定されたため、これまで第4であった「扶養義務の取扱い」は通知番号が繰り下がり、「第5　扶養義務の取扱い」となったが規定の改正はなかった。

　また、2008年度は「第9　保護の開始申請等」が新たに規定され、その中で扶養義務に関連する内容の通知が示されている。

　「保護の相談における開始申請等の取扱い」についての次官通知は以下のようである。

> 「生活保護は申請に基づき開始することを原則としており、保護の相談に当たっては、相談者の申請権を侵害しないことはもとより、申請権を侵害していると疑われるような行為も厳に慎むこと。」（次第9）

　保護の相談にあたっては、相談者の申請権を侵害しないように配慮することが強調されている。

　そして、課長通知において、「扶養義務者の状況や援助の可能性についての

聴取」のあり方を示している。

　「扶養義務者の状況や援助の可能性について聴取すること自体は申請権の侵害に当たるものではないが、『扶養義務者と相談をしてからではないと申請を受け付けない』などの対応は申請権の侵害に当たるおそれがある。
　また、相談者に対して扶養が保護の要件であるかのごとく説明を行い、その結果、保護の申請を諦めさせるようなことがあれば、これも申請権の侵害にあたるおそれがあるので留意されたい。」（課第9の2）

　保護課は、こうした面接相談業務自体は自治事務に属するものであるが、「申請権を侵害しないことや要保護者を発見把握することは、法の要請しているところであるため、このたび処理基準として示すものである。」としている[15]。
　生活保護の面接相談において、特に相談段階における扶養義務の取扱いについては注意が必要であることから、扶養義務の取扱いについて申請権の侵害につながる行為とならないよう注意を促したものである。とくに扶養義務者による扶養は「保護の要件」ではないことが強調されている。2005年から2007年にかけた北九州市で起きた餓死事件の続発を受けてのものとみられる[16]。
　そして、2009年に『生活保護手帳　別冊問答集　2009』が改訂・刊行された。2009年版の「第5　扶養義務の取扱い」中で、「扶養義務者による扶養」は、生活保護法第4条第1項に定める「保護の要件」とは異なる位置づけのものであると明記された。
　『生活保護手帳　別冊問答集』は1993年以来改訂されていなかった。1993年版では、扶養義務の取扱いについて、「現行の生活保護法では、…現実に扶養義務が履行される可能性があるときのみ扶養請求権の行使を受給要件としてとらえる立場を採っている。」としていた。そして、扶養請求権は、法第4条第1項にいう「資産、能力、その他あらゆるもの」の中に当然含まれるので、それは「利用し得る」ものである限り、それを「最低限度の生活維持のために活用する」ことが保護の受給要件となることは、資産や能力の場合とまったく同様である、としていた[17]。
　しかし、2009年版では、以下のような内容となる。
「扶養請求権」は、それが利用し得るものである限りにおいて第1項にいう

「その他あらゆるもの」に含まれると解することができるのではないかという疑問が生じるが、ここでいう「その他あらゆるもの」とは、例えば年金受給権のように、「現実的には資産となっていないが要保護者本人が努力（手続き等）することによって容易に資産となり得るもの」を指している。したがって、「扶養義務者による扶養」が、要保護者本人の努力のみで資産となり得るものではなく、それが単なる期待可能性に過ぎない状態においては、第1項の「その他あらゆるもの」に含むことはできない、と記した。[18]

4　2014年度改正

2013年の法改正に伴い、2014年度に実施要領は改正された。

2013年の生活保護法改正においては、扶養義務関係では第24条第8項（扶養義務者への通知）、第28条第2項（報告の求め）および第29条第2項（資料等の提出）があらたに加えられた。法改正を受けて、2014年度の実施要領の改正では、局長通知の「第5の3　扶養義務者の通知について」と「第5の4　扶養の履行について　（1）報告徴収」が新設された。

まず、「局第5の3　扶養義務者の通知について」をみよう。局長通知は以下のようである。

「3　扶養義務者への通知について
　保護の開始の申請をした要保護者について、保護の開始を決定しようとする場合で、要保護者の扶養義務者に対する扶養能力の調査によって、法第77条第1項の規定による費用徴収を行う蓋然性が高いなど、明らかに扶養義務を履行することが可能と認められる扶養義務者が、民法に定める扶養を履行していない場合は、要保護者の氏名及び保護の開始の申請があった日を記載した書面を作成し、要保護者に保護の開始を決定するまでに通知すること。」（局第5の3）

2014年7月号の『生活と福祉』における「保護の実施要領」の改正に関する保護課の解説をみよう。[19]

扶養義務者への通知に関する規定を創設した趣旨は、家庭裁判所の審判等を経た費用徴収が有り得ることなどから、事前に親族が保護を受けることを知っておくことが適当との法制的な観点からであるとする。このため、扶養義務者

への要保護者の氏名等を通知する場合は、保護の開始申請をした要保護者について、法第77条第1項の規定による費用徴収を行う蓋然性が高いなど、明らかに扶養義務を履行することが可能と認められる扶養義務者が、民法に定める扶養を履行していない場合に限定する旨を示した、としている。

ついで、「第5の4 扶養の履行について （1）報告徴収」をみよう。局長通知は以下のような内容である。

「4 扶養の履行について
（1） 扶養能力の調査によって、要保護者の扶養義務者のうち、法第77条第1項の規定による費用徴収を行う蓋然性が高いなど、明らかに扶養義務を履行することが可能と認められる扶養義務者が、民法に定める扶養を履行していない場合は、書面により履行しない理由について報告を求めること。」（局第5の4-（1））

扶養義務者への報告徴収の新設について、『生活と福祉』における保護課の解説をみよう[20]。

社会保障審議会「生活困窮者の生活支援の在り方に関する特別部会」の報告書において、本人と扶養義務者の関係において考慮が必要な特段の事情がない場合であって、扶養が明らかに可能と思われるにもかかわらず、扶養を拒否しているといったケースは、国民の生活保護制度に対する信頼を損なうことになりかねず適当ではないため、本当に保護を必要とする方や家族関係に特段の留意をしつつ、扶養が困難な理由について説明を求めることが必要と提言されている。

これを踏まえ、扶養義務者へ報告を求める場合は、要保護者の扶養義務者のうち、法第77条第1項の規定よる費用徴収を行う蓋然性が高いなど、明らかに扶養義務を履行することが可能と認められる扶養義務者が、民法に定める扶養を履行していない場合に限定する旨を示した、としている。

2014年度の実施要領の改正は、ともに「明らかに扶養義務を履行することが可能と認められる扶養義務者」を対象者とした限定した取扱いであることが強調されている。「明らかに扶養義務を履行することが可能と認められる扶養義務者」の判断に当たっては、扶養能力の調査の結果、①定期的に会っているなど交際状況が良好であること、②扶養義務者の勤務先等から当該要保護者に係

Ⅲ　生活保護制度における世帯認定と扶養義務

る扶養手当や税法上の扶養控除を受けていること、③高額な収入を得ているなど、資力があることが明らかであること等を総合的に勘案して判断するよう課長通知（問第5の5）に示された。

3　戦後の扶養義務取扱いの動向

扶養義務の取扱いについては、1957年の実施要領で示され、1958年改正で現在の扶養義務者、扶養能力の調査、扶養の履行の3項に整理された。ここでは、1958年以降の規定の改正を表7-2にまとめた[21]。

まず、局長通知の部分は、ほぼ1960年代に規定の整備が終了している。その後1970年代に扶養能力調査関連の改正が行われているが、それらは世帯分離要件の改正にともなう改正で、実質的には世帯分離による扶養義務の緩和を内容とする改正である。

1980年代には、扶養能力調査の対象者の項の改正が行われている。1983年の改正では、扶養能力調査に当たっては、形式的に通り一遍の調査で事足れりとすることなく、真に扶養を求めるべき者又は期待される者に対して、重点的、効果的に行うべきものであり、その中でも「特に強く扶養を求められるべきは、生活保持義務関係にある扶養義務者である。」とされ、生別母子世帯に対する前夫（夫）の扶養調査の強化が求められたことは特筆すべきである。また、1988年の改正では、社会保険や扶養控除・家族手当などの調査項目が明示された。これらは、扶養義務遂行の強化を求めたものと解釈される。1970年代の扶養義務の緩和とは逆に、1980年代には厳格化が図られたとみることができる[22]。

その後、1990年代には扶養義務の取扱いに関する改正はなく、これは2004年まで続く。したがって1989年から2004年までの15年間は、扶養義務の取扱いについては変化がなく比較的安定した時期であった。

そして、2005年には大幅な改正が行われた。

まず、次官通知が改正された。これまでにはなかった「要保護者に扶養義務者がある場合には、扶養義務者に扶養及びその他の支援を求めるよう、要保護者を指導すること。」が加わっている。「扶養義務の優先と話し合いによる解決」

という基本方針は変わらないが、要保護者への指導が加わっている。これにより、扶養への介入・管理が強く働くことになると思われる。

さらに、扶養能力調査の重点化として「重点的扶養能力調査対象者」という規定を設けた。「重点的扶養能力調査対象者」とは生活保持義務者、および親子関係にある扶養可能性が期待される者、特別な事情があり扶養能力があると推測される者である。しかし、「重点的扶養能力調査対象者」とはいうものの、これまでの扶養能力調査対象者に比べて範囲が限定されているわけでもなく、また「重点的扶養能力調査対象者以外の扶養義務者」への扶養調査の項も新設されており、必ずしも扶養義務の限定化がはかられたとは言えない。

また、扶養の内容について、経済的扶養のみならず新たに精神的扶養が期待されるのは2005年改正からである。

2008年の課長通知で、扶養義務者による扶養は「保護開始の要件でない」ことが明記され、これまであいまいであった生活保護における扶養義務の位置づけが明確になった。

2013年末の生活保護法改正を受け、2014年には「扶養義務の取扱い」が改正され、「扶養義務者への通知」と「報告徴収」が新設された。扶養義務の調査は厳密化に向かっているといえよう。

おわりに

戦後日本における扶養義務に関して、「保護の実施要領」を中心に2000年以降の動向を検討してきた。これまでの考察を通して明らかになった点を以下要約しよう。

①生活保護法は、扶養義務者の扶養は保護に優先することを定めているが、保護の要件として運用されることも多かった。2008年の課長通知で、扶養は保護開始の要件ではないことが明記され、扶養義務の生活保護における位置づけが明確になった。

②扶養義務の取扱いについては、これまでは「当事者間の話合い」による解決だけであったが、2005年の次官通知で扶養義務者への支援要請について

Ⅲ　生活保護制度における世帯認定と扶養義務

表7-2　実施要領における扶養義務取扱いの改正

	第5 扶養義務の取扱い	第5の1 扶養義務者の存否確認			第5の2 扶養能力調査						第5の3 扶養義務者への通知	第5の4 扶養の履行			
		1 扶養義務者	2 扶養義務者の範囲	3 扶養義務者(兄弟姉妹)	1 扶養可能性調査	2 (重点的)扶養能力調査対象者アイウエ	3 重点的扶養能力調査対象者以外の扶養義務者アイウ	4 扶養の程度及び方法の認定	5 扶養の程度の標準	6 扶養の程度の認定留意事項アイ		1 報告徴取	2 調停審判の申立て	3 費用徴収	4 履行状況の調査
1958	◎	◎			◎		◎	◎(3)	◎3-(1)	◎3-(2)(3)			◎4-(1)	◎4-(2)	◎4-(3)
1959															
1960															
1961															
1962															
1963			◎	◎				○(3)	○(4)	○(5)					
1964															
1965															
1966															
1967															
1968									○						
1969		○			○										
1970									○						
1971		○													
1972															
1973									○						
1974															
1975									○						
1976															
1977									○						
1978															
1979															
1980															
1981															
1982															
1983						○									
1984															
1985															
1986															
1987															
1988						○									
1989															
1990															
1991															
1992															
1993															
1994															
1995															
1996															
1997															
1998															
1999															
2000															
2001															
2002															
2003															
2004															
2005	○				○	○重点的	◎	○(4)	○(5)	○(6)			○		○
2006															
2007															
2008															
2009															
2010															
2011															
2012															
2013															
2014												◎	◎		
2015															

注)　◎は創設、○は改正

「要保護者を指導すること。」が加わり、扶養への介入・管理は強まる傾向にある。

③同じ2005年の実施要領の改正では、扶養義務の調査対象については、生活保持義務関係者、親子関係にある者などを「重点的扶養義務調査対象者」とし、調査の重点化が図られ、元夫や親の扶養義務の履行については強化されている。しかし、扶養義務調査対象者の限定はなされていない。

④近年の扶養義務の改正の際には、世帯員や扶養義務者に経済的扶養だけでなく精神的扶養の遂行が期待されている。

⑤2013年の生活保護法改正に伴う「保護の実施要領」の改正では、官公署等の調査の範囲が拡大され、資料の提示を求めるなど、生活保護における扶養義務はさらに厳密化される方向にある。

2009年の『生活保護手帳　別冊問答集　2009』は、生活保護と私的扶養について、「私的扶養の果たす社会的機能や国民の扶養に対する意識は時代とともに変化するものであり、扶養の問題を考えるにあたっては、常にこのような時代の変化をふまえて判断していかなくてはならない。」という考え方を示した。[23]

しかし、生活保護制度をみると、制定から半世紀以上が過ぎたが、2013年の法改正においても、扶養義務については、扶養義務の範囲を生活保持義務関係者に限定するには至っておらず、生活保持義務関係者を超えた広範囲の親族の扶養義務を規定したままである。生活保護制度は、あたかも生活保護受給者が日本社会の変動の外に居り、制定時と変わらない家族制度の下にあるとでも考えているように思われる。

［資料］保護の実施要領（2015年『生活保護手帳』）

第5　扶養義務の取扱い
次第5
　要保護者に扶養義務者がある場合には、扶養義務者に扶養及びその他の支援を求めるよう、要保護者を指導すること。また、民法上の扶養義務の履行を期待できる扶養義務

Ⅲ 生活保護制度における世帯認定と扶養義務

者のあるときは、その扶養を保護に優先させること。この民法上の扶養義務は、法律上の義務ではあるが、これを直ちに法律に訴えて法律上の問題として取り運ぶことは扶養義務の性質上なるべく避けることが望ましいので、努めて当事者間における話合いによって解決し、円満裡に履行させることを本旨として取り扱うこと。

局第5
1 扶養義務者の存否の確認について
（1） 保護の申請があったときは、要保護者の扶養義務者のうち次に掲げるものの存否をすみやかに確認すること。この場合には、要保護者よりの申告によるものとし、さらに必要があるときは、戸籍謄本等により確認すること。
ア 絶対的扶養義務者
イ 相対的扶養義務者のうち次に掲げるもの
（ア） 現に当該要保護者又はその世帯に属する者を扶養している者
（イ） 過去に当該要保護者又はその世帯に属する者から扶養を受ける等特別の事情があり、かつ、扶養能力があると推測される者
（2） 扶養義務者の範囲は、次表のとおりであること。

親 等 表

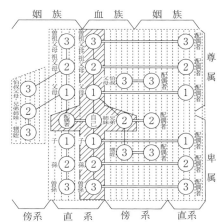

注 ▨絶対的扶養義社（民法第877条第1項）
　　▭相対的扶養義社（民法第877条第2項）
　　①配偶者は、継親の場合等であること。
　　子①は、先夫の子、後妻の連れ子等である。

（3） 扶養義務者としての「兄弟姉妹」とは、父母の一方のみを同じくするものを含むものであること。

2　扶養能力の調査について
（1）　1により把握された扶養義務者について、その職業、収入等につき要保護者その他により聴取する等の方法により、扶養の可能性を調査すること。なお、調査にあたっては、金銭的な扶養の可能性のほか、被保護者に対する定期的な訪問・架電、書簡のやり取り、一時的な子どもの預かり等（以下「精神的な支援」という。）の可能性についても確認するものとする。
（2）　次に掲げる者（以下「重点的扶養能力調査対象者」という。）については、更にアからエにより扶養能力を調査すること。
① 生活保持義務関係にある者
② ①以外の親子関係にある者のうち扶養の可能性が期待される者
③ ①、②以外の、過去に当該要保護者又はその世帯に属する者から扶養を受ける等特別の事情があり、かつ、扶養能力があると推測される者
ア　重点的扶養能力調査対象者が保護の実施機関の管内に居住する場合には、実地につき調査すること。
　　重点的扶養能力調査対象者が保護の実施機関の管外に居住する場合には、まずその者に書面により回答期限を付して照会することとし、期限までに回答がないときは、再度期限を付して照会を行うこととし、なお回答がないときは、その者の居住地を所管する保護の実施機関に書面をもって調査依頼を行うか、又はその居住地の市町村長に照会すること。ただし、重点的扶養能力調査対象者に対して直接照会することが真に適当でないと認められる場合には、まず関係機関等に対して照会を行い、なお扶養能力が明らかにならないときは、その者の居住地を所管する保護の実施機関に書面をもって調査依頼を行うか、又はその居住地の市町村長に照会すること。
　　なお、相当の扶養能力があると認められる場合には、管外であっても、できれば実地につき調査すること。
イ　調査は、重点的扶養能力調査対象者の世帯構成、職業、収入、課税所得及び社会保険の加入状況、要保護者についての税法上の扶養控除及び家族手当の受給並びに他の扶養履行の状況等について行うこと。
ウ　アの調査依頼を受けた保護の実施機関は、原則として3週間以内に調査の上回答すること。
エ　調査に際しては、重点的扶養能力調査対象者に要保護者の生活困窮の実情をよく伝え、形式的にわたらないよう留意すること。
（3）　重点的扶養能力調査対象者以外の扶養義務者のうち扶養の可能性が期待される者については、次により扶養能力を調査すること。なお、実施機関の判断により、重点的扶養能力調査対象者に対する調査方法を援用しても差しつかえない。
ア　重点的扶養能力調査対象者以外の扶養義務者のうち扶養の可能性が期待される者への照会は、原則として書面により回答期限を付して行うこと。なお、実施機関の判断

Ⅲ　生活保護制度における世帯認定と扶養義務

により電話連絡により行うこととしても差しつかえないが、不在等により連絡が取れない場合については、再度の照会又は書面による照会を行うこと。また、電話連絡により照会した場合については、その結果及び聴取した内容をケース記録に記載するとともに、金銭的な援助が得られる場合については、その援助の内容について書面での提出を求めること。
イ　実施機関において重点的扶養能力調査対象者以外の扶養義務者のうち扶養の可能性が期待される者に対して直接照会することが真に適当でないと認められる場合には、扶養の可能性が期待できないものとして取り扱うこと。
ウ　照会の際には要保護者の生活困窮の実情をよく伝えるとともに、重点的扶養能力調査対象者以外の扶養義務者のうち扶養の可能性が期待される者の世帯構成、職業、収入、課税所得及び社会保険の加入状況、要保護者についての税法上の扶養控除及び家族手当の受給並びに他の扶養履行の状況等の把握に努めること。
（4）　扶養の程度及び方法の認定は、実情に即し、実効のあがるように行うものとし、扶養義務者の了解を得られるよう努めること。この場合、扶養においては要保護者と扶養義務者との関係が一義的であるので、要保護者をして直接扶養義務者への依頼に努めさせるよう指導すること。
（5）　扶養の程度は、次の標準によること。
ア　生活保持義務関係（第1の2の（4）のイ、同（5）のイ若しくはエ又は同（8）に該当することによって世帯分離された者に対する生活保持義務関係を除く。）においては、扶養義務者の最低生活費を超過する部分
イ　第1の2の（4）のイ、同（5）のイ若しくはエ又は同（8）に該当することによって世帯分離された者に対する生活保持義務関係並びに直系血族（生活保持義務関係にある者を除く。）、兄弟姉妹及び相対的扶養義務者の関係（以下「生活扶助義務関係」という。）においては、社会通念上それらの者にふさわしいと認められる程度の生活を損わない限度
（6）　扶養の程度の認定に当たっては、次の事項に留意すること。
ア　扶養義務者が生計中心者であるかどうか等その世帯内における地位等を考慮すること。
イ　重点的扶養能力調査対象者以外の者が要保護者を引き取ってすでになんらかの援助を行っていた場合は、その事情を考慮すること。
3　扶養義務者への通知について
　　保護の開始の申請をした要保護者について、保護の開始を決定しようとする場合で、要保護者の扶養義務者に対する扶養能力の調査によって、法第77条第1項の規定による費用徴収を行う蓋然性が高いなど、明らかに扶養義務を履行することが可能と認められる扶養義務者が、民法に定める扶養を履行していない場合は、要保護者の氏名及び保護の開始の申請があった日を記載した書面を作成し、要保護者に保護の開始

を決定するまでに通知すること。
4　扶養の履行について
（1）　扶養能力の調査によって、要保護者の扶養義務者のうち、法第77条第1項の規定による費用徴収を行う蓋然性が高いなど、明らかに扶養義務を履行することが可能と認められる扶養義務者が、民法に定める扶養を履行していない場合は、書面により履行しない理由について報告を求めること。
（2）　重点的扶養能力調査対象者が十分な扶養能力があるにもかかわらず、正当な理由なくして扶養を拒み、他に円満な解決の途がない場合には、家庭裁判所に対する調停又は審判の申立てをも考慮すること。この場合において、要保護者にその申立てを行わせることが適当でないと判断されるときは、社会福祉主事が要保護者の委任を受けて申立ての代行を行ってもよいこと。なお、重点的扶養能力調査対象者以外の者について家庭裁判所に対して調停等を申立てることを妨げるものではない。
（3）　（2）の場合において、必要があるときは、（2）の手続の進行と平行してとりあえず必要な保護を行い家庭裁判所の決定があった後、法第77条の規定により、扶養義務者から、扶養可能額の範囲内において、保護に要した費用を徴収する等の方法も考慮すること。

　なお、法第77条の規定による費用徴収を行うに当たっては、扶養権利者が保護を受けた当時において、当該扶養義務者が法律上の扶養義務者であり、かつ、扶養能力があったこと及び現在当該扶養義務者に費用償還能力があることを確認すること。
（4）　扶養義務者の扶養能力又は扶養の履行状況に変動があったと予想される場合は、すみやかに、扶養能力の調査を行い、必要に応じて（1）の報告を求めたうえ、再認定等適宜の処理を行うこと。

　なお、重点的扶養能力調査対象者に係る扶養能力及び扶養の履行状況の調査は、年1回程度は行うこと。

1）　小山進次郎『改訂・増補　生活保護法の解釈と運用（復刻版）』全国社会福祉協議会　1975年　pp.119-120
2）　小山、前掲書、p.85
3）　森岡清美・望月嵩『新しい家族社会学（四訂版）』培風館　1997年　p.161、pp.136-147
4）　西原道雄「家族と扶養」社会保障講座編集委員会『社会保障講座3　社会変動への対応』総合労働研究所　1981年　p.270
5）　松嶋道夫「私的扶養と公的扶助」有地亨編『現代家族法の諸問題』弘文堂　1990年　p.340
6）　西原、前掲論文、p.271
7）　深谷松男「私的扶養と公的扶助―親族扶養優先の原則を中心に」中川善之助先生追悼・現代家族法体系編集委員会編『現代家族法体系3』有斐閣　1979年　p.396
8）　松嶋、前掲論文、pp.340-341

Ⅲ　生活保護制度における世帯認定と扶養義務

9）　西原、前掲論文、p.271
10）　厚生労働省社会・援護局保護課「第2回　改正生活保護法逐条解説」『生活と福祉』702号　2014年　pp.22-23
11）　厚生労働省社会・援護局保護課「第3回　改正生活保護法逐条解説」『生活と福祉』703号　2014年　pp.20-25
12）　厚生省社会・援護局保護課監修『生活保護手帳（別冊問答集）』財団法人社会福祉振興・試験センター　1993年　p.89。2009年に改訂された『生活保護手帳　別冊問答集　2009』の表1生活保護制度における扶養義務には、「扶養義務なし」の欄はない（生活保護手帳別冊問答集編集委員会編『生活保護手帳　別冊問答集　2009』中央法規出版　2009年　p.140）。
13）　厚生労働省社会・援護局保護課「平成17年度の生活保護」『生活と福祉』590号　2005年　p.12
14）　同上、pp.12-13
15）　厚生労働省社会・援護局保護課「平成20年度の生活保護」『生活と福祉』626号　2008年　p.8
16）　副田義也『福祉社会学の挑戦―貧困・介護・癒しから考える』岩波書店　2013年　p.42
17）　厚生省社会・援護局保護課、前掲書、p.88
18）　生活保護手帳別冊問答集編集委員会、前掲書、p.139
19）　厚生労働省社会・援護局保護課「特集Ⅱ　保護の実施要領の改正」『生活と福祉』700号　2014年　p.17
20）　同上、p.17
21）　生活保護の扶養義務者数については、少し古いが、2003年厚生労働省『被保護者全国一斉調査』がある。扶養義務者総数は364万1590人であった。同年の生活保護受給世帯数は94万1270世帯であるので、1世帯当たりの扶養義務者数は、3.87人となる。1世帯当たり約4人が扶養義務の調査対象となっている。内訳をみると、絶対的扶養義務者93.9％、相対的扶養義務者4.1％、前夫2.0％となる。9割を占める絶対的扶養義務者の中でもっとも多いのは兄弟姉妹55.4％で、半数を占める。ついで、子が27.6％で、そのほかに父母8.7％、夫0.3％などがある。
22）　牧園清子「生活保護制度における私的扶養」『松山大学論集』14-1号　2002年　pp.51-79
23）　生活保護手帳別冊問答集編集委員会、前掲書、pp.139-140

終　章

生活保護制度における変化と基本構造の維持

　ここまでの論述について確認しておこう。
　現代日本における生活保護制度の変動を描き出すことが、本書の目的であった。焦点を当てたのは、2005年に生活保護制度に導入された自立支援である。
　生活保護制度では、保護の要件として、生活に困窮する者およびその世帯に「自己責任の原則」のもと自立・自助を要請し、扶養義務者の扶養の優先的実行を求めている。そこで、個人の自立、世帯および扶養の3側面から生活保護制度を検討することとした。
　まず、第1章で2000年以降の急増する生活保護の動態を政策と受給の動向から検討した。ついで、第Ⅰ部自立と自立支援の展開では、自立と自立支援を基本理念に再編が進む生活保護制度を考察した。第Ⅱ部では、支援の新たな展開として、第4章で地域生活支援を、第5章では民間委託を取り上げた。そして、第Ⅲ部の生活保護における世帯と扶養では、世帯の認定と扶養義務の取扱いの動向を、戦後からの実施要領の改正の変遷を含めて検討した。この終章ではこれまでの議論で触れてきた具体的な内容について再度確認し、さらにそれらが提起する課題を検討していく。

1　生活保護制度における変化

1　自立支援と生活保護制度

　2000年以降の生活保護制度において、もっとも大きな転換をもたらしたのは2005年の自立支援の導入であろう[1]。自立支援の導入は、社会保障審議会福祉部会「生活保護制度の在り方に関する専門委員会」の提言によるもので、自立支

援プログラムの策定・実施は生活保護を大きく変えた。それらを整理し、示しておこう。

第1に、生活保護に自立の新しい概念を提示したことである。自立は、就労自立、日常生活自立、社会生活自立の3つの自立とされた。稼働能力を活用し自立する就労自立だけを自立としていた生活保護においては、大きな転換であった。

第2に、自立概念が拡がることで、就労についても、「半就労・半福祉」や「中間的就労」などの新しい考え方が導入され、多様な働き方や多様な自立に向けた支援が考えられるようになった。2013年の生活保護法改正において創設された「就労準備支援事業」はその例である。

第3に、自立支援の多様な試みは、分権化の成果でもある。地方分権化が進む中、生活保護法に最初に自治事務として「相談及び助言」が設けられた。

自立支援が自治事務として行われることになり、各自治体が自主性・独立性を生かしてさまざまなプログラムを策定・運用するという動きを生んだ。プログラムの内容は各自治体の抱える問題と取組みの質の高さを反映している。

第4に、民間委託の導入である。自立支援プログラムの策定・実施は、自治事務に属するため自治体の裁量領域とされている。民間委託は厚生労働省からも推奨され、NPO等への委託による先進的な取組みが行われている。自立支援の展開は、生活保護における委託化・外部化の扉を開け、民間委託を促進した。

第5に、有子世帯の自立支援としての高校生等の教育支援である。これは、専門委員会が生活保護を受給する有子世帯の、「貧困の再生産」防止の観点から自立支援の1つとして、提案したものであった。

高等学校等に就学し卒業することが生活保護受給世帯の自立助長に効果的であると認められる場合に、高等学校等就学費が支給されることになった。

これまで、生活保護受給世帯の高校生が就学しながら保護を受けるには、奨学金や自分の収入等で授業料等の教育費を賄わなければならなかった。賄うことができない場合は、世帯認定の際に、世帯分離の適用を受けていた。しかし、高等学校等就学費制度の開始により、高校生も世帯内就学が可能となっ

終 章 生活保護制度における変化と基本構造の維持

た。[2]

2 福祉国家の再編と生活保護制度

多くの福祉国家は、近年その再編からポスト福祉国家の過程にあるとされ、そこに進行するさまざまな社会変動が指摘されている。それらのいくつかをあげてみよう。

1980年代以降の日本の福祉国家の再編の方向性を、藤村正之は他の先進資本主義国と同様、「分権化」と「民営化」であると、捉えた。[3]

「分権化」は社会政策の政策決定・実施が中央政府中心から地方政府に委ねられつつあることであり、「民営化」は行政体が中心であった制度の運営・サービスの提供に新たな性格をもった民間の組織体が行為主体として参入しだしてきたこととされる。

武川正吾は、20世紀の第4四半期以降の福祉国家はグローバル化と個人化の影響のもとに置かれ、その支柱が侵蝕されつつあるとする。[4]

グローバル化とは国境を越えて移動する資源(ヒト、モノ、カネ、情報)の量が増大してくること、個人化とは、行為・行動の最小単位が分解してくる過程のことをいう。グローバル化と個人化という社会変動は、福祉国家の社会政策に対して、再商品化と脱ジェンダー化への調整を迫っているとする。

また、埋橋孝文は、1980年代以降の福祉国家において、産業・労働の分野では規制緩和とプライバタイゼーションの2つの政策を中心に再編が行われ、社会保障・福祉の分野では、福祉と就労をめぐる関係の再編が行われ、多くの先進諸国が「雇用志向 (employment-oriented) 社会政策」=ワークフェアを戦略として採用したことをあげる。ワークフェアは雇用への統合をめざすもので、アメリカの福祉改革の中で生まれ、ワークフェア政策としてその後ヨーロッパ等に伝播したとする。[5]

以上のように、1980年代以降の福祉国家では、分権化、民営化、グローバル化、個人化、ワークフェアの進行等が指摘されている。

生活保護制度は自己完結しており改革が困難とされ、[6]日本の福祉改革の中でもタイムラグのある領域であった。しかし、生活保護制度も、現代の福祉改革

の潮流と無縁ではない。

　現代日本の生活保護制度を福祉国家再編の動向の中においてみると、生活保護制度も他の福祉領域と同様に分権化、民営化、ワークフェアなどの流れの中にある。

　地方分権化改革の中で、生活保護法に最初に自治事務をして新設されたのは「相談及び助言」であった。自立支援は自治事務として実施されることになった。自立支援が展開されていく過程において民間委託という方法が導入され、相談業務についても民間委託が進められていることを、第5章で取り上げた。

　なお、ワークフェアをめぐっては、アクティベーションを上位概念とする議論もある。

　宮本太郎は、「アクティベーション（活性化）」とは、雇用と社会保障を強く連携させていこうとするもので、社会保障の目的として、人びとの就労や社会参加を実現し継続させることを全面に掲げ、また、就労および積極的な求職活動を、社会保障の条件としていこうとする考え方である。」としている。そして、広い意味でのアクティベーションの流れに属しつつも、失業手当などの給付条件として半ば義務づけるような、かなり強制的な手段をとる場合は「ワークフェア」と呼んでいる[7]。

　本書では、自立支援の広がりに着目した。「アクティベーション（活性化）」の動きに焦点をあてたといえよう。これまでの就労自立だけでなく日常生活や社会生活の自立に向けた幅広い支援が行われ、さらに地域生活支援では帰属する場所を提供する支援が実践されていることを指摘した。

　しかし、自立支援が強調されるに至った背景には、先進国に共通するワークフェアの流れがある。第2章で明らかにしたように、但し書はあるが、自立支援プログラムへの参加は義務であり、指導・指示や制裁・不利益変更を含んでおり、自立支援は生活保護受給と就労による自立を結びつけるワークフェア的要素を取り込んでいる[8]。

　また、2013年の生活保護法改正では、就労自立給付金制度や就労支援事業の創設に見られるように、一段と就労自立強化の方向が鮮明となった。これまで、生活保護では3つの自立が示され多様な自立支援が展開されてきたが、今

回の法改正を受けて、自立支援プログラムはわずか2事業となった。自立支援の展開過程で培ってきた各自治体の自主的な取組みの縮小が懸念される。

2　生活保護制度における基本構造の維持

　生活保護制度は、新しい自立概念を導入し、かつてに比べれば多様な自立を認める方向には動いた。しかし、2013年の法改正の内容からも明らかなように、就労自立を求める傾向が強まっている。したがって、生活保護制度に新しい自立概念が導入されたが、現代社会が「自己責任の原則」を基本とする自助社会である限り、生活保護制度においては稼働能力の活用を求め、経済的自立を求める規範・義務というものが厳然としてあるといえよう。
　しかし、自助が求められるのは、生活保護受給者個人だけではない。
　生活保護制度では、保護の要否は世帯単位で判断される。つまり、世帯単位での自助が求められる。
　しかも、生活保護における世帯概念は、別居する家族員も同一世帯と認定する拡張された世帯概念を採用している。同居する者だけを同一世帯と認定するならば必要のない、細かな世帯分離の要件が実施要領の中に規定され、現在もそれが適用されている。
　さらに、生活保護制度では、民法の広い範囲の扶養義務規定をそのまま採用している。当時の策定担当者も「旧い考えが残ってしまった。」と述べているように、生活保護制度における扶養義務は家族主義的観念に立つものである。しかもそれがそのまま60年間存続してきた。
　そして、保護の要件を規定した生活保護法の「保護の補足性」の項に、「扶養義務者の扶養の優先」が規定されたことにより、扶養義務者による扶養はあたかも保護の要件かのように扱われ、申請時に抑制的な機能を果たしてきた。[9]
　また、2005年の実施要領改正では、扶養義務者への支援要請について「要保護者を指導すること」が加わり、扶養への介入・管理は強まる傾向にある。加えて、2013年の生活保護法改正では、官公署等の調査の範囲が拡大されるなど、受給申請の心理的抵抗を増す改正が行われている。

以上のように、生活保護においては、生活保護受給者個人の自助だけでなく、世帯単位での自助と広範囲の親族による扶養を求める。

　雇用の不安定化や家族の個人化・不安定化という大きな社会変動の中にあっても、この姿勢は変わらなかった。生活保護制度における基本構造は維持されている。

　戦後日本の社会保障制度は、皆保険皆年金体制を採用し、社会保険制度を中心とした政策を行ってきた。しかし、2000年以降、生活保護受給者の急増にみられるように、社会保険のほころびが露わになり、社会保障制度の中での生活保護の位置づけをめぐって、社会保険との関係の整理など抜本的な改革の議論をしなければならない状況を迎えていた。2013年の法改正は、社会保障制度の新しいビジョンを検討できるよい機会であったが、そこまでには至らなかった。

　しかし、現行法内でも見直しが必要とされる課題がある。現代社会は自助が求められる社会であるが、一般的な市民生活に比べて、生活保護受給者に特殊な自助を強いてはいないだろうか。本書の主題の範囲で課題を指摘するならば、生活保護制度における世帯概念を居住と生計を同一にする一般的な世帯概念とすること、そして扶養義務の範囲を生活保持義務関係に限定することなどがあげられる。これらは、現行法の枠内で可能な見直しである。

1）　2014年に社会・援護局長に就任した岡田太造は、「この10年間で大きく動いたと思うのが、自立支援プログラム」と述べた（岡田太造「生活保護制度改革と新たなセーフティネットの構築について」『生活と福祉』700号　2014年　pp.5-6）。
2）　高校生のアルバイト収入は、これまで世帯分離の適用という問題を生じさせていたが、現在は未申告をめぐる不正受給という新しい問題を生じさせている（石坂想「大学受験費用等に当てられた高校生アルバイト収入未申告を不正受給として生活保護法78条適用した処分が取り消された事例—横浜地裁平成27年3月11日判決」『賃金と社会保障』No.1637　2015年　pp.28-32）。
3）　藤村正之『福祉国家の再編成—「分権化」と「民営化」とめぐる日本的動態』東京大学出版会　1999年　pp.1-22
4）　武川正吾「グローバル化と個人化—福祉国家と公共性」盛山和夫・上野千鶴子・武川正吾編『公共社会学［2］　少子高齢社会の公共性』東京大学出版会　2012年　pp.15-32
5）　埋橋孝文『福祉政策の国際動向と日本の選択—ポスト「三つの世界」論』法律文化社

2011年　pp.105-131
6）　京極髙宣『生活保護改革と地方分権化』ミネルヴァ書房　2008年　p.12
7）　宮本太郎『生活保障―排除しない社会へ』岩波書店　2009年　pp.124-125
8）　石橋敏郎『社会保障法における自立支援と地方分権―生活保護と介護保険における制度変容の検証』法律文化社　2015年　pp.26-39
9）　吉永純『生活保護「改革」と生存権の保障―基準引下げ、法改正、生活困窮者自立支援法』明石書店　2015年　pp.70-75

文　　献

青木秀男編著『場所をあけろ』松籟社　1999年
青木秀男『ホームレス・スタディーズ―排除と包摂のリアリティ』ミネルヴァ書房　2010年
秋元美世「社会保障法と自立―自立を論じることの意義」『社会保障法』22号　法律文化社　2007年
安立清史『福祉NPOの社会学』東京大学出版会　2008年
阿部彩『子どもの貧困―日本の不公平を考える』岩波書店　2008年
阿部彩『子どもの貧困Ⅱ―解決策を考える』岩波書店　2014年
阿部彩・國枝繁樹・鈴木亘・林正義『生活保護の経済分析』東京大学出版会　2008年
碇井伸吾「『生活保護』でどこまで暮らせるか！？』講談社　2009年
生沼純一「生活保護制度の現況と課題」『生活と福祉』664号　2011年
池谷秀登「日常生活自立、社会生活自立を重視した支援―板橋区赤塚福祉事務所の取り組み」布川日佐史編著『生活保護自立支援プログラムの活用1　策定と援助』山吹書店　2006年
石坂想「大学受験費用等に当てられた高校生アルバイト収入未申告を不正受給として生活保護法78条適用した処分が取り消された事例―横浜地裁平成27年3月11日判決」『賃金と社会保障』No.1637　2015年
石橋敏郎『社会保障法における自立支援と地方分権―生活保護と介護保険における制度変容の検証』法律文化社　2015年
伊藤秀一「公的扶助の現代的機能」庄司洋子・杉村宏・藤村正之編『これからの社会福祉2　貧困・不平等と社会福祉』有斐閣　1997年
稲葉剛『ハウジングプア―「住まいの貧困」と向きあう』山吹書店　2009年
稲葉剛『生活保護から考える』岩波書店　2013年
岩崎晋也「なぜ『自立』社会は援助を必要とするのか―援助機能の正当性」古川孝順・岩崎晋也・稲沢公一・小島亜紀子『援助するということ』有斐閣　2002年
岩崎晋也「『自立』支援―社会福祉に求められていること」『社会福祉学』48-3号　2007年
岩田正美「戦後日本における貧困研究の動向―『豊かな社会』における貧困研究の課題」『人文学報』224号　東京都立大学人文学部　1990年
岩田正美『戦後社会福祉の展開と大都市最底辺』ミネルヴァ書房　1995年
岩田正美『ホームレス/現代社会/福祉国家―「生きていく場所」をめぐって』明石書店　2000年

岩田正美「新しい貧困と『社会的排除』への施策」三浦文夫監修／宇山勝儀・小林良二編著『新しい社会福祉の焦点』光生館　2004年
岩田正美『現代の貧困―ワーキングプア/ホームレス/生活保護』筑摩書房　2007年
岩田正美「『住居喪失』の多様な広がりとホームレス問題の構図―野宿者の類型を手がかりに」『季刊社会保障研究』45-2号　2009年
岩田正美「序論―より開かれた福祉と貧困の議論のために」岩田正美監修『リーディングス日本の社会福祉第2巻　貧困と社会福祉』日本図書センター　2010年
岩田正美「わが国における公的扶助の位置―社会保障・福祉制度の『孤児』として」日本社会福祉学会編『対論社会福祉学2　社会福祉政策』中央法規出版　2012年
岩田正美『社会福祉のトポス―社会福祉の新たな解釈を求めて』有斐閣　2016年
岩田正美・西澤晃彦編著『貧困と社会的排除―福祉社会を蝕むもの』ミネルヴァ書房　2005年
岩永理恵「生活保護制度における自立概念に関する一考察―自立支援および自立支援プログラムに関する議論を通して」『社会福祉学』49-4号　2009年
岩永理恵「生活保護しかなかった―貧困の社会問題化と生活保護をめぐる葛藤」副田義也編『シリーズ福祉社会学②　闘争性の福祉社会学―ドラマトゥルギーとして』東京大学出版会　2013年
岩永理恵『生活保護は最低生活をどう構想したか―保護基準と実施要領の歴史分析』ミネルヴァ書房　2011年
埋橋孝文『福祉政策の国際動向と日本の選択―ポスト「三つの世界」論』法律文化社　2011年
埋橋孝文「生活保護をどのように捉えるべきか」埋橋孝文編著『福祉＋α④　生活保護』ミネルヴァ書房　2013年
江口英一『現代の「低所得層」上』未來社　1979年
江口英一・川上昌子『日本における貧困世帯の量的把握』法律文化社　2009年
NHK取材班『NHKスペシャル　生活保護3兆円の衝撃』宝島社　2012年
NHKスペシャル「ワーキングプア」取材班・編『ワーキングプア　日本を蝕む病』ポプラ社　2007年
NPO法人自立生活サポートセンター・もやい編『貧困待ったなし！とっちらかりの10年間』岩波書店　2012年
大川昭博「現場から見た、自立支援プログラムの課題―『入りやすく出やすい』制度へ向けて」『賃金と社会保障』No.1456　2007年
大迫正晴「生活困窮者の居住支援の現状と課題―東京23区が共同設置する施設の取り組みから」『社会福祉研究』110号　鉄道弘済会　2011年
大沢真理「公共空間を支える社会政策―セイフティネットを張り替える」神野直彦・金子勝編『『福祉政府』への提言―社会保障の新体系を構想する』岩波書店　1999年

大谷強『現代福祉論批判』現代書館　1984年
大友信勝『公的扶助の展開—公的扶助研究運動と生活保護行政の歩み』旬報社　2000年
大友信勝『福祉川柳事件の検証』筒井書房　2004年
大友信勝「生活保護制度における所得保障とソーシャルワーク」『賃金と社会保障』
　　No.1401　2005年
大友信勝「生活保護と自立支援」『社会福祉学』47-1号　2006年
大西連『すぐそばにある「貧困」』ポプラ社　2015年
大山典宏『生活保護VSワーキングプア—若者に広がる貧困』PHP研究所　2008年
大山典宏『生活保護VS子どもの貧困』PHP研究所　2013年
岡田太造「生活保護制度改革と新たなセーフティネットの構築について」『生活と福祉』
　　700号　2014年
岡田太造「生活保護、生活困窮者支援の新たな展開」『生活と福祉』700号　2014年
岡部卓「討論　生活保護の共通の実践課題と『自立の助長』の分離論と統合論をめぐって」
　　の発言『季刊公的扶助研究』190号　2003年
岡部卓「自立支援の考え方と意義」『生活と福祉』627号　2008年
岡部卓「現代の貧困にどう立ち向かうか—防貧と救貧のパラドックス」日本社会福祉学
　　会編『対論社会福祉学2　社会福祉政策』中央法規出版　2012年
沖野充彦「ホームレス自立支援法の10年とこれからの課題」『ホームレスと社会』5号
　　2012年
奥田知志・稲月正・堤圭史郎『生活困窮者への伴走型支援—経済的困窮と社会的困窮に
　　対応するトータルサポート』明石書店　2014年
小野哲郎「公的扶助実践とは何か—社会福祉の実践（方法）概念に関連して」小野哲郎・
　　白沢久一・湯浅晃三監修『シリーズ・公的扶助実践講座②　公的扶助と福祉サービス』
　　ミネルヴァ書房　1997年
篭山京『公的扶助論』光生館　1978年
笠井和明『新宿ホームレス奮戦記—立ち退けど消え去らず』現代企画室　1999年
鎌田とし子『「貧困」の社会学—労働者階級の状態』御茶の水書房　2011年
菊池馨実「自立支援と社会保障」菊池馨実編著『自立支援と社会保障—主体性を尊重す
　　る福祉、医療、所得保障を求めて』日本加除出版　2008年
北場勉「現代日本における『地域福祉』の課題—歴史的経過を通じて」『社会福祉研究』
　　99号　鉄道弘済会　2007年
木村孜『生活保護行政回顧』社会福祉調査会　1981年
木村忠二郎『改正　生活保護法の解説』時事通信社　1950年
木村陽子「大都市財政は生活保護を担い切れるか」『都市問題研究』60巻3号　2008年
京極高宣「今、求められている自立支援」『月刊福祉』2006年7月号
京極高宣『生活保護改革と地方分権化』ミネルヴァ書房　2008年

文献

櫛部武俊「『自立支援』は生活保護をどのように変革（転換）したか——希望をもって生きる釧路チャレンジを通じて」埋橋孝文編著『福祉＋α④　生活保護』ミネルヴァ書房　2013年

厚生省社会・援護局企画課「地方分権一括法の制定と社会福祉」『生活と福祉』525号　1999年

厚生省社会・援護局保護課「介護保険導入に伴う介護扶助の創設について」『生活と福祉』506号　1998年

厚生省社会・援護局保護課「平成12年度の生活保護——実施要領の改正」『生活と福祉』530号　2000年

厚生省社会局保護課編『生活保護三十年史』社会福祉調査会　1981年

厚生労働省社会・援護局保護課「平成16年度の生活保護」『生活と福祉』578号　2004年

厚生労働省社会・援護局保護課「平成17年度の生活保護」『生活と福祉』590号　2005年

厚生労働省社会・援護局保護課「平成20年度の生活保護」『生活と福祉』626号　2008年

厚生労働省社会・援護局保護課「平成21年度の生活保護」『生活と福祉』638号　2009年

厚生労働省社会・援護局保護課「平成23年度の生活保護」『生活と福祉』662号　2011年

厚生労働省社会・援護局保護課「改正生活保護法について」『生活と福祉』694号　2014年

厚生労働省社会・援護局保護課「特集Ⅱ　保護の実施要領の改正」『生活と福祉』700号　2014年

厚生労働省社会・援護局保護課「第1回　改正生活保護法逐条解説」『生活と福祉』701号　2014年

厚生労働省社会・援護局保護課「第2回　改正生活保護法逐条解説」『生活と福祉』702号　2014年

厚生労働省社会・援護局保護課「第3回　改正生活保護法逐条解説」『生活と福祉』703号　2014年

厚生労働省社会・援護局保護課「平成27年度の生活保護（1）」『生活と福祉』710号　2015年

厚生省社会・援護局保護課監修『生活保護手帳（別冊問答集）』財団法人社会福祉振興・試験センター　1993年

公的扶助研究会・季刊『公的扶助研究』編集委員会『公扶研叢書1　どうする？生活保護「改正」——今、現場から』みずのわ出版　2004年

国立保健医療科学院福祉サービス部（研究代表者・栗田仁子）『社会福祉行政事務の民間委託（アウトソーシング）に関する研究』（平成16年度研究報告書）　2005年

駒村康平「低所得世帯の推計と生活保護制度」慶應義塾大学『三田商学研究』46-3号　2003年

駒村康平編『最低所得保障』岩波書店　2010年

小山進次郎『改訂・増補　生活保護法の解釈と運用（復刻版）』全国社会福祉協議会　1975年

今野晴貴『生活保護―知られざる恐怖の現場』筑摩書房　2013年

桜井啓太「『自立支援』による生活保護の変容とその課題」埋橋孝文編著『福祉＋α④　生活保護』ミネルヴァ書房　2013年

定藤丈弘「障害者福祉の基本的思想としての自立生活概念」定藤丈弘他編『自立生活の思想と展望』ミネルヴァ書房　1993年

定藤丈弘「障害者の自立と地域福祉の課題」岡田武世編著『人間発達と障害者福祉』（社会福祉叢書１）熊本学園短期大学付属社会福祉研究所　1986年

品田充儀「社会保障法における『自立』の意義」菊池馨実編著『自立支援と社会保障』日本加除出版　2008年

清水浩一「公的扶助の課題―国民生活の変化と保護の補足性をめぐって」小野哲郎・白沢久一・湯浅晃三監修『シリーズ・公的扶助実践講座①　現代の貧困と公的扶助行政』ミネルヴァ書房　1997年

清水浩一「社会福祉改革と生活保護法『改正』の展望―新しいソーシャルワーカー像を求めて」『賃金と社会保障』No.1355　2003年

清水浩一「生活保護改革をめぐる論点整理―経済給付とケースワークの分離についての再論／吉永純氏の問題提起に応えて」『賃金と社会保障』No.1369　2004年

清水浩一「認定業務とケースワークとは分離するのが原則」『賃金と社会保障』No.1397　2005年

社会福祉法令研究会『社会福祉法の解説』中央法規出版　2001年

新宿区福祉部生活福祉課長井下典男「NPO等との協働・連携」『生活と福祉』653号　2010年

新保美香「生活保護制度と自立支援」『月刊福祉』2006年7月号

新保美香「生活保護『自立支援プログラム』の検証―5年間の取り組みを振り返る」『社会福祉研究』109号　2010年

杉岡直人「コミュニティケア」庄司洋子・木下康仁・武川正吾・藤村正之編『福祉社会学事典』弘文堂　1999年

鈴木亘「無料低額宿泊所問題とは何か」『ホームレスと社会』vol.2　明石書店　2010年

鈴木忠義編『学生たちの目から見た「ホームレス」―新宿・スープの会のフィールドから』生活書院　2010年

須田木綿子『対人サービスの民営化―行政-営利-非営利の境界線』東信堂　2011年

炭谷茂「被保護者の動向に応じた積極的な対応を」『生活と福祉』420号　1991年

『生活保護50年の軌跡』刊行委員会編著『生活保護50年の軌跡―ソーシャルケースワークと公的扶助の展望』みずのわ出版　2001年

生活保護手帳別冊問答集編集委員会編『生活保護手帳　別冊問答集　2009』中央法規出

版　2009年
全国救護施設協議会「地域生活支援関係事業の推進に向けて」『全救協』137号　2011年
全国社会福祉協議会『ホームレス支援をすすめるために―地域の実践事例から学ぶ』2003年
副田あけみ「ケースワーカーとクライエントの葛藤関係」副田義也編『シリーズ福祉社会学②　闘争性の福祉社会学―ドラマトゥルギーとして』東京大学出版会　2013年
副田義也『生活保護制度の社会史』東京大学出版会　1995年
副田義也『福祉社会学の挑戦―貧困・介護・癒しから考える』岩波書店　2013年
副田義也『生活保護の社会史［増補版］』東京大学出版会　2014年
タウンゼント. P「相対的収奪としての貧困」D.ウェッダーバーン編著　高山武志訳『海外社会福祉選書④　イギリスにおける貧困の論理』光生館　1977年
武川正吾「福祉国家と個人化」『社会学評論』54-4号　2004年
武川正吾『連帯と承認―グローバル化と個人化のなかの福祉国家』東京大学出版会　2007年
武川正吾「グローバル化と個人化―福祉国家と公共性」盛山和夫・上野千鶴子・武川正吾編『公共社会学［2］　少子高齢社会の公共性』東京大学出版会　2012年
武智秀之「民間委託」庄司洋子・木下康仁・武川正吾・藤村正之編『福祉社会事典』弘文堂　1999年
橘木俊詔・浦川邦夫『日本の貧困研究』東京大学出版会　2006年
立岩真也「自立」庄司洋子・木下康仁・武川正吾・藤村正之編『福祉社会事典』弘文堂　1999年
立岩真也「自己決定としての自立―なにより、でないが、とても、大切なもの」石川准・長瀬修編著『障害学への招待』明石書店　1999年
田中義一「NPOを活用した基本的生活習慣確立のための支援―新宿福祉事務所における『被保護者自立促進事業』への取り組み」布川日佐史編著『生活保護自立支援プログラムの活用　1　策定と援助』山吹書店　2006年
田中敏雄「生活保護行政の運営にあたって」『生活と福祉』521号　1999年
津田光輝「生活保護―吹きすさぶ『適正化』旋風」『ジュリスト増刊　総合特集転換期の福祉問題』有斐閣　1986年
寺久保光良・中川健太朗・日比野正興『大失業時代の生活保護法』かもがわ出版　2002年
寺崎康博「成人同居に見る世帯の生活保障」国立社会保障・人口問題研究所『家族・世帯の変容と生活保障機能』東京大学出版会　2000年
東京大学社会科学研究所「都市における被保護層の研究」東京大学社会科学研究所調査報告書第7集　1966年
東京都社会福祉協議会「トーキョー協働空間」『福祉広報』637号　2012年

中川清「生活保護の対象と貧困問題の変化」『社会福祉研究』83号　鉄道弘済会　2002年

中根光敏「社会問題の構成／排除―野宿者問題とは何か？」中根光敏編著『社会的排除のソシオロジ』広島修道大学総合研究所　2002年

仲村優一他編『社会福祉辞典』誠信書房　1974年

仲村優一「社会福祉行政における自立の意味」小沼正編『社会福祉の課題と展望』川島書店　1982年

仲村優一「公的扶助における処遇論」『仲村優一著作集第5巻　公的扶助論』旬報社（1986年初出）　2002年

新部聖子「路上から見える地域―「スープの会」における小さなつながりづくりの実践から」『社会福祉研究』110号　鉄道弘済会　2011年

西原道雄「家族と扶養」社会保障講座編集委員会『社会保障講座3　社会変動への対応』総合労働研究所　1981年

日本弁護士連合会「『無料低額宿泊所』問題に関する意見書」　2010年

根本久仁子「生活保護における社会福祉実践の位置づけをめぐる諸説の構造と展開について―論争期までの議論を対象として」『社会福祉学評論』創刊号（通巻3号）　2001年

野上亜希子「『社会的弱者』をめぐるサポート・システムのあり方―新宿・路上生活者をめぐる支援を事例として」『研究紀要』No.7　環境文化研究所　1997年

坂東美智子「居所のない生活困窮者の自立を支える住まいの現状―路上から居住への支援策」『月刊福祉』　2011年3月号

尾藤廣喜・木下秀雄・中川健太朗編著『誰も書かなかった生活保護法―社会福祉の再生に向けて』法律文化社　1991年

尾藤廣喜・木下秀雄・中川健太朗編著『生活保護法のルネッサンス』法律文化社　1996年

尾藤廣喜・松崎喜良・吉永純編著『これが生活保護だ―福祉最前線からの検証』法律文化社　2004年

平川茂「『異質な他者』とのかかわり」井上俊・船津衛編『自己と他者の社会学』有斐閣　2005年

笛木俊一「公的扶助制度・公的扶助労働の二面的性格」小野哲郎他監修『シリーズ・公的扶助実践講座①　現代の貧困と公的扶助行政』ミネルヴァ書房　1997年

深谷松男「私的扶養と公的扶助―親族扶養優先の原則を中心に」中川善之助先生追悼・現代家族法体系編集委員会編『現代家族法体系3』有斐閣　1979年

布川日佐史「生活保護改革論議と自立支援、ワークフェア」埋橋孝文編著『ワークフェア―排除から包摂へ』法律文化社　2007年

藤井敦史「NPO概念の再検討」『組織科学』32-4号　1999年

文　献

藤田孝典・金子充編著『反貧困のソーシャルワーク実践―NPO「ほっとポット」の挑戦』明石書店　2010年
藤村正之『福祉国家の再編成―「分権化」と「民営化」をめぐる日本的動態』東京大学出版会　1999年
藤村正之「貧困・剥奪・不平等の論理構造」庄司洋子・杉村宏・藤村正之編『これからの社会福祉2　貧困・不平等と社会福祉』有斐閣　1997年
古川孝順「福祉政策の理念」社会福祉士養成講座編集委員会編『現代社会と福祉（第3版）』中央法規出版　2012年
特定非営利活動法人ホームレス支援全国ネットワーク・広義のホームレスの可視化と支援策に関する調査検討委員会『『広義のホームレスの可視化と支援策に関する調査』報告書』　2011年
星野信也「機能喪失した生活保護」『週刊社会保障』No.1845　1995年
星野信也『「選択的普遍主義」の可能性』海声社　2000年
牧園清子『家族政策としての生活保護―生活保護制度における世帯分離の研究』法律文化社　1999年
牧園清子「生活保護制度における私的扶養」『松山大学論集』14-1号　2002年
松崎喜良「大阪市は生活保護までも特区をめざすのか―職員の不足、非正規化、業務委託、経験不足が現場を蝕む」『賃金と社会保障』No.1617　2014年
松嶋道夫「私的扶養と公的扶助」有地亨編『現代家族法の諸問題』弘文堂1990年
松本宏史「地域に根差した施設発のソーシャルワーク―救護施設の実践からみるトータルな生活保障の構築」中川清・埋橋孝文編『現代の社会政策第2巻　生活保障と支援の社会政策』明石書店　2011年
丸山里美「ジェンダー化された排除の過程―女性ホームレスという問題」青木秀男編著『ホームレス・スタディーズ―排除と包摂のリアリティ』ミネルヴァ書房　2010年
水島宏明『ネットカフェ難民と貧困ニッポン』日本テレビ放送網　2007年
道中隆『生活保護と日本型ワーキングプア―貧困の固定化と世代間継承』ミネルヴァ書房　2009年
宮本太郎『生活保障―排除しない社会へ』岩波書店　2009年
みわよしこ『生活保護リアル』日本評論社　2013年
麦倉哲著・ふるさとの会編『ホームレス自立支援システムの研究』第一書林　2006年
無署名「これからの生活保護制度を展望する―生活保護施行50周年を迎えて」『月刊福祉』2000年8月号
無署名「特集―自立を強いられる社会」『現代思想』2006年12月号　青土社
無署名「特集生活保護のリアル」『現代思想』2012年9月号　青土社
森岡清美・望月嵩『新しい家族社会学（四訂版）』培風館　1997年
森川美絵「『義務としての自立の指導』と『権利としての自立の指導』の狭間で―生活

保護におけるストリート官僚の裁量と構造的制約」三井さよ他編『ケアとサポートの社会学』法政大学出版局　2007年
森川美絵「生活保護分野における社会福祉援助活動の評価と課題」『保健医療科学』58巻4号　2009年
森川美絵「生活保護における福祉実践は、いかに可視化・評価されるか」埋橋孝文編著『福祉＋α④　生活保護』ミネルヴァ書房　2013年
森川清『改正生活保護法―新版権利としての生活保護法』あけび書房　2014年
八代尚宏『規制改革―「法と経済学」からの提言』有斐閣　2003年
山田昌弘「家族の個人化」『社会学評論』54-4号　2004年
山田壮志郎「無料低額宿泊所の現状と生活保護行政の課題」『社会福祉学』53-1号　2012年
山田篤裕「国際的パースペクティヴから観た最低賃金・社会扶助の目標性」『社会政策』2巻2号　2010年
山崎克明・奥田知志・稲月正・藤村修・森松長生『ホームレス自立支援―NPO・市民・行政協働による「ホームの回復」』明石書店　2006年
湯浅誠「貧困ビジネスとは何か」『世界』783号　2008年
湯浅誠『反貧困―「すべり台社会」からの脱出』岩波書店　2008年
湯浅誠『岩盤を穿つ―「活動家」湯浅誠の仕事』文藝春秋　2009年
吉永純「利用者本位の生活保護改革を―福祉現場からの問題提起③」『賃金と社会保障』No.1365　2004年
吉永純『生活保護の争点―審査請求、行政運用、制度改革をめぐって』高菅出版　2011年
吉永純『生活保護「改革」と生存権の保障―基準引下げ、法改正、生活困窮者自立支援法』明石書店　2015年
渡辺芳『自立の呪縛―ホームレス支援の社会学』新泉社　2010年

★　★　★

全国社会福祉協議会『生活保護手帳（平成12年度版）』全国社会福祉協議会　2000年～
無署名『生活保護手帳（2015年度版）』中央法規出版　2015年

あとがき

　本書は、2011年の9月からの10か月間の国内研究での成果を中心にまとめたものである。

　国内研究の研修課題は「福祉社会学の最新動向」で、早稲田大学社会科学総合学術院で訪問学者としてお引き受けいただいた。受け入れ先の協力教員となってくださったのは成富正信教授で、大学院の先輩の下でお世話になることにした。

　国内研究の当初、研究テーマは漠然としていた。大都市の社会問題状況をみながら、何か新しい研究の糸口がみつけられればと思っていた。

　成富先生は、当時大都市の社会問題・福祉問題をテーマとし、大都市部の限界集落を指摘するなど首都圏をフィールドとして研究を進めておられたので、手がけておられる研究の一端を見学させていただきたいとお願いした。国内研究中には、百人町や角筈など新宿区内の地域交流会やサロン活動を訪問・見学させていただいた。また、大学のゼミの時間に、ゲストスピーカーとして来られた地域活動のリーダーの方のお話も伺うことができた。福祉事務所や社会福祉協議会などでの聞き取り調査の機会も設けていただいた。大都市住民の生活を垣間見る機会となった。

　先生にご紹介いただいたサロン活動に引き続き参加する中で、NPOでのボランティア活動も始めた。これらの活動の中で、これまでにない経験もできた。ホームレスの路上訪問や炊き出し、生活保護の申請相談の同席や同行申請も体験した。また、サロンでは、地域に暮らす生活保護受給者と交流することもできた。地域住民として、生活保護受給者に生活の場で出会いたいという希望は実現した。

　本書は、国内研究終了後、松山大学論集に執筆したもののうち、自立支援に関連したものを中心に構成している。本書を国内研究の報告としたい。

　本書で用いた論文の初出は以下の通りである。全体の構成や時間の経過によ

る議論の深まり、また初出後の生活保護法改正も踏まえて、各章とも初出論文に大幅な加筆修正を行っている。

序　章　書き下ろし
第1章　「生活保護の動向—2000年以降の生活保護」『松山大学論集』24-6号　2013年
第2章　「福祉政策における『自立』概念の研究」『松山大学論集』21-1号　2009年
　　　　「生活保護政策における自立と自立支援」『松山大学論集』22-4号　2010年
第3章　「自立支援の展開と生活保護」『松山大学創立90周年記念論文集』　2013年
第4章　「生活保護受給者の地域生活支援」『松山大学論集』25-1号　2013年
第5章　「生活保護と民間委託」『松山大学論集』25-2号　2013年
第6章　「生活保護受給者の世帯と扶養」『松山大学論集』25-4号　2013年の一部
第7章　〃
終　章　書き下ろし

　本書は、「松山大学研究叢書」として出版助成を受けている。国内研究の機会を含めて研究支援をいただいている松山大学と同僚の先生方には感謝申し上げたい。
　国内研究に行かなければおそらく本書は生まれていなかったであろう。国内研究をお引き受けいただいた早稲田大学社会科学総合学術院と成富正信教授へ御礼を申し上げたい。
　最後に、前著に引き続き本書でも出版の労をお取り頂いた法律文化社編集部の小西英央さんに心より御礼を申し上げる。

索　引

あ　行

アウトソーシング　140, 143, 144, 148
アクティベーション　220
新しい公共　86, 105
意志表明権　59
一体論（統合論）　106, 145
一般国民との均衡　22
一般所得階層　11
医療給付　19
医療扶助　14, 18, 23
医療保険　15, 19, 21
医療保護施設　114
岩田正美　171
埋橋孝文　219
江口英一　5
NPO　86, 105

か　行

会計検査院　8
介護扶助　14, 20, 21, 31, 48
介護保険　15, 20, 21, 23, 117, 127
介護保険法　31, 48, 139
介護保険料加算　23
介護老人保健施設　177
外部委託　140
核家族化　167
学資保険　178, 179
隠れたホームレス　45
家族手当　200, 208
家庭裁判所　194, 201
稼働世帯　39
稼働年齢層　39, 48
稼働能力の活用　71, 74

稼働能力判定会議　37, 84
借上げアパート　121, 122
簡易宿泊所　46
官公署照会　197
管内　200
機関委任事務　32, 64, 140
技術的助言　32, 91
期待可能性　206
技能修得費　33, 178
基本的生活習慣確立　100
義務としての自立　66, 67, 74
木村忠二郎　62, 63
木村孜　10
救護施設　114
救護施設居宅生活者ショートステイ事業　84
求職者支援制度　34
急迫保護　40
教育支援　178
教育扶助　14, 178
居住の安定確保支援事業　85, 113
居宅生活移行支援事業　85, 113
居宅生活訓練事業　119
居宅保護　114
拠点グループホーム　127
拠点相談所　156
グローバル化　219
ケアマネジメント　139
経済的援助義務　180
経済的自立　87, 89
恵与金　182
ケースワーカー　103, 125, 146, 153, 158
ケースワーク　146
現金給付　146

健康管理支援事業　83
健康診査及び保健指導活用推進事業　84
現在地保護　44
権利としての自立　66, 67
後期高齢者医療制度　19, 21
公共職業安定所（ハローワーク）　49, 68, 80, 81, 86, 98
高校進学率　186
更生　58, 59
更生施設　114
高等学校等就学費　178, 184, 218
行旅病人及行旅死亡人取扱法　42
国民皆年金体制　16
国民皆保険体制　19
国民皆保険・皆年金体制　11, 222
国民健康保険　19, 21-23
国民健康保険法　11, 19
国民生活基礎調査　7, 170, 172
国民年金　17, 21
国民年金保険法　11
個人化　168, 219
国家保護　13
子どもの健全育成支援事業　85
子どもの貧困対策法　186
コミュニティケア　111
小山進次郎　62, 63, 73, 167, 192
雇用保険　15, 18, 21

さ行

最後のセーフティネット　35
最低生活の保障　62
最低賃金法　9
削減効果額　93, 96
参入率　27
支援団体　46, 48
自己決定　56
自己決定権の行使　60
自己決定する自立　57, 59

自己責任の原則　2, 3, 217, 221
自助　57
自治事務　32, 36, 64, 105, 141
失業保険法　18
実地調査　203
私的扶養　211
指導及び指示　65
児童の権利に関する条約　73
児童扶養手当受給者　68
社会・援護局関係主管課長会議　33
社会階層論　5
社会参加活動活用事業　84
社会生活自立　87, 89, 90, 218
社会生活自立支援　33
社会的な居場所づくり支援事業　85, 113
社会的入院　118
社会福祉基礎構造改革　31, 32, 112
社会福祉行政業務報告　169
社会福祉事業法　115
社会福祉施設等調査報告　115
社会福祉法　112
社会保障関係費　11, 12, 14
社会保障審議会　1, 143, 177, 207, 217
社会保障生計調査　15
社会保障制度に関する勧告　10
社会保障制度の総合調整に関する基本方策についての答申および社会保障制度の推進に関する勧告　11
社会保障体制の再構築（勧告）　12, 58
社会連帯　20
就職支援ナビゲーター　69, 80
住宅手当制度　34
住宅提供型地域生活支援モデル　135
住宅扶助　14
重点的扶養能力調査対象者　202
重点的扶養能力調査対象者以外の扶養義務者　202
収入認定　17

索　引

就労意欲喚起等支援事業　　85
就労支援員　　36, 80, 81
就労自立　　74, 218
就労自立給付金　　36, 48, 220
就労自立支援　　33
就労促進事業　　83
就労前支援　　100
受給資格期間　　17
受給歴　　46, 48
宿泊提供施設　　114
授産施設　　114
巡回生活相談員　　129
巡回訪問型グループホーム　　122, 124, 129
障害者自立支援法　　60
障害者総合支援法　　60, 117
小規模・多機能グループホーム　　122
消極的自立論　　63
職業的自立　　57
職場適応訓練事業　　84
処理基準　　205
自　律　　57
自立計画書　　71
自立支援プログラム　　4, 33, 67, 68, 78, 113, 144, 217
自立支援プログラム策定実施推進事業　　113
自立支援ホーム　　156
自立生活運動　　56, 59
自立の強制　　60, 73
自立の助長　　2, 62
資料の提供等　　197
申請権　　204
申請権の侵害　　205
申請免除　　17
スティグマ　　23, 28, 145, 148, 161, 162
生活困窮者自立支援法　　2, 48, 78
生活扶助　　14, 31
生活扶助義務　　195

生活扶助義務関係　　199
生活保護基準　　7, 9
生活保護基準部会　　9
生活保護受給者等就労支援事業　　33, 80, 91, 93, 99
生活保護受給者等就労自立促進事業　　80, 89
生活保護制度の在り方に関する専門委員会　　1, 32, 139, 143, 177, 185, 187, 201, 217
生活保護制度の改善強化に関する件（勧告）　　9
生活保護動態調査　　169
生活保護の適正実施　　28
生活保護の都市化　　38
生活保護論争　　145
生活保持義務　　182, 192, 195
生活保持義務関係　　199, 222
生活保障機能　　172
生業扶助　　33
生計単位　　168
精神障害者等退院促進事業　　84, 113
精神的援助　　180
精神的な支援　　202
精神保健福祉法　　119
精神保健法　　119
セーフティネット　　34
セーフティネット支援対策等事業　　43, 78, 83
世界金融危機　　28
世帯概念　　182, 222
世帯単位の原則　　3, 167, 168
世帯内就学　　179, 218
世帯認定　　173, 218
世帯分離　　168, 174, 218
世帯分離要件　　173, 221
世帯保護率　　38, 169
積極的自立論　　63
絶対的扶養義務者　　199

全国消費実態調査　7
専門委員会報告書　33, 55, 78, 112, 118, 143, 144, 202
葬祭扶助　14
相対的剥奪　8
相対的貧困率　7
相対的扶養義務者　199
相談及び助言　32, 64-67, 218
措置から利用へ　32

た 行

退院者等居宅生活支援事業　84
退院促進個別援助事業　83
大学就学　175
大学進学率　186
代理納付　21
タウンゼント，P.　8
武川正吾　167, 219
多重債務　92, 96
他出家族員　182
他法他施策の優先　23
惰民防止　62
惰民養成　62, 63
担当ケース数（世帯）　150
地域生活移行支援事業　120
地域生活支援　111
地域生活支援ホーム　121, 126
地方分権一括法　32, 48, 64, 139-141
中間的就労　105, 218
中国残留邦人等生活支援給付制度　179
長期入院患者　180
直接照会　200
直系家族制　193
直系血族世帯　180
低所得階層　5, 11
「適正化」政策　28
適用除外　18-20, 22
同一世帯認定　173

東京社会福祉士会　147
同行申請　45
特定非営利活動促進法（NPO法）　139
特定非営利活動法人　102, 103
特別徴収　19, 20
独立型社会福祉士　147
独立自活　58, 59, 63

な 行

内閣府調査　143
仲村優一　63
日常・社会生活及び就労自立総合支援事業　85
日常生活自立　87, 89, 218
日常生活自立支援　33
日常生活自立支援事業　84
日常生活動作の自立　57
ネットカフェ難民　26
年金受給権　206
年金保険　15

は 行

派遣切り　43
半就労・半福祉　49, 102, 218
被救恤階層　37
非正規雇用　18
必置規制　141
被保護者就労支援事業　36, 220
被保護者自立促進事業　100, 159
被保護者全国一斉調査　15, 169, 185
被保護者調査　月次調査　26, 37, 39
被保護者調査　年次調査（個別調査）　15, 19, 38, 39, 114
日雇い派遣　115
費用対効果　82, 91
費用徴収　195, 206
貧困階層　11
貧困事故　10

索　引

貧困の再生産　33, 178, 218
貧困ビジネス　115, 117
不安定就業階層　6
不安的階層　5
夫婦家族制　193
笛木俊一　66
「福祉から就労」支援事業　80
福祉事務所　32, 49, 68, 72, 116, 125, 153
福祉地区　32
藤村正之　219
不正受給　35
普通徴収　19, 20
扶養可能性調査　202
扶養義務者の扶養　2
扶養義務者への通知　195
扶養義務の緩和　208
扶養控除　200, 208
扶養照会　197
扶養請求権　205
扶養能力調査　198, 200
扶養能力調査対象者　202
扶養の優先　3, 193
扶養の履行　198, 202
扶養への介入・管理　209
分権化　139
分離論　106, 145
別世帯認定　180
法外施設　46
報告徴収　206
報告の求め　196
法定受託事務　32, 64, 141
法定免除　17
訪問サポート　158, 162
ホームレス　4, 42, 43, 44-46, 98, 120, 154
ホームレスの自立支援等に関する特別措置法
　　（ホームレス自立支援法）　32, 42, 44, 120
保険料免除　17

保護開始人員　27, 39
保護開始世帯　28, 39, 40, 45, 46
保護施設　118
保護施設通所事業　119
保護の実施要領　56, 168, 172, 193, 199
保護の補足性　2, 3, 14, 194, 221
保護の要件　3, 205, 221
保護廃止人員　27
保護廃止世帯数　41
保護歴　41
母子加算　33
星野信也　1
捕捉率　8

ま　行

宮本太郎　220
民営化　139
民間委託　140, 143, 144, 149, 218
民法上の扶養義務　194
無届施設　115, 117
無料低額宿泊所　115, 116
免除期間　17
森川美絵　65

や　行

山田昌弘　172
有子世帯の自立支援　185

ら　行

濫給　8
リーマンショック　34, 43
離脱率　27
漏給　8
老人福祉法　22
老親扶養規範　193
老齢加算　33
老齢基礎年金　17
路上訪問　121

239

わ　行

ワーキングプア　6, 26
ワークフェア　60, 219

■著者略歴

牧園 清子（まきぞの きよこ）

1977年　早稲田大学大学院文学研究科修士課程修了
　　　　東京都老人総合研究所助手などを経て
現　在　松山大学人文学部教授

主要著書
『家族政策としての生活保護—生活保護制度における世帯分離の研究』
（単著　1999年　法律文化社）
『地域・家族・福祉の現在』（共著　2008年　まほろば書房）
『内務省の歴史社会学』（共著　2010年　東京大学出版会）

Horitsu Bunka Sha

生活保護の社会学
——自立・世帯・扶養

2017年2月15日　初版第1刷発行

著　者　　牧　園　清　子
発行者　　田　靡　純　子
発行所　　株式会社　法律文化社
　　　　　〒603-8053
　　　　　京都市北区上賀茂岩ヶ垣内町71
　　　　　電話 075(791)7131　FAX 075(721)8400
　　　　　http://www.hou-bun.com/

＊乱丁など不良本がありましたら、ご連絡ください。
　お取り替えいたします。

印刷：西濃印刷㈱／製本：㈱藤沢製本
装幀：石井きよ子
ISBN 978-4-589-03820-3
Ⓒ 2017 Kiyoko Makizono Printed in Japan

JCOPY 〈(社)出版者著作権管理機構 委託出版物〉
本書の無断複写は著作権法上での例外を除き禁じられています。複写される
場合は、そのつど事前に、(社)出版者著作権管理機構（電話03-3513-6969、
FAX03-3513-6979、e-mail: info@jcopy.or.jp）の許諾を得てください。

丸谷浩介著
求職者支援と社会保障
―イギリスにおける労働権保障の法政策分析―
A5判・376頁・7600円

求職者に対する所得保障と求職活動支援が、どのような法構造を有し、どのような法規範によって支えられているのかをイギリスの法制度分析から解明。その示唆から、日本における新たな所得保障・求職者支援としての「求職者法」を提起する。

石橋敏郎著
社会保障法における自立支援と地方分権
―生活保護と介護保険における制度変容の検証―
A5判・276頁・5600円

社会保障制度改革のもとで推進される「自立支援」と「地方分権」。これらの政策が、生活保護法と介護保険法の変容やあり方にどのような影響を与えたのか。制度や政策の展開をふまえて考察し、そこに潜む問題や今後の課題を検証する。

大原利夫著
社会保障の権利擁護
―アメリカの法理と制度―
A5判・314頁・6000円

意思決定の支援として権利擁護について、その法理と制度が発達しているアメリカを比較法研究の対象とし分析する。日本において受給者の主体的意思決定の支援をどのように実質的に保障すべきかへの示唆を探る。

鵜沼憲晴著
社会福祉事業の生成・変容・展望
A5判・338頁・6900円

これまでの社会福祉事業の史的変遷と展開に時期区分を設け、各時期の社会的背景の変化や理念の浸透などをふまえつつ各構成要素の変容過程を綿密に分析。これからの社会福祉事業のあり方と実現のための課題を提示する。

武田公子著
ドイツ・ハルツ改革における政府間行財政関係
―地域雇用政策の可能性―
A5判・200頁・4000円

いわゆるハルツ改革によって課題となっている基礎自治体と連邦政府との行財政関係について考察。失業者の社会的包摂へ向けての実施主体や費用負担などを実証的に分析し、ローカル政府による雇用政策の意義と課題を探る。

―法律文化社―

表示価格は本体(税別)価格です